ÉTUDES ROMANTIQUES ET DIX-NEUVIÉMISTES
sous la direction de Pierre Glaudes et Éléonore Reverzy
146



# Le roi est mort II

Pierre Laforgue

# Le roi est mort II

## Royautés imaginaires (1836-1893)

PARIS
CLASSIQUES GARNIER
2025

Pierre Laforgue est professeur émérite de littérature française du XIX^e siècle à l'université Bordeaux Montaigne. Son domaine de recherche est le romantisme qu'il appréhende d'un point de vue sociocritique et auquel il a consacré l'ouvrage *Le roi est mort* (Paris, 2019).



ISBN 978-2-406-18617-5 (livre broché)
ISBN 978-2-406-18618-2 (livre relié)
ISSN 2103-4672

Le Roi est mort ! Le Roi se relève !
Le Roi se meurt !
IONESCO

# ABRÉVIATIONS ET RÉFÉRENCES

Afin de ne pas alourdir inutilement les notes infrapaginales, les références, pour les œuvres qui étaient longuement commentées, ont été faites directement dans le texte, entre parenthèses, sous la forme d'un sigle suivi de la pagination. Sont ci-après mentionnés les différents sigles utilisés. Pour les autres œuvres, les références sont indiquées en notes.

## BALZAC

*CA* *Le Cabinet des Antiques*, in *La Comédie humaine*, éd. de Pierre-Georges Castex, Gallimard, « Bibliothèque de la Pléiade », 1976-1981, t. IV.

*VF* *La Vieille Fille*, in *La Comédie humaine*, t. IV.

## HUGO

C.F.L. *Œuvres complètes*, éd. chronologique sous la direction de Jean Massin, Le Club français du livre, 1969-1972, 18 vol.

*La Légende des Siècles*, éd. de Pierre Laforgue, GF-Flammarion, 2023.

*Les Misérables* *Les Misérables*, éd. de Pierre Laforgue, GF-Flammarion, 2020, 2 vol.

## CHATEAUBRIAND

*Mémoires d'Outre-tombe*, éd. de J.-Cl. Berchet, Classiques Garnier, 1989-1998.

## LAMENNAIS

| | |
|---|---|
| *Paroles d'un croyant* | *Paroles d'un croyant*, éd. de Louis Le Guillou, Flammarion, « Nouvelle Bibliothèque romantique », 1973. |
| *Le Livre du peuple* | *Le Livre du peuple*, in *Paroles d'un croyant*, *Le Livre du peuple*, *Une voix de prison*, *Du Passé et de l'avenir du peuple*, Garnier frères, 1858. |

## MICHELET

| | |
|---|---|
| *I* | *L'Insecte*, éd. d'Edward Kaplan, in *Œuvres complètes*, Flammarion, t. XVII, 1986. |
| *L'Oiseau* | *L'Oiseau*, éd. d'Edward Kaplan, in *Œuvres complètes*, t. XVII. |

## GOBINEAU

| | |
|---|---|
| *Pl* | *Les Pléiades*, in *Œuvres*, éd. de Jean Gaulmier, Gallimard, « Bibliothèque de la Pléiade », 1987, t. III. |

## CLAUDEL

*Th* — *Théâtre*, éd. de Didier Alexandre et Michel Autrand, Gallimard, « Bibliothèque de la Pléiade », 2011, 2 vol.

## ZOLA

*DP* — *Le Docteur Pascal*, in *Œuvres complètes*, éd. d'Henri Mitterand, Cercle du livre précieux, 1966-1969, t. 6.

## AUTRES ABRÉVIATIONS

| | |
|---|---|
| ch. | chapitre. |
| *G.D.U.* | Grand Dictionnaire universel du XIX^e^ siècle de Pierre Larousse, 15 vol. et 2 de supplément. |
| *RHLF* | *Revue d'histoire littéraire de la France.* |
| *T.L.F.* | Trésor de la langue française. |

# INTRODUCTION

## LA DEUXIÈME MORT DU ROI

Commençons par préciser le statut de ces *Royautés imaginaires* par rapport à l'ouvrage auquel elles succèdent, *Le roi est mort* ; cela permettra de définir leur objet. Disons qu'elles en sont tout à la fois la suite, le complément et la conclusion. Suite : elles prennent le relais de l'enquête entreprise dans l'ouvrage précédent, là où elle s'était arrêtée, en 1836, à la mort de Charles X. Mais, compte tenu de la matière qui les occupe et qui est d'une densité thématique beaucoup moins grande, cette suite ne pouvait guère être qu'un complément, dont les dimensions étaient nécessairement réduites. Ce n'est pas dire néanmoins, car ce serait abusif, que ce complément est un appendice. Le terme pour le coup serait inapproprié, ne serait-ce que parce que les œuvres soumises à l'examen dans cet ouvrage figurent pour certaines parmi les grandes réalisations du XIX^e^ siècle (*La Légende des Siècles*, *Les Misérables*, et aussi *Les Filles du Feu*, *Les Fleurs du Mal*). Cela serait inexact aussi, puisque la période couverte est très étendue dans le temps, de 1836 à 1893, et qu'elle est elle-même beaucoup plus longue que celle étudiée dans le volume précédent (1814-1836). Mais objectera-t-on, et objecterons-nous, « le temps ne fait rien à l'affaire ». Seulement, nous n'y pouvons rien, la royauté se mourait dans *Le roi est mort*, et maintenant dans ces *Royautés imaginaires*, elle est morte, le peuple s'est substitué au roi, des révolutions achèvent d'emporter l'ancien ordre des choses, la république s'avance, et puis s'installe. Aussi cette suite, si elle est bien une suite, est-elle également un complément, comme qui dirait la queue de la royauté. Conclusion donc d'un processus qui de toute façon avait mal commencé, ou mal recommencé en 1814, et dont l'avenir était voué dès le début à être misérable d'insignifiance.

Notre intention n'a dès lors pas été de nous faire le maître des cérémonies de la défunte royauté et d'en conduire le convoi : il y a pour cela des entreprises justement dites de pompes funèbres. Ce livre ne constitue donc pas un quelconque *service*, fût-il mélancolique, nous n'avons pas la vocation d'être un « ramenteur des morts[1] ». Notre seul propos a été de montrer comment la royauté après la mort du dernier roi de France s'est survécu à elle-même et s'est métamorphosée. Métamorphoses multiples, étonnantes, surprenantes même, s'inscrivant dans des scénarios historiques et politiques auxquels elle devait paraître étrangère. Un Nerval la mêlera à ses rêveries socialistes, socialisantes, quand chez Sand un marquis sans nul doute légitimiste fera profession d'être communiste[2]. Comme quoi la royauté mène à tout. En l'occurrence à la compréhension du XIXe siècle dans sa totalité.

La royauté, donc, sous toutes ses formes, même quand il n'y a plus de roi, tel est l'objet de ce livre. Lors de la Restauration, elle était une réalité politique et historique tout ensemble, se définissant dans l'opposition qu'elle entretenait avec la période révolutionnaire et impériale qui la précédait ; c'était aussi le cas au début de la monarchie de Juillet, lorsque le nouveau pouvoir royal, celui de Louis-Philippe, issu d'une révolution qu'il avait détournée à son profit, devait se définir, autant que possible, par rapport à cette révolution justement. C'était beaucoup plus difficile que dans le cas de la Restauration, où la royauté s'inscrivait dans une continuité interrompue, si on peut dire, et dont la seule préoccupation était de « renouer la chaîne des temps ». En 1830, plusieurs maillons de cette chaîne ont sauté et c'est par des bouts de ficelle que Louis-Philippe Ier essaie de faire tenir l'ensemble. En pure perte, la légitimité royale a été emportée en l'espace de trois jours, et restaurer la royauté sous une forme constitutionnelle à la faveur d'une escroquerie politique comme l'a fait Louis-Philippe ne pouvait être qu'une entreprise perdue d'avance. Significativement ce n'est pas sur le plan politique que s'est faite la contestation au nouveau régime, mais sur le plan social ; c'est pendant ces dix-huit années de la monarchie de Juillet que s'est développée une réflexion sur l'organisation de la société, et notamment la place du peuple. La royauté de son côté devient une espèce de coquille vide. Aussi est-il compréhensible qu'une fois celle-ci tombée en 1848 puis

---

1 Chateaubriand, *Mémoires de ma vie*, livre III, in *Mémoires d'outre-tombe*, t. I, p. 90.

2 Voir respectivement p. 86-87 et p. 59-61.

remplacée par le pouvoir bonapartiste, la littérature voit se multiplier des royautés qui n'ont rien de commun avec la vieille royauté historique et politique des Bourbons, puis des Orléans. L'invention de ces royautés imaginaires n'est pas l'expression d'une quelconque nostalgie, elle est le moyen de penser le politique qui est en train de se redéfinir. La fonction de ces royautés est critique, elles offrent le modèle, quelquefois dans la tradition utopique, mais pas systématiquement, d'un pouvoir qui ne serait pas, si jamais il en existe un de la sorte, l'autre nom de l'oppression.

Il apparaît que la royauté dans la France du XIX^e^ siècle, sous tous les aspects qu'elle a pu prendre, est une forme sociocritique qui aura servi pour les écrivains à penser la réalité politique, historique et sociale de leur temps. N'est-ce pas lui accorder trop d'importance ? Inversement, n'est-ce pas minorer à son profit les moments de crise révolutionnaire ? Nous ne le pensons pas. Ces révolutions sont ponctuelles, elles reviennent tous les vingt ans pour donner naissance à de nouveaux régimes, mais ces régimes qui sont issus d'elles entretiennent tous, chacun à leur façon, une relation à la royauté, que celle-ci soit politique et historique, ou imaginaire.

## CHRONOLOGIE ET HISTOIRE

Quelques mots sur les bornes chronologiques entre lesquelles est pris notre examen de la représentation de la royauté après la mort de Charles X. Comme cet ouvrage prend la suite du *Roi est mort* se terminant avec cette mort, le *terminus a quo* s'imposait de lui-même : 1836. Le *terminus ad quem* était plus difficile à fixer, plusieurs en tout cas se présentaient. 1873 : loi du septennat et retrait du comte de Chambord ; 1879 : démission de Mac-Mahon, fin de l'Ordre moral à dominante monarchiste, et début véritable de la III^e^ République ; 1883 : mort du comte de Chambord. Ces trois bornes étaient possibles et avaient chacune un sens. Le seul inconvénient, et qui nous les a fait rejeter, était leur nature uniquement historique et politique, alors que notre projet était la représentation de la royauté dans la littérature, dont les phases ne correspondent pas exactement à celles de l'histoire ; il n'y a pas de coïncidence parfaite entre histoire et politique, et littérature, mais très souvent décalage et hiatus. La seule de ce genre qui se présente serait la parution en 1879 des *Rois en exil* de Daudet[3], mais ce n'est pas faire injure à ce roman de le taxer d'insignifiant, et c'est précisément en raison de son insignifiance que nous nous sommes arrêté dessus. D'autres dates s'imposaient dans le domaine littéraire, deux en particulier : 1889 et 1893. 1889 est l'année de *Tête d'Or* de Claudel, qui renouvelle totalement la représentation de la royauté ; les images convenues volent en éclats et apparaît un roi d'une nature entièrement différente, bien étranger à ce qui avait jusqu'alors eu cours. Les fleurs de lys, le sacre, la légitimité, « le roi est mort ; vive le roi ! », etc. font figure de vieilleries. Avec Tête d'Or on passe de Charles X, ou de Louis-Philippe, à Xerxès, à Alexandre, à Tamerlan, bref à tout autre chose. Pourtant nous avons préféré terminer notre enquête en 1893, avec *Le Docteur Pascal* de Zola. Ce n'est pas le meilleur roman des *Rougon-Macquart*, et surtout il pâtit de son voisinage écrasant avec la pièce géniale de Claudel. Il présente cependant l'intérêt de donner une représentation dédoublée de la royauté : d'une part, il est tourné, au moins à cause du temps de la narration en 1872-1874, vers un passé royaliste qui n'est pas encore si éloigné, d'autre part, il donne une image de ce que peut être la royauté réduite à n'être plus qu'un symbole, puisque, au moment de son écriture, 1892-1893, la royauté historique et politique a naufragé corps et biens.

Ces deux bornes posées, 1836 et 1893, s'étend donc une très longue période de temps, près de soixante ans. La diversité de la matière est considérable, politiquement en tout cas ; les régimes et les révolutions se succèdent, le tableau de la France ne cesse de changer, et il est extrêmement difficile, sinon impossible de structurer ce divers historique, politique et littéraire. Comme l'idée républicaine est très présente à partir de 1870 et que du même coup la référence royale, au moins dans le domaine littéraire, commence à s'effacer de plus en plus, c'était surtout la période s'étendant de la mort de Charles X à la chute du Second Empire qui a retenu notre attention. En particulier les années 1840 nous ont paru avoir une importance déterminante pour notre enquête. C'est le moment où la royauté légitime tend à se marginaliser du fait de l'exil intérieur des légitimistes, c'est le moment aussi où la royauté

3 Voir *infra*, p. 94-96.

constitutionnelle montre très vite ses limites aussi bien politiques que sociales. Le régime de Louis-Philippe étant dans le domaine « une quasi-chose[4] », selon le mot de Chateaubriand, il est manifeste que la question de la royauté en France ne se pose plus directement. Sans doute le nouveau régime est-il contesté, par les légitimistes, sur un bord, par les républicains, sur l'autre, mais, en ce qui concerne les premiers, cette contestation n'est pas très solide ni sérieuse, et en ce qui concerne les seconds, les motivations ne sont pas vraiment de nature politique. Elles sont sociales. Non seulement parce que le républicanisme dans les années 1840 est d'orientation socialiste, mais surtout parce que la contestation républicaine est dirigée contre un régime qui n'a aucun souci de ceux qui n'appartiennent pas à la bourgeoisie : Louis-Philippe au pouvoir n'est pas un roi, un souverain, mais un banquier, un affairiste, qui utilise les moyens de l'État pour s'enrichir personnellement et pour servir ceux qui l'ont mis sur le trône.

L'opposition républicaine a pour effet de mettre au centre du débat politique la question sociale. Par là même la question de la royauté tend à ne plus se poser elle-même, elle est comme secondaire. C'est ainsi que dans le domaine de la littérature elle s'éclipse. Alors qu'au cours des deux décennies précédentes, les romans, les pièces de théâtre et même les recueils poétiques étaient envahis par des figures royales de toute espèce et de tout temps, ces figures maintenant dans les années 1840 se raréfient. Il n'est plus question que du peuple. Tous les écrivains se penchent sur lui, essayant d'abord de comprendre qui il est. Longtemps il n'a été qu'un Caliban, un Quasimodo, un à-peu-près indéfinissable, échappant à toute représentation, et à plus forte raison à toute conceptualisation. Son statut ne pouvait s'appréhender que par la négativité, par ce qu'il n'était pas. Maintenant, au contraire, il fait l'objet d'ouvrages, de nature sociologique, comme chez Michelet, ou plus généralement sociale, comme chez Sand, voire religieuse, comme chez Lamennais. Des romans le mettent en scène aussi, de manière assez timide, ou détournée : pour explorer les mystères de Paris, qui sont les mystères du Paris populaire, même si Eugène Sue a quand même

4 Chateaubriand, *Proposition relative au bannissement de Charles X et de sa famille* (1831), in *Grands Écrits politiques*, éd. de Jean-Paul Clément, Imprimerie nationale, « Acteurs de l'Histoire », 1993, t. II, p. 629. – Sur la signification de cette formule, voir *Le roi est mort*, ch. 22, p. 655.

besoin d'un prince, Rodolphe. Les amalgames, d'autre part, en ce qui le concerne, sont nombreux : l'homme du peuple suscite comme misérable la pitié, et comme misérable aussi la crainte, les classes laborieuses sont toujours plus ou moins dangereuses, dans l'ouvrier il peut y avoir un criminel. Etc. Quoi qu'il en soit de ces figurations du peuple, il est alors au centre de tous les débats philosophiques et politiques et ses représentants font partie du personnel littéraire, sans être réduits à des rôles marginaux ou pittoresques. Il se met dès lors à prendre la place qui était naguère encore celle des rois.

La révolution de 1848 fait-elle enfin de lui un agent et un sujet de l'histoire ? Apparemment oui, encore que, comme tel, il est assez rapidement anéanti, en Juin, par ceux qui quelques petits mois auparavant s'écriaient à sa vue : « Chapeau bas devant la casquette, / À genoux devant l'ouvrier ! » En continuant, sur la présence de la royauté dans les représentations littéraires du politique, nous soulignerons donc qu'il se produit alors en 1848 un changement dans la configuration sociocritique. La configuration antérieure, celle de la Restauration principalement, voyait s'organiser une opposition entre pouvoir royal et aristocratique et bourgeoisie. Avec la monarchie de Juillet s'était opérée une fusion quand le nouveau roi avait été reconnu comme son souverain par cette bourgeoisie, qui avait perdu depuis un certain temps le souvenir de son passé révolutionnaire. En 1848, la royauté disparaissant et étant remplacée par la république, une configuration toute nouvelle apparaissait, celle qui oppose dorénavant frontalement bourgeois et prolétaires, comme si dans la lutte des classes, dont Juin est la première manifestation historique en France, le peuple accédait enfin à un statut social et politique, c'est d'une tragique ironie. Se dressent l'un en face de l'autre le peuple et la bourgeoisie, le roi n'intervenant plus dans l'espace politique, en exil définitivement.

1848 dans ces conditions constitue un moment important dans le nouvel ordre imaginaire du politique. Pour la première fois, depuis 1793, le roi n'est plus l'instance autour de laquelle s'organise le politique. Un temps très court, entre la fin février et la mi-mai 1848, cette fonction a été prise par le peuple dans le cadre d'une république qui devait être démocratique et sociale. Effet ou cause de cette substitution, le socialisme qui connaît sa plus grande efflorescence au début de la seconde République. Républicains convaincus et socialistes opèrent alors leur conjonction, mais ils seront les uns et les autres victimes de la droitisation sévère du nouveau régime, et tout finira en décembre 1851. Avec le coup d'État de Décembre et, à la suite, avec le Second Empire, revient-on à une configuration du type royal ? certainement pas, et les royalistes les premiers, orléanistes et surtout légitimistes, ont été des opposants à l'Empire. Car Napoléon III n'est pas un roi, ni une figure royale. Bien plutôt, il joue le peuple contre le parti de l'ordre qui avait contribué à son élection comme président de la République, en essayant de faire accroire, par l'organisation de plébiscites, que son régime a une base populaire.

Même si les royalistes sont restés des opposants à l'Empire, cette vingtaine d'années de bonapartisme a eu pour conséquence la désaffection de la royauté dans l'imaginaire politique. Plus le temps passait, plus elle reculait dans le souvenir. Il faut bien distinguer ici le royalisme, politiquement, et la royauté, l'écart entre eux est considérable. Le royalisme pendant des années, au moins jusqu'à la fin des années 1870, a été une force politique non négligeable, la chambre des députés élue en février 1871 comptera quatre cents royalistes, soit les deux tiers de l'assemblée ; mais la royauté elle-même ne représente plus symboliquement ce qu'elle était encore naguère, même sous la monarchie de Juillet. Le prétendant au trône, le comte de Chambord, est à l'étranger depuis des décennies, les orléanistes et les légitimistes ferraillent entre eux ; la royauté dans ces conditions n'est plus, et depuis longtemps, l'espèce d'idéal politique qu'elle avait pu être. La république devient peu à peu la nouvelle référence. Seulement, elle aura fort à faire pour s'imposer dans l'imaginaire, il faudra la statuomanie de la III^e^ République[5], pour que se constitue un autre imaginaire que royaliste. Reste que l'imaginaire royaliste persistera encore très longtemps – mais a-t-il complètement disparu ?

5 Voir Maurice Agulhon, « La "statuomanie" et l'histoire », in *Histoire vagabonde, I*, Gallimard, « Bibliothèque des Histoires », 1988, p. 137-185, en particulier p. 167 et suiv. pour la III^e^ République.

## ROYAUTÉ ET ROYALISME

Le corpus d'œuvres et d'écrivains envisagé est beaucoup moins important que pour *Le roi est mort*. Il est très facile de comprendre pourquoi : les mutations politiques après 1830-1836 ont amené d'elles-mêmes une raréfaction de la matière royale, elle s'est peu à peu étiolée, jusqu'à se réduire à très peu de chose. Aussi l'accent a-t-il été mis sur les écrivains dont les œuvres traduisent le remplacement de la référence royale par la référence populaire, Principalement dans les années 1840 et dans les années 1848-1852. Comme on le constatera, si Lamennais, Sand, Michelet et Nerval développent des réflexions sur leur temps, dans une perspective sociale, voire socialiste, ils n'excluent pas pour autant le passé royal. C'est très net dans le cas de Nerval chez qui le discours sur « les précurseurs du socialisme » qu'il tient dans *Les Illuminés* est toujours rapporté, directement ou indirectement, à des règnes de l'histoire de France. Rois et reines se rencontrent chez lui en très grand nombre. C'est qu'ils appartiennent à son imaginaire historique, notamment le souvenir valoisien dans *Les Faux Saulniers* et *Les Filles du Feu* aimante toute son écriture, au point qu'un syncrétisme très bigarré de rois, d'utopistes et de révolutionnaires de toutes époques finit par constituer dans ses dernières œuvres un tableau d'histoire à la fois délirant et cohérent.

Les écrivains que nous venons de mentionner présentent entre eux de nombreux points de rencontre, la même motivation politique, au sens propre la même motivation de la *polis*, les anime ; il s'agit pour eux d'appréhender la société contemporaine, et de réinventer à son sujet une nouvelle socialité. À cette fin ils utilisent les modèles historiques qui sont à leur disposition, c'est-à-dire ceux de l'histoire de France, généralement ceux de la Révolution de 1789 ou de 1793. De quoi il résulte une représentation historique, politique et philosophique de la société au statut paradoxal, puisque c'est à la fois la société contemporaine et une tout autre société de nature utopique.

Dans le même esprit ont été abordées des œuvres qui, assez peu nombreuses, continuent sous le Second Empire à mettre en scène des rois. On n'a pas affaire en la circonstance à une sorte de régression historique de la représentation qui ferait retour vers les beaux temps de la royauté, étant donné que les rois qui apparaissent dans les œuvres en question sont de pures et simples fictions qui ne se rattachent pas à l'histoire ; ce sont des créations de fantaisie, leur royauté est imaginaire. C'est le cas des rois présents dans *La Légende des Siècles* et *Les Misérables*, qui mettent en scène des rois d'un genre très particulier : des enfants rois, qui préservent en eux une innocence du politique, si on peut dire. La plus accomplie de ces créations chez Hugo est celle de Gavroche, figure éminemment populaire, mais celui-ci, d'un autre côté, et bien plus profondément, est pensé comme un enfant roi. Baudelaire, quant à lui, invente aussi des rois imaginaires dans *Les Fleurs du Mal* et *Le Spleen de Paris*, leur royauté a une fonction critique, celle qui consiste à dénoncer dans l'ordre de la mélancolie l'insignifiance d'un réel qui est affecté d'un manque d'être et d'un manque à être irrémédiables. C'est peut-être Michelet cependant qui va le plus loin dans l'invention de telles royautés, lorsqu'il étudie les sociétés animales, comme celle des insectes, offrant un « alibi » à l'histoire humaine et proposant un modèle royal parfait à des collectivités républicaines.

Ces royautés imaginaires ont toutes subi le choc de l'histoire, en ce sens qu'elles constituent chacune des réactions à l'histoire contemporaine. Rien de plus exemplaire à cet égard que le cas des *Pléiades* de Gobineau, postérieures de quelques années seulement à l'année terrible de 1870-1871. Dans ce beau et intelligent roman est inventée la fiction des fils de roi, si proche de la fiction hugolienne des enfants rois. Nulle nostalgie passéiste chez cet écrivain aux prétentions légitimistes, mais le souci de préserver au sein d'une humanité faisant l'expérience de l'apocalypse quelques *happy few* qui ont échappé à la crétinité générale. Rien d'étonnant si le roman se termine sur l'image de l'enfant royal né des amours de ses parents, eux-mêmes fils de roi.

Vingt ans plus tard *Tête d'Or* de Claudel et *Le Docteur Pascal* de Zola, en pleine III$^{e}$ République, réagissent également aux insuffisances du présent, à sa nullité. Et de nouveau la référence royale s'impose à eux pour penser ce présent. Juste après la crise boulangiste, Claudel invente la figure d'un roi solaire, charismatique qui restaure le lien organique entre les citoyens d'un empire en pleine décomposition et redonne sens et unité à une société se défaisant. C'est là un des grands fantasmes idéologiques de la royauté idéale dont on trouve plusieurs exemples à l'époque romantique antérieure, chez Chateaubriand, chez

Hugo, entre autres. Mais ce fantasme est soumis à un traitement très différent par Claudel : son Tête d'Or n'est pas un fils de saint Louis, selon l'expression consacrée, mais un descendant de Gengis Khan ou d'Attila, rois qui étendent leurs conquêtes à la terre entière. Zola avec *Le Docteur Pascal* n'a pas une pareille ambition : il se contente de faire du personnage éponyme de son roman un nouveau roi David, ce qui est quand même assez gratifiant. Un roi en tout cas, qui tout vieux et malade qu'il est, parvient à fonder *in articulo mortis* une famille qui ne sera pas aussi dégénérée que celle dont il est issu. De cette nouvelle famille naîtra un enfant roi, destiné évidemment à sauver le monde.

Notre corpus, le lecteur le remarquera sans peine, est d'une assez grande hétérogénéité, puisqu'il rassemble des écrivains aussi divers et étrangers entre eux que, pour n'opérer que quelques rapprochements ponctuels ; Sand et Claudel, Michelet et Gobineau. Cela tient bien sûr à la longue durée de la période envisagée. Cela tient aussi aux mutations sociocritiques multiples qui caractérisent la représentation de la royauté pendant cette période, et à sa signification même. Par-delà cet aspect hétérogène qui peut apparenter cette revue d'œuvres et d'écrivains à un capharnaüm digne de celui de l'antiquaire de *La Peau de chagrin*, des lignes de force se dessinent pour toutes aboutir au même point : la permanence de la royauté dans la littérature du XIX^e siècle, quels que soient les formes si multiples qu'elle emprunte et les enjeux si nombreux qui lui sont assignés.

Ce corpus aurait-il pu être davantage étoffé ? Sans nul doute. Il aurait été possible, par exemple, de prendre en compte les innombrables productions historiques se passant sous l'Ancien Régime et pendant la Révolution. Bien après la mort de Charles X, jusqu'à nos jours encore, les romans mettant en scène des rois de France semblent pulluler. Reconnaissons que dans leur très grande majorité ils sont d'une nullité superlative. Littérairement ils ne valent rien, ils participent de la fabrique de l'imagerie nationale, et en cela ils méritent d'être examinés sous l'angle de la sociologie historique. Ils sont comparables en cela à la production tout aussi intarissable de biographies historiques sur telle ou telle figure supposée être intéressante. Ces ouvrages attestent au moins de l'imprégnation du passé royaliste en France. L'histoire de la royauté en France est, dans tous les sens du terme, une histoire de famille.

Aller au-delà du *Docteur Pascal* aurait néanmoins été possible, et deux écrivains majeurs auraient pu émettre quelques réclamations : Proust et Claudel. Ils seront étudiés dans le troisième et dernier volume de notre enquête. Pour ce qui est de Proust, disons brutalement que dans la *Recherche* il y a de nombreuses altesses, mais qu'il n'y a pas de rois. Ceux qu'on entrevoit, comme la reine de Naples à la fin de *La Prisonnière*, n'ont aucun statut politique, leur présence et leur fonction sont uniquement mondaines, très représentatives d'une société qui a perdu le sens de l'histoire et se trouve en pleine dégénérescence, à l'image de l'illustre prince de Guermantes si entiché de ses alliances royales, mais épousant l'affreuse, et très riche, Verdurin[6]. Le cas de Claudel est bien différent. Il n'a que faire apparemment de la disparition historique et politique de la royauté et son rapport à elle n'est pas dictée par une quelconque volonté de représenter la société de son temps. Cela ne l'empêche pas d'avoir, comme Proust, « le sens du social », et les *Conversations dans le Loir-et-Cher* (1935) montrent son extraordinaire acuité en ce domaine. Avec lui la royauté retrouve sa dimension politique, non pas tant dans *Le Soulier de satin*, même si le roi d'Espagne joue un rôle important, au moins dans la première journée, que dans la trilogie des Coûfontaine, qui est à lire comme une vaste archéologie politique et historique du XIXe siècle. Le regard amont porté sur ce siècle au début du XXe siècle obéit à des motivations religieuses, l'une d'entre elles étant, une décennie après la séparation de l'Église et de l'État, de penser ce nouveau siècle, affranchi de ce qui assurait auparavant la cohérence de l'ordre social. Monde sans Dieu, monde sans roi : Claudel renoue avec toute une tradition philosophique qui remonte aux théoriciens de la contre-révolution.

## ORGANISATION

Terminons sur la composition et l'organisation de ce livre. Elles ne pouvaient pas être semblables à celles du *Roi est mort*, même si ces *Royautés imaginaires* en constituent la suite et l'épilogue provisoire. Au moins

6 Voir l'excellent livre de Jacques Dubois, *Pour Albertine. Proust et le sens du social*, Seuil, « Liber », 1997.

pour une raison : la matière même de la référence royale qui se raréfie de manière évidente après Juillet et, à plus forte raison, après la mort du dernier roi de France. Sans doute on trouve des œuvres importantes qui mettent en scène des rois ou qui interrogent la royauté, mais selon une fréquence incomparablement moins élevée que pendant les années 1814-1836. De toute évidence ce n'est plus autour de l'instance du roi et de sa royauté que les choses s'organisent désormais. Il était pour cette raison impossible de rassembler un grand nombre de textes se rapportant à cette matière et de les mettre en perspective les uns avec les autres. Ce ne pouvait être que ponctuel, et, de toute façon, aucun effet de série n'était envisageable. C'est pourquoi la première partie a choisi de privilégier une dynamique d'ensemble, en s'attachant à quelques grandes périodes de cet effacement progressif de la référence royale. Tout d'abord, la fin de l'imaginaire légitimiste avec deux romans de Balzac, *La Vieille Fille* et *Le Cabinet des Antiques*, qui, après *Le Lys dans la vallée*, renvoient cruellement la légitimité à un passé révolu. Ensuite est étudiée la façon dont la question sociale, après la question royale, s'est posée ; trois écrivains nous ont retenu : Lamennais, Sand et Michelet. Cette question sociale a pris sous la seconde République une orientation socialiste, mais, plutôt que d'étudier le socialisme quarante-huitard nous avons préféré nous en tenir au socialisme de Nerval, moins idéologique et philosophique, mais infiniment plus politique et poétique. C'était de cette façon réaffirmer pour nous que la littérature ne se ramène pas à des énoncés, mais qu'importe avant tout une énonciation, et nul mieux que Nerval ne permet de le comprendre. Pour finir, est fait un survol, sans aucune prétention historique, de la royauté en république dans les années 1870-1893.

Comme on le constate, dans cette première partie n'est pas envisagé le Second Empire, celui-ci est abordé dans la seconde partie, où certaines œuvres de cette époque ont été rassemblées sous la forme de monographies étudiées chacune séparément, indépendamment des autres. Trois écrivains majeurs ont été alors appréhendés : Hugo, Michelet et Baudelaire, leurs œuvres réclamaient de l'espace. À leur suite, trois œuvres représentatives de la royauté en république, *Les Pléiades* de Gobineau, *Tête d'Or* de Claudel et *Le Docteur Pascal* de Zola, ont été étudiées. En la circonstance, nous ne les avons pas isolées dans une troisième partie qui aurait correspondu à la période républicaine, tant il était clair à nos yeux que les royautés que ces ouvrages inventaient n'étaient pas séparables poétiquement et philosophiquement de celles qui avaient été inventées sous le Second Empire. C'est un de ces effets de décalage ou d'hiatus entre littérature et histoire que nous avons signalé.

Le mode d'organisation choisi est lui-même révélateur de l'émiettement qui caractérise la représentation de la royauté dans cette soixantaine d'années qui vont de la mort de Charles X au ralliement des catholiques à la République. La royauté se dissémine en de multiples objets et ne s'appréhende que sur le mode d'une métonymie généralisée, à la faveur de glissements ou de substitutions sans nombre. Cependant cet émiettement lui-même devait être conjuré, pour éviter que le propos tombe dans l'insignifiance. C'est pourquoi les six monographies constituant la seconde partie auront été précédées d'une étude d'ensemble de la période, où quelques grandes lignes sont dégagées. Mais il n'échappera pas au lecteur que, quelque soin que nous ayons mis à isoler ces différentes lignes, celles-ci sont très souvent brisées. C'était inévitable. La figure du roi, l'instance simplement du roi ayant disparu ou s'étant évanouie, la tension philosophique qui animait la représentation de la royauté sous la Restauration et au début de la monarchie de Juillet s'est plus ou moins détendue. Nulle autre instance de substitution ne se présentera avant longtemps, s'il y en a une.

PREMIÈRE PARTIE

# HISTOIRE, POLITIQUE, IMAGINAIRE

# HISTOIRE, POLITIQUE ET IMAGINAIRE

La royauté légitime ayant disparu avec la révolution de 1830 et le dernier roi étant mort en exil en 1836, l'imaginaire royal lui-même s'est effacé progressivement. Le souverain au pouvoir, Louis-Philippe, n'a aucunement l'intention de le ranimer, puisque c'est dans la rupture avec lui que sa monarchie s'est constituée. L'expérience de la Restauration a d'ailleurs montré pour sa part qu'il était artificiel de vouloir redonner vie à ces vieux souvenirs de la monarchie capétienne, et le nouveau régime, quant à lui, s'est instauré contre ces souvenirs précisément. Toute sacralité, ou plutôt le peu qu'il en restait depuis 1814, s'est complètement évanoui. Non seulement le souverain actuel se présente comme un roi-citoyen, ce qui évidemment contrevient à la conception de la royauté qui a existé jadis en France, mais la monarchie de Juillet se construit contre une telle représentation politique. Restent bien les légitimistes, attachés à Charles X, Louis XIX ou Henri V, mais ils font figure de curiosités dans la France doublement révolutionnée en 1789 et en 1830. Sans doute ont-ils une existence politique : jusqu'aux années 1880 ils formeront une partie importante de la droite, mais ce qu'ils représentent dans l'imaginaire, au lendemain de Juillet, est plus de l'ordre du folklore qu'autre chose. C'est que dans le domaine politique s'est produit un divorce définitif au tournant de 1830 entre la réalité et l'imaginaire.

Notre propos sera de montrer comment, l'imaginaire lié à la royauté légitime s'étant décomposé dans les années qui ont suivi la révolution de Juillet et la mort de Charles X, un nouvel imaginaire politique s'est peu à peu mis en place. Ce nouvel imaginaire à première vue paraît s'être passé de la référence royale, se centrant au contraire sur l'instance populaire et pensant désormais les choses à la lumière du social plus que du politique. Ce n'est qu'une apparence : pendant des décennies, et au moins jusqu'à la mort du petit-fils de Charles X en 1883, la royauté a continué d'irriguer l'imaginaire national, même chez des écrivains aussi ouvertement républicains que Hugo et Michelet, comme si, inconsciemment peut-être, le politique n'était pas pensable en France en dehors de la royauté. Et pas davantage le social : les constructions d'une société idéale qui s'échafaudent dans les années 1840 ménagent souvent, sinon toujours une place à la royauté, et font même d'elle un modèle d'organisation. Sans doute n'est-ce plus la royauté des lys – elle-même sous la Restauration n'était de toute façon plus guère qu'un fantasme historique – qui suscite des rêveries de la part des écrivains, mais, détachée désormais de tout ancrage dans l'histoire, l'idée de la royauté acquiert une sorte d'existence poétique. Par un paradoxe qui n'en est pas un, il aura fallu que la royauté soit emportée par plusieurs révolutions pour qu'elle retrouve une existence. Au lendemain de la période révolutionnaire de 1789-1814, lors de la Restauration, elle ne l'avait pas pu, parce qu'elle était redevenue un système politique gouvernemental ; quand nulle restauration n'est plus concevable, elle se met alors à refleurir – dans la fiction.

## LA FIN DE L'IMAGINAIRE LÉGITIMISTE

Au lendemain de la révolution de Juillet quelques conclusions sont tirées sur la réalité historique et politique par quelques écrivains lucides et clairvoyants. Parmi eux nous citerons avant tout Stendhal et Balzac. Le premier fait un tableau satirique du début de la monarchie de Juillet dans *Lucien Leuwen*, en renvoyant dos à dos les ridicules henriquinquistes de Nancy et les partisans du nouveau roi, « Choses[1] », tout en égratignant gentiment les républicains qui ne rêvent que de l'Amérique. De ce régime il n'y a rien à tirer, la médiocrité des uns le dispute à la nullité des autres, et le roman s'interrompt au bout d'un peu plus d'un an, Stendhal préférant, semble-t-il, entreprendre le récit de sa propre vie qui commence vraiment lorsqu'il franchit le col du Grand Saint-Bernard et fait son entrée dans Milan[2]. Ayant fait ce récit, il quitte symboliquement

1 Sur cette appellation désignant Louis-Philippe, voir *Le roi est mort*, chapitre 22, p. 655 et n. 13.
2 Voir Stendhal, *Vie de Henry Brulard*, éd. de Fabienne Bercegol, Le Livre de poche, 2013, p. 564-572.

la France et pour de nombreuses années fera de l'Italie le théâtre de son œuvre romanesque. L'attitude de Balzac est différente, d'abord parce qu'il n'a pas d'Italie à sa disposition. Pendant cinq ans, de *La Peau de chagrin* au *Lys dans la vallée*, il instruit le procès du nouveau régime et, parallèlement, se livre à une archéologie de la Restauration[3]. Cette double appréhension par lui de la réalité politique dans son présent et dans son passé connaît sa plus belle illustration dans les deux romans qui paraissent dans la seconde moitié des années 1830, *Le Cabinet des Antiques* et *La Vieille Fille*. Nous nous attacherons assez longuement à eux, parce qu'ils montrent exemplairement comment l'imaginaire royal a été alors mis en pièces et anéanti à cette époque, pour disparaître à jamais sous cette forme, littérairement s'entend. Comme toujours chez Balzac, le plus efficace pour entrer dans ses œuvres est l'approche génétique. En ce qui concerne ces deux romans, c'est en tout cas requis, étant donné les particularités de leur histoire. Ils ont été conçus et écrits juste après 1830, mais ont été achevés et publiés bien après, une fois que le grand roman balzacien de la Restauration, *Le Lys dans la vallée*, avait paru.

*La Vieille Fille* et *Le Cabinet des Antiques* sont deux romans jumeaux, se passant l'un et l'autre à Alençon et ayant quelques-uns de leurs personnages en commun, même si, pour des raisons de contrats, Balzac a été obligé de les dissocier[4] ; ils mettent en scène les débuts de la Restauration, quand le régime est en train de s'établir, mais, compte tenu de leurs dates de composition, après 1830, ils reçoivent un éclairage latéral de la monarchie de Juillet commençante, et se trouvent avoir une dimension archéologique. Par commodité nous examinerons d'abord séparément les deux romans, pour ensuite les mettre en perspective.

## ROYAUTÉ ET FÉODALITÉ

*Le Cabinet des Antiques*. Roman-Restauration quand il est conçu au début des années 1830[5], il met en scène sous une forme métaphorique une fiction destinée à donner une représentation symbolique de la

3 Voir *Le roi est mort*, chapitres 17, 20 et 24.

4 C'est pourquoi le nom d'Alençon n'est pas mentionné dans *Le Cabinet des Antiques* et qu'au lieu de du Bousquier le libéral du roman s'appelle du Croisier, et ainsi de suite. Voir l'édition de P.-G. Castex, Classiques Garnier, 1958, p. VI-VIII.

5 Sur ce type de roman balzacien, voir *Le Roi est mort*, chapitre 20, « La Restauration restaurée ».

Restauration, en centrant sa fiction sur un personnage emblématique. Ici un jeune homme, Victurnien d'Esgrignon, appartenant à une illustre famille de l'aristocratie provinciale, oubliée au XIX^e siècle en dehors de sa province d'origine, fait l'expérience de la vie et découvre douloureusement que l'histoire existe lors d'un séjour à Paris où il mène grand train, sans en avoir les moyens. Amant d'une sommité parisienne, la duchesse de Maufrigneuse, évoluant dans le cercle de jeunes noceurs fortunés, il accumule vite les dettes et essaie de sortir d'une situation désespérée en faisant une fausse lettre de change, à tirer sur un sieur du Croisier, bourgeois libéral très fortuné et ayant juré la perte de la vieille famille aristocratique du jeune homme. Les choses finissent par s'arranger tant bien que mal : pour cela l'étourneau épousera la nièce de l'homme d'affaires. Dans notre perspective le plus intéressant est la confrontation historique et sociale de deux mondes, celui de la vieille, l'archaïque, l'antédiluvienne noblesse des d'Esgrignon, et celui de la France révolutionnée de la Restauration qui s'accommode du changement intervenu lors des vingt-cinq dernières années. Cette confrontation est nettement mise en évidence lors de la visite que fait la duchesse de Maufrigneuse aux d'Esgrignon dans leur province tout à la fin du roman, elle conseille alors à Victurnien de se marier avec la nièce de du Croisier, Mlle Duval, seul moyen pour lui de refaire sa fortune grâce à cette riche héritière. Proposition scandaleuse aux yeux des d'Esgrignon, c'est une affreuse mésalliance pour eux qui ont fait de la pureté de leur sang une véritable religion, sauf que le temps a marché. La belle Diane le leur rappelle brutalement et dresse un tableau des choses en ces années 1820 :

> Vous êtes donc fous, ici ? reprit la duchesse. Vous voulez donc rester au quinzième siècle quand nous sommes au dix-neuvième ? Mes chers enfants, il n'y a plus de noblesse, il n'y a plus que de l'aristocratie. Le Code civil de Napoléon a tué les parchemins comme le canon avait déjà tué la féodalité. Vous serez bien plus nobles que vous ne l'êtes quand vous aurez de l'argent. Épousez qui vous voudrez, Victurnien, vous anoblirez votre femme, voilà le plus solide des privilèges qui restent à la noblesse française. M. de Talleyrand n'a-t-il pas épousé Mme Grandt sans se compromettre ? Souvenez-vous de Louis XIV marié à la veuve Scarron ! (*CA*, 1092-1093)

Folie, le mot n'est pas trop fort, car c'est presque une psychose historique et politique qui est exposée dans *Le Cabinet des Antiques*. Par leur espèce d'exotisme les premières pages du roman offrent une description amusante de ces « Antiques » qui vivent au XIX^e^ siècle comme s'ils étaient encore au XVII^e^. En fait, non pas le XVII^e^, mais plutôt le X^e^, si on en croit l'ascendance prêtée à l'actuel chef de famille[6], Charles-Marie-Victor-Ange Carol, marquis d'Esgrignon :

> Le nom de Carol (les frères Thierry l'eussent orthographié Karawl) était le nom glorieux d'un des plus puissants chefs venus jadis du Nord pour conquérir et féodaliser les Gaules. Jamais les Carol n'avaient plié la tête, ni devant les Communes, ni devant la Royauté, ni devant l'Église, ni devant la Finance. Chargés autrefois de défendre une Marche française, leur titre de marquis était à la fois un devoir, un honneur, et non le simulacre d'une charge supposée ; le fief d'Esgrignon avait toujours été leur bien. (*CA*, 966)

La conception de la noblesse que se fait le marquis d'Esgrignon pourrait sembler un cas d'anachronisme patenté et il serait tentant d'y voir l'expression d'une arriération politique et sociale caractérisée. C'est une mauvaise interprétation. Balzac lui fait implicitement reprendre le discours généalogique et historique d'un Boulainvilliers (*Abrégé chronologique de l'histoire de France*, 1733), qui développait l'idée d'une opposition entre les Francs et les Gaulois, de laquelle découlait l'opposition entre noblesse et tiers-état. Cette idée, énoncée pour faire pièce aux aspirations de la bourgeoisie[7], a été reprise sous la Restauration dans une perspective libérale au contraire, par les frères Thierry, Augustin et Amédée, auteurs respectivement d'un essai *Sur l'antipathie de race qui divise la nation française* (1820) et d'une *Histoire des Gaulois* (1828), ainsi que par Guizot (*Du gouvernement de la France depuis la Restauration et du ministère actuel*, 1820)[8]. L'opposition entre Francs et Gaulois est constitutive de l'état politique et social de la France depuis les origines, c'est-à-dire depuis la victoire des Francs sur les Gaulois. Dans un cas (version nobiliaire) les nobles descendent des Francs et leur domination légitime leur noblesse ; dans l'autre cas (version libérale), le tiers-état est l'héritier des Gaulois

---

6 « Les d'Esgrignon *portent d'or à deux bandes de gueules*, et rien depuis neuf cents ans n'a changé dans leur écusson ; il est tel que le premier jour » (*CA*, 971), explique le marquis à son intendant. Ces neuf cents ans font remonter l'origine de la maison d'Esgrignon au début du X^e^ siècle, c'est-à-dire à une époque légèrement antérieure au règne d'Hugues Capet, roi des Francs et fondateur de la dynastie capétienne (*CA*, 987-996).

7 Voir l'introduction de P.-G. Castex à son édition du *Cabinet des Antiques*, *loc. cit.*, p. XIII.

8 Voir l'étude très documentée dans laquelle nous puisons largement de Krz. Pomian, « Francs et Gaulois », in *Les Lieux de mémoire*, *Les France*, *Conflits et partages*, Gallimard, « Bibliothèque illustrée des histoires », 1992, p. 41-96, en particulier p. 67-78.

indigènes, et il est légitime qu'il reprenne ce qui lui a été pris par les Francs, sa liberté. (Nous simplifions outrancièrement.)

Une telle conception de la noblesse par le marquis d'Esgrignon est terriblement passéiste, sans doute, elle récuse en soi toutes les mutations historiques qui sont intervenues depuis le XVI^e^ et le XVII^e^ siècle, et c'est ainsi que ce charmant fossile parle encore dans les années 1820 de troubles (*CA*, 968) pour qualifier la Révolution et persiste à appeler le département la province et la préfecture l'intendance (*CA*, 974). Le plus intéressant est que cette conception de la noblesse, outre qu'elle est absolument étrangère à tout ce qui a pu se passer en France depuis 1789, est, plus insidieusement, une mise en cause de la royauté telle qu'elle existe en France depuis Louis XIV. Le marquis d'Esgrignon est un vieux féodal comme il pouvait en exister avant l'instauration louis-quatorzienne de la monarchie absolue. De manière significative le narrateur consigne : « Jamais le marquis d'Esgrignon, chef de la branche aînée, ne voulut accepter le titre de duc » (*CA*, 966) ; il n'a pas voulu devenir un de ces nobles courtisans que le roi attachait à lui en leur donnant des titres prestigieux, le plus éminent d'entre eux étant celui de duc. Le texte est tout à fait explicite : « Je tiens le marquisat d'Esgrignon aux mêmes conditions que le roi tient l'État de France, dit-il au connétable de Luynes, qui n'était alors à ses yeux qu'un très petit compagnon. Comprenez que, durant les troubles, il y eut des d'Esgrignon décapités » (*CA*, 967). Le roi aux yeux de ce d'Esgrignon du XVII^e^ siècle n'est que le « *primus inter pares* » et à lui certains de ses barons ont pu s'opposer comme au temps de la Ligue, par exemple ; Luynes, au contraire, est le représentant typique de cette noblesse courtisane, comblée d'honneurs par le roi, et asservie, et dont les représentants, en acceptant de tels titres, ont de ce fait reconnu leur infériorité envers le pouvoir royal et leur état de sujétion à lui. Le marquis d'Esgrignon en 1820 persiste pour sa part à se considérer comme un de ces nobles d'avant la monarchie absolue, survivant à l'époque féodale, comme le don Ruy Gomez d'*Hernani* ou le baron du Guénic de *Béatrix*.

Il apparaît donc que, à travers la noblesse des d'Esgrignon, doublement archaïque par rapport à la Révolution française et, en deçà, par rapport à la monarchie absolue du XVII^e^ siècle, ce n'est pas seulement l'époque contemporaine du XIX^e^ siècle qui est contestée dans la personne du vieux marquis, mais aussi la royauté elle-même, non seulement celle de la Restauration, née des « troubles » de 1789-1814, mais aussi, et plus profondément, celle qui s'est établie en France au tournant du XVIe et du XVIIe siècle. Cela fait du marquis d'Esgrignon à la tête du « Cabinet des Antiques » l'incarnation d'un ultracisme de l'ultracisme. Or ce roman qui s'écrit au lendemain de 1830 fait aussi du même coup du vieux marquis la figure du légitimiste henriquinquiste provincial la plus résolue, à l'instar des légitimistes du même genre dont Stendhal à peu près à la même époque fait le portrait satirique dans *Lucien Leuwen*. Roman-Restauration par la temporalité de la fiction (années 1820), *Le Cabinet des Antiques* est également, par la temporalité de son écriture (années 1830), un roman critique de l'après-Juillet.

## LE CRÉPUSCULE DES VALOIS

Le même effet se voit dans le roman contemporain du *Cabinet des Antiques*, *La Vieille Fille*. Pareillement l'action se passe dans les premières années de la Restauration, mais le roman est écrit après 1830. Cette fois-ci les choses ne sont pas envisagées du point de vue de l'ultracisme ou du légitimisme, mais du point de vue du libéralisme, dont le représentant peu reluisant est le sieur du Bousquier. La question de la royauté et de la noblesse y est tout aussi présente que dans *Le Cabinet des Antiques*, mais fait défaut la grande figure d'un vieux noble comme le marquis d'Esgrignon ; l'opposition entre Ancien Régime et France révolutionnée prend la forme d'une opposition plus souple, et plus complexe. Tout se centre sur la personne d'une vieille fille de quarante ans, Rose Cormon, déterminée à se marier coûte que coûte. Deux prétendants sont sur les rangs, un vieil aristocrate délicieux et un peu galantin, le chevalier de Valois, et un bourgeois libéral, homme d'argent, le sieur du Bousquier. Passons sur la lutte entre les deux prétendants[9], pour ne nous en tenir qu'à leur rivalité politique. Du Bousquier est le représentant de la bourgeoisie montante ; homme d'argent, il est bien décidé à s'imposer comme l'homme fort d'Alençon, en réduisant à rien le peu qui reste de

9 Pour une analyse de ce roman, voir les travaux remarquables de Nicole Mozet, en l'occurrence les développements de son ouvrage *La Ville de province dans l'œuvre de Balzac*, Genève, Slatkine Reprints, 1998 (1re éd., SEDES, 1983), p. 167-179, les études « Un discours détourné : Alençon ville-corps » et « La genèse d'un roman-feuilleton : *La Vieille Fille* » dans son *Balzac au pluriel*, PUF, « Écrivains », 1990, p. 88-94 et p. 264-287, et son introduction à *La Vieille Fille* dans l'édition de *La Comédie humaine*, Gallimard, « Bibliothèque de la Pléiade », t. IV, p. 795-810.

la noblesse provinciale, arc-boutée sur son passé et son attachement à l'Ancien Régime. Épouser Rose Cormon, de famille bourgeoise, mais alliée à la noblesse (elle descend du dernier intendant du duc d'Alençon) permettrait à du Bousquier d'introduire un pied dans le petit faubourg Saint-Germain de la ville. Le rival de du Bousquier est le chevalier de Valois porteur d'un nom illustre ; mais voici ce qu'il faut en penser :

> Beaucoup de personnes ont dû rencontrer dans certaines provinces de France plus ou moins de chevaliers de Valois, car il en existait un en Normandie, il s'en trouvait un autre à Bourges, un troisième florissait en 1816 dans la ville d'Alençon, et peut-être le Midi possédait-il le sien. Mais le dénombrement de cette tribu valésienne est ici sans importance. Tous ces chevaliers parmi lesquels il en fut sans doute qui étaient Valois comme Louis XIV était Bourbon, se connaissaient si peu, qu'il ne fallait point leur parler des uns aux autres. Tous, ils laissaient d'ailleurs les Bourbons en parfaite tranquillité sur le trône de France, car il est un peu trop avéré que Henri IV devint roi faute d'un héritier mâle dans la première branche d'Orléans, dite de Valois. S'il existe des Valois, ils proviennent de Charles de Valois, duc d'Angoulême, fils de Charles IX et de Marie Touchet, de qui la postérité mâle s'est éteinte, jusqu'à preuve contraire, en la personne de l'abbé de Rothelin, et les Valois-Saint-Rémy qui procèdent de Henri II ont également fini par la fameuse Lamotte-Valois, impliquée dans l'affaire du collier[10].

Malgré les apparences ce paragraphe, qui se trouve constituer l'incipit du roman, est loin d'être anecdotique. Sa fonction est de minorer l'éclat prétendument royal de cet illustre nom de Valois porté par un vieux gentilhomme de province. Ces lignes disent avec un peu d'ironie et même de sarcasme que les prétentions nobiliaires dudit chevalier sont peu solides et que, à tout le moins, s'il est un authentique Valois, il descend de façon tortueuse, disons-le, bâtarde, d'un très lointain ancêtre royal, dont la postérité est éteinte depuis des siècles. Mais ce développement ne concerne pas que le vieux chevalier, il est à double fond, et indirectement, à travers le personnage de ce ci-devant chevalier de Valois, atteint par ricochet la référence royale, désignée métonymiquement par ce nom de Valois. En substance, comprend-on, cette référence aujourd'hui, sous la Restauration, est aussi vieillotte, passée de mode, que ce nom de Valois qui renvoie à un passé royal noyé dans des brumes historiques épaisses. De ce fait, la référence royale dans *La Vieille Fille* apparaît comme un

10 Balzac, *La Vieille Fille*, Furne, 1844, p. 1. Dans l'édition de la « Bibliothèque de la Pléiade », t. IV, p. 811.

anachronisme historique, et, qui plus est, un peu frelaté. Sans doute elle apparaît telle aussi dans *Le Cabinet des Antiques*, mais le marquis d'Esgrignon est d'une noblesse socialement incomparable à celle du chevalier de Valois, elle a une authenticité historique qui vient de sa pureté héréditaire sans accident ni mésalliance depuis des siècles, ce qui, indirectement, a pour effet de donner par retour du lustre à la royauté dans ses origines féodales auxquelles le temps donne alors tout son éclat.

*La Vieille Fille* mettra donc en scène une lutte entre les représentants de deux ordres sociaux antagonistes, mais qui ne se distinguent pas par la supériorité historique ou politique : du Bousquier est un arriviste méprisable et grossier, le chevalier un pauvre hère ridicule et inconsistant. Le roman lui-même a des allures de fabliau, investi de motifs drolatiques[11], tournant autour du mariage cocasse d'une vieille fille grotesque, de la fausse grossesse d'une lingère et de la virilité reproductrice supposée qui est prêtée respectivement à chacun des deux prétendants. Que la vieille fille, Rose Cormon, finisse par épouser du Bousquier le libéral et qu'elle découvre à sa grande déception qu'il est impuissant ne doit pas être abusivement interprété : faire du libéral un impuissant n'est qu'une facétie d'un Balzac qui se réclame du légitimisme, de sa part c'est de bonne guerre ; il sait parfaitement que l'avenir appartient à du Bousquier et à ses semblables, des années plus tard il fera de lui le « roi d'Alençon[12] ». D'un autre côté, peut-on imaginer un seul instant que le mariage de Rose Cormon avec le chevalier de Valois aurait eu une positivité et que politiquement et historiquement une telle union aurait eu une signification symbolique[13] ? En aucun cas, bien entendu ; le seul mariage qui aurait pu avoir un sens est paradoxalement celui qui semble le plus absurde, celui de Rose Cormon avec Athanase Granson[14], de dix-sept ans son cadet.

---

11 Le rapprochement s'impose entre Rose Cormon et la Godegrand des *Joyeulsetez du roy Loys le unziesme* des *Drolatiques*, et d'autant plus que Balzac a commis une anagramme obscène transparente sur le nom de sa vieille fille alençonnaise.

12 Balzac, *Béatrix*, in *La Comédie humaine*, t. II, p. 907.

13 L'idée, qu'il a finalement écartée, a pu en venir à Balzac. Pierre-Georges Castex signale dans son édition de *La Vieille Fille*, p. XIV-XVI parmi les multiples chevaliers de Valois qui ont pu servir de modèles à Balzac pour le sien, un Joseph-Charles de Valois dont il a fait la connaissance lors de son séjour à Fougères en 1828. Il se trouve que ce chevalier de Valois a épousé à l'âge de soixante-quatre ans une demoiselle Hortense-Reine de France, dont le prénom et le nom peuvent laisser rêveur. (Le faire-part de mariage est reproduit en face de la p. XVI.)

14 Voir Pierre Barbéris, *Mythes balzaciens*, p. 81-82.

## LE CONVOI DE LA LÉGITIMITÉ

La fin des deux romans est la même, elle dit le deuil définitif de la royauté dont les « Antiques » suivent le convoi. Fin du *Cabinet des Antiques* :

> Le marquis mourut en 1830, après avoir vu le Roi Charles X passant à Nonancourt où ce grand d'Esgrignon alla, suivi par la noblesse valide du Cabinet des Antiques, lui rendre ses devoirs et se joindre au maigre cortège de la monarchie vaincue. Acte de courage qui semblera tout simple aujourd'hui, mais que l'enthousiasme de la Révolte rendit alors sublime !
>
> « Les Gaulois triomphent » fut le dernier mot du marquis. (*CA*, 1095-1096)

Fin de *La Vieille Fille* :

> Le chevalier mourut avec la monarchie, en août 1830. Il alla se joindre au cortège du roi Charles X à Nonancourt, et l'escorta pieusement jusqu'à Cherbourg avec tous les Troisville, les Castéran, les Verneuil, etc. (*VF*, 934)

À la fin des deux romans, le départ de Charles X – l'exil de la royauté[15]. Toute une histoire se termine. Il n'y a plus maintenant que la trace mélancolique de son souvenir. La mélancolie cependant n'est pas chez Balzac la seule relation que le présent entretient au passé. Cette relation est également critique, comme le montre la mise en perspective de trois moments d'histoire : la Restauration-1830-l'après Juillet, qui s'articulent les uns sur les autres, pour mettre au jour l'historicité complexe dont procède le premier XIX^e^ siècle. Examinons-les chacun. La Restauration : elle est prise à son début, dans les années 1815-1823 et à sa fin, quelques jours après le passage du roi en Normandie. 1830 : point d'aboutissement historique et politique, qui marque la fin de la royauté légitime. Restauration/1830 : c'est sur cette opposition que devaient se penser les deux romans, lorsque Balzac les entreprit au tout début des années 1830, faisant le constat de la fin de la royauté légitime quand un roi des Français remplaçait dérisoirement le roi de France. Seulement, Balzac a laissé passer quelque temps entre la conception de *La Vieille Fille* et du *Cabinet des Antiques* : pour le premier, des ébauches datent de 1834, mais le roman n'est écrit qu'en 1836, pour le second,

---

15 Voir Balzac, « Le Départ », in *Œuvres diverses*, t. II, p. 1021-1025, et notre commentaire dans *Le roi est mort*, ch. 20, p. 531-532.

une publication partielle en revue remonte à 1836, alors que le roman ne sera écrit qu'en 1839. C'est peu de chose, si ce n'est qu'est intervenue entre-temps l'écriture du *Lys dans la vallée*, le roman mémorial de la Restauration, ce qui change du même coup la signification des deux autres. Comme le *Lys* faisait une double critique de la Restauration et de la monarchie de Juillet à la lumière de la Restauration même[16], *La Vieille Fille* et *Le Cabinet des Antiques* à leur tour dénoncent les impasses de la Restauration, mais surtout projettent sur elle, par un effet de retour bien plus accentué, l'éclairage que procure le régime actuel de Louis-Philippe. C'est particulièrement net dans *La Vieille Fille* où est mis en œuvre un grotesque dégénéré, qui n'a plus rien à voir avec le drolatique régénérateur des œuvres balzaciennes de 1832-1835[17]. Il s'est produit comme une contamination triviale de la Restauration par la monarchie de Juillet, avec pour résultat la même représentation de la royauté, légitime ou constitutionnelle, qu'il est impossible historiquement de sauver.

Balzac tirera les conclusions de cet état de fait en se détournant de l'imaginaire de la royauté dans ses romans ultérieurs. Celle-ci sera toujours bien là comme marqueur historique, il ne peut en être autrement, mais ce qui s'attachait à elle de poésie et de symbolique jusqu'au *Lys dans la vallée* sera éradiqué, ou même tourné en ridicule. Deux exemples empruntés à des textes postérieurs au *Cabinet des Antiques*. Premier exemple : *Béatrix*. Le roman commence à paraître en 1839 et sa publication aura son terme en 1845 ; c'est donc un roman entièrement monarchie de Juillet, par son écriture et par son action. Celle-ci commence à Guérande en 1836 pour se terminer en 1841. Guérande, c'est un petit monde provincial farouchement légitimiste, centré sur l'attachant personnage du vieux baron du Guénic. En des temps pas si lointains, en 1832, il a participé avec son fils Calyste et son écuyer Gasselin à l'équipée vendéenne de MADAME. Vieux noble féodal, il est le double du marquis d'Esgrignon, l'âpreté en moins, et il est autant Gaulois (on est en Bretagne[18]) que l'autre était Franc. Mais le décalage entre les deux est temporellement plus marqué, puisque le marquis d'Esgrignon reste un vieux légitimiste sous la Restauration, alors que le légitimisme du baron du Guénic est contemporain de la monarchie de Juillet, celle-ci installée depuis un

16 Voir *Le roi est mort*, ch. 24, p. 709-716.

17 Sur le drolatique, voir *Le roi est mort*, ch. 20, p. 539-541 et ch. 24, p. 727-730.

18 Voir Balzac, *Béatrix*, in *La Comédie humaine*, t. II, p. 643-644.

certain temps déjà. De là une part d'ironie un peu plus marquée que dans *Le Cabinet des Antiques*. En somme, ce monde de Guérande en 1836 est un autre monde, d'un autre temps. Le roman racontera donc comment le fils du vieux baron fera son apprentissage sentimental et social du monde moderne. Son éducation se terminera de manière aussi cocasse que vulgaire, lorsque, revenu au foyer conjugal après avoir trompé sa femme, il s'occupera de soigner la maladie vénérienne que ses fredaines lui ont value. Second exemple : *Les Secrets de la princesse de Cadignan*. La sémillante et légère Diane de Maufrigneuse est devenue princesse de Cadignan et veut maintenant faire oublier les frasques de sa folle jeunesse, pour séduire le vertueux d'Arthez. L'action se passe à Paris, en 1833, c'est-à-dire une dizaine d'années après la liaison de l'héroïne avec Victurnien d'Esgrignon. Ce sont deux époques du même personnage qui sont confrontées, sous la Restauration, puis au début de la monarchie de Juillet. Le piquant de cette confrontation est redoublé par le fait que d'Arthez a des opinions légitimistes, alors que Diane, qui fréquente la marquise d'Espard, oracle médisant et toxique du Faubourg Saint-Germain, a suscité naguère l'adoration d'un ami de d'Arthez, le républicain Michel Chrestien, tué en juin 1832 sur les barricades de Saint-Merri (là même où Gavroche trouvera la mort). Grâce à ses ruses et ses manigances, la princesse de Cadignan fait en sorte que d'Arthez croie que la duchesse de Maufrigneuse a été honteusement calomniée et qu'elle a été victime de l'envie, et d'Arthez la croit : comme quoi on peut être un grand écrivain et être d'une naïveté, ou d'une bêtise, qui passe le sens.

Ces deux exemples suffisent à montrer chez Balzac la dégradation complète de l'imaginaire royal entre 1836 et 1840. Le dernier roi de France s'en va en exil, il emporte avec lui tout un pan de l'histoire nationale, et plus encore toute une littérature. C'en est fini désormais de la poésie du légitimisme et de son imaginaire.

# LA QUESTION SOCIALE

## Lamennais, Sand, Michelet

Dans la cinquième partie de son *Histoire de ma vie*, Sand raconte ses débuts à Paris comme romancière. Passant désormais la moitié de l'année dans la capitale, elle évolue dans un milieu républicain et révolutionnaire et les questions politiques et sociales constituent l'essentiel de sa réflexion à elle et à son petit groupe d'amis, parmi lesquels Éverard, *alias* Michel de Bourges, et Gabriel Planet. C'est très compréhensible, étant donné le climat insurrectionnel qui règne alors en France, spécialement à Paris et à Lyon. Il n'est question que du renversement du nouveau régime et de l'instauration d'une république, non pas « la meilleure des républiques », mais, si on ose dire, une vraie république républicaine, qui aurait pour souci le sort de tous ceux que la monarchie de Juillet a entrepris d'écraser consciencieusement, les ouvriers, les canuts, les étudiants, ceux qui contestent l'ordre des choses politique et social. Les grèves et les émeutes se multipliant depuis 1831, il est clair que le régime instauré en août 1830 rencontre une opposition extrêmement combattive. Celle-ci n'est pas seulement de nature politique, elle est sociale, ce qui est relativement nouveau. C'est alors que commence à apparaître chez les journalistes l'expression « la question sociale », quelquefois employée au pluriel[1]. « Poser la question sociale » devient même assez rapidement un véritable tic de langage, se prêtant à de multiples applications bouffonnes[2].

Quoi qu'il en soit des travestissements auxquels a donné lieu cette expression de « poser la question sociale », reste que la question sociale se pose de façon particulièrement urgente à partir des grandes insurrections

1 Voir l'excellente communication de Claude Millet au Groupe Hugo de Paris-VII, « Questions sociales 1833-1834 », 20 octobre 2012 (consultable sur le site *groupugo.div.jussieu.fr/Groupugo/12-10-20millet.htm*).

2 Voir Sand, *Histoire de ma vie*, V, 8, in *Œuvres autobiographiques*, éd. de Georges Lubin, Gallimard, « Bibliothèque de la Pléiade », 1971, t. II, p. 325.

et émeutes ouvrières et républicaines de 1831 et de 1834, et elle ne fera que continuer à se poser encore plus dans les années 1840. À la limite ce qui importe ce n'est plus la querelle du légitimisme et de l'orléanisme, mais la royauté elle-même, et, par-delà, le corps social dans son ensemble. Le politique ne disparaît pas, c'est absurde, il est envisagé et appréhendé sous l'angle du social, réapprécié et repensé en étant rapporté à l'organisation générale de la société. Trois écrivains particulièrement montrent comment s'est effectué cet investissement du politique par le social : Lamennais, Sand et Michelet. Tous trois font le constat d'une société qui n'est pas une société, mais sa parodie, et chacun s'efforce de remédier à cet état de délabrement de la socialité, Lamennais en revenant à la lettre et à l'esprit de l'Évangile, Sand en élaborant des utopies socialistes, Michelet comme historien en refaisant la Révolution.

## LAMENNAIS

### ROYALISME ET CHRISTIANISME

Dans l'histoire de la pensée politique, philosophique et religieuse Lamennais constitue un véritable cas[3]. Ce prêtre parti de la contre-révolution, catholique et ultramontain, s'imposant à trente-cinq ans par un ouvrage « qui réveillerait un mort[4] », intitulé *Essai sur l'indifférence en matière religieuse*, connaîtra une évolution étonnante, en rompant avec la papauté et même avec l'Église (il se fera enterrer civilement) et en devenant un prophète du socialisme. Évolution étonnante, mais non pas surprenante. Elle a sa logique profonde dans l'attachement de Lamennais à l'Évangile. Initialement son christianisme le conduit à une position de type théocratique et il est tout à fait compréhensible qu'il soit un ultra-royaliste, étant donné que le roi est le représentant de Dieu sur terre.

3 Voir les travaux de Jean-René Derré, *Lamennais, ses amis et le mouvement des idées à l'époque romantique*, Klincksieck, 1962, et de Louis Le Guillou, *L'Évolution de la pensée religieuse de Lamennais*, Armand Colin, 1966 et *Lamennais*, Desclée de Brouwer, « Les écrivains devant Dieu », 1969.

4 L'expression serait de Frayssinous (référence inconnue).

Seulement il apparaîtra que l'Église et au premier chef la papauté ne sont pas fidèles au message de l'Évangile ; rien notamment n'a davantage bouleversé Lamennais que le soutien du pape Grégoire XVI à Nicolas II massacrant les Polonais insurgés en 1830-1831. En la circonstance l'Église a failli gravement. Nous n'entrerons pas dans les détails très complexes de la crise que connaît Lamennais en 1830-1834, nous nous attacherons aux deux ouvrages majeurs des *Paroles d'un croyant* (1834) et du *Livre du peuple* (1837), ils sont essentiels à la compréhension de la mutation du politique et du social et montrent comment Lamennais a reposé sur de toutes nouvelles bases la question de la royauté.

Comme l'Église a failli, les rois du même coup ont failli. Cette double faillite, religieuse et politique, Lamennais la met spectaculairement en scène dans les *Paroles d'un croyant* ; c'est l'objet du terrible chapitre XIII. Le texte se présente comme une vision macabre sur fond d'apocalypse : « C'était dans une nuit sombre ; un ciel sans astres pesait sur la terre, comme un couvercle de marbre noir sur un tombeau[5] ». Dans ce décor d'outre-monde s'offrent à la vue du prophète sept rois de ténèbres :

> Et dans une salle tendue de noir et éclairée d'une lampe rougeâtre, sept hommes vêtus de pourpre et la tête ceinte d'une couronne étaient assis sur sept sièges de fer.
>
> Et au milieu de la salle s'élevait un trône composé d'ossements ; et au pied du trône, en guise d'escabeau, était un crucifix renversé ; et devant le trône, une table d'ébène ; et sur la table, un vase plein de sang rouge et écumeux, et un crâne humain.
>
> Et les sept hommes couronnés paraissaient pensifs et tristes, et du fond de son orbite creux, leur œil de temps en temps laissait échapper des étincelles d'un feu livide.
>
> Et l'un d'eux s'étant levé s'approcha du trône en chancelant, et mit le pied sur le crucifix[6].

Etc., le reste à l'avenant. C'est du romantisme noir d'une superlative noirceur. Mais si l'effet poétique est terrible, ce que dit le texte l'est encore plus : nous sommes en enfer, y est donnée à voir une messe infernale, cannibale et blasphématoire, où s'entendent des paroles de damnés, celles que prononcent successivement les sept rois. Ce sont des paroles de malédiction à l'égard du Christ, ils le maudissent parce qu'il

5 Lamennais, *Paroles d'un croyant*, p. 71.
6 Lamennais, *Paroles d'un croyant*, p. 71-72.

a « ramené sur la terre la Liberté[7] ». Ils ne s'en tiennent pas là, mais exposent chacun des contre-mesures à cette liberté instaurée par Jésus, à savoir : abolir la religion du Christ, abolir la science et la pensée, supprimer les communications entre les peuples, diviser pour régner, user d'une justice impitoyable[8], corrompre les hommes, pervertir les prêtres en agents de la tyrannie. Ces contre-mesures exposées avec un tel cynisme constituent un programme de gouvernement, celui qui est appliqué très exactement à travers toute l'Europe de la Sainte-Alliance. L'application elle-même de ce programme diabolique dans la réalité fait l'objet du chapitre XXXIII où sont passés en revue les tyrans et tyranneaux européens du début des années 1830 ; aucun nom n'est donné, mais de façon plus ou moins transparente, grâce à des allusions parlantes au moins pour les contemporains, les identifications ont pu se faire sans trop de difficultés[9]. C'est un acte d'accusation qui est dressé à l'encontre de tous les souverains d'Europe martyrisant les peuples et les réduisant en esclavage (au passage, Louis-Philippe n'est pas spécialement épargné[10]), et en la circonstance Lamennais se transforme en un prophète de la Bible, tel Ézéchiel ou Isaïe.

La dimension biblique de ces pages inspirées tire une bonne partie de sa signification du fait que le roi inspirateur de toutes ces horreurs est le pape. Celui-ci en effet dans les *Paroles d'un croyant* apparaît comme le roi des rois, de lui procède le pouvoir de tous les autres rois, étant donné que le pouvoir royal est supposé de droit divin et que le pape est le ministre suprême de Dieu sur terre, son vicaire dans la terminologie catholique. Dès lors que le pape n'exerce plus son ministère religieux, moral et politique selon l'Évangile, son pouvoir perd toute légitimité et connaît une totale dénaturation ; le plus scandaleux à cet égard pour Lamennais est que Grégoire XVI ait appuyé Nicolas II, orthodoxe et schismatique, contre les Polonais, parfaits catholiques. Du même coup,

---

7 Lamennais, *Paroles d'un croyant*, p. 72.

8 La peine de mort est en particulier dénoncée, comme elle le sera dans *Le Livre du peuple* : « La peine de mort fut abrogée, il y a dix-huit siècles, sur la croix du Christ », p. 211. – Rappelons que le bourreau dans l'idéologie ultra de Joseph de Maistre a une fonction essentielle, non celle du maintien de l'ordre, mais de la cohésion mystique du corps social. Sa mise en cause par Lamennais n'est pas d'ordre humanitaire, mais politique. Voir *Le roi est mort*, ch. 5, p. 134-136 et ch. 11, p. 298.

9 Voir les notes explicatives de Louis Le Guillou dans son édition des *Paroles d'un croyant*, p. 126-131.

10 Voir Lamennais, *Paroles d'un croyant*, p. 128-129.

si le pouvoir du pape est dénaturé, le pouvoir des autres rois est pareillement dénaturé. Lui comme eux sont au sens propre des suppôts de Satan. Comme on le voit, la royauté n'est pas dénoncée dans les *Paroles d'un croyant* comme royauté, c'est-à-dire comme système politique, qui serait mauvais en soi : ce serait le discours républicain, mais comme une perversion aujourd'hui de ce qu'elle devrait véritablement être si elle s'accordait à l'Évangile, ce qu'elle ne fait plus. À la limite, mais il s'agit toujours de limite chez Lamennais, la dénonciation de la royauté dans les *Paroles d'un croyant* se fait d'un point de vue ultra, et finalement l'écart considérable entre l'*Essai sur l'indifférence* et les *Paroles d'un croyant* ainsi que ses ouvrages ultérieurs n'est qu'apparent, puisqu'ils témoignent de la même fidélité intransigeante au christianisme. C'est l'Église en la personne du pape, au contraire, qui a été infidèle, elle a été infidèle au Christ.

La conséquence pour ce qui est de notre propos est la dévalorisation complète de la référence royale et de la royauté elle-même. Celle-ci ne représente plus rien, n'a plus aucune espèce de sens. Il n'y a rien à espérer en ce qui la concerne, nulle restauration n'est envisageable. Les choses étaient peut-être encore possibles en 1817[11], mais une quinzaine d'années plus tard ce n'est plus pensable : le mal qu'ont fait le pape et les rois est irrémédiable. Donc, Lamennais se passera d'eux[12]. *Le Livre du peuple* trois ans après les *Paroles d'un croyant* tire les conclusions et procède à la fondation d'une société qui sera celle du peuple, indépendamment du système royal.

## LA CITÉ DU PEUPLE

Avec *Le Livre du peuple*, tout inspiré de l'Évangile, Lamennais entreprend de poser les fondements d'une société qui ne soit pas la contrefaçon de ce qu'on voit actuellement en Europe. Cette société sera en rupture avec toutes les autres, et d'abord avec celles qui ont des rois à leur tête. Le propos est beaucoup plus radical que dans les *Paroles d'un croyant*, où la royauté n'était pas récusée comme telle. Dans *Le Livre du peuple* c'est

11 Année de la parution du premier volume de l'*Essai sur l'indifférence*.

12 Dans son annotation du jugement de Chateaubriand sur Lamennais dans les *Mémoires d'outre-tombe* (XLII, 15, t. IV, p. 586-588), Jean-Claude Berchet résume la position de Lamennais ainsi : « puisque les rois trahissent, on les remplacera par les peuples ! » (t. IV, p. 757, n. 9). – Sur Chateaubriand et Lamennais, voir *infra* n. 23.

le principe même de la royauté qui est dénoncée, du début jusqu'à la fin. La prérogative royale n'est légitimée par rien, explique Lamennais :

> Ils ont dit que tu étais un troupeau et qu'ils en étaient les pasteurs : toi, la brute ; eux, l'homme. À eux donc ta toison, ton lait, ta chair. Pais sous leur houlette et multiplie, pour réchauffer leurs membres, étancher leur soif, assouvir leur faim.
>
> Ils ont dit aussi que la puissance royale était celle d'un père sur ses enfants toujours mineurs, toujours en tutelle. Sans liberté dès lors et sans propriété, le peuple, éternellement incapable de juger de ce qui lui est bon ou mauvais, utile ou nuisible, vit dans une dépendance absolue du prince, qui dispose de lui et de toutes choses comme il lui plaît. Servitude encore et misère[13].

Les rois sont de mauvais bergers, et leur pouvoir est autant une imposture qu'une usurpation. Si seulement ce pouvoir n'était que politique, mais il se traduit par un accaparement économique, qui empêche toute possibilité d'une authentique socialité entre les hommes, puisqu'il instaure entre lui et ses sujets une différence de nature et qu'il a lui-même un statut particulier au sein de la société, sous la forme d'une caste héréditaire séparée du reste des hommes. De fait, l'allégation selon laquelle les rois prétendent régner de « *droit divin*[14] », est à la suite battue en brèche par Lamennais :

> D'autres ont imaginé que le pouvoir appartenait de droit à quelques races d'une nature plus parfaite ou que Dieu le conférait immédiatement soit à des individus choisis pour certaines fins particulières soit à des familles destinées à le posséder perpétuellement. Perpétuellement donc les peuples leur devraient une obéissance entière, aveugle. Car la volonté du chef établi de Dieu même, serait toujours présumée juste ; et, en tout cas, aucun abus, aucun excès, ni les crimes mêmes les plus énormes, n'autoriseraient à secouer le joug de sa puissance oppressive.

Sont balayées de la sorte les fictions héréditaires, comme plus profondément la fiction du roi lieutenant de Dieu sur terre. Cette dernière fiction est spécialement choquante aux yeux de Lamennais, puisqu'elle aboutit à faire du roi un homme s'arrogeant une essence qui n'est pas la sienne, à moins qu'il ne prive les autres hommes de leur qualité humaine au prétexte qu'il est d'une essence différente de la leur.

---

13 Lamennais, *Le Livre du peuple*, p. 153.

14 Lamennais, *Le Livre du peuple*, p. 154.

La royauté, développe Lamennais, est une usurpation de nature politique, puisque le peuple est le seul détenteur de la souveraineté (la proximité avec la pensée de Rousseau dans le *Contrat social* est manifeste) ; en soi cette usurpation politique est scandaleuse, mais plus encore elle a des conséquences sociales néfastes, parce que, au bout du compte, c'est toute société humaine qui se trouve rendue impossible par le pouvoir d'un roi, étant donné que les individus formant la collectivité n'ont même pas le statut d'hommes et qu'ils ne sont qu'un bétail :

> Souffrir qu'on porte atteinte à la seule légitime souveraineté, celle du peuple, que l'on en suspende l'exercice, que la domination se substitue à l'association libre, se courber devant un maître, c'est trahir la sainte cause du droit de l'humanité, c'est renier le nom même de la patrie. L'étable où dorment et mangent les bêtes de service n'est pas une patrie[15].

L'usurpation politique entraîne une dénaturation de la collectivité sociale, en ôtant aux hommes leur humanité même, c'est entendu, mais Lamennais ne se contente pas de la condamner pour des raisons d'ordre philosophique ou religieux ; il dénonce à travers elle la structure politique et sociale viciée qu'elle produit, et pour la circonstance cette dénonciation n'est pas abstraite, elle vise directement la France contemporaine, de même que dans les *Paroles d'un croyant* la parabole d'inspiration biblique avait pour fonction de dénoncer très précisément la réalité politique et sociale des années 1830[16] :

> Si, à quelque titre que ce soit, vous permettez qu'entre les membres essentiellement égaux de la communauté on crée des catégories, des classes investies de certaines prérogatives à l'exclusion du reste du peuple, vous sanctionnez la criminelle usurpation du pouvoir en vertu de laquelle on s'arroge le droit d'établir de semblables catégories, vous sacrifiez lâchement votre propre droit et celui de vos frères, vous renoncez pour eux et pour vous à la qualité d'hommes, vous vous agenouillez sur les ruines de la vraie société, aux pieds de la tyrannie.

La déstructuration qui affecte le corps de la société résulte directement de l'usurpation de la *res publica* par un seul, sous le titre de roi. La

15 Lamennais, *Le Livre du peuple*, p. 185.

16 Voir, par exemple, le ch. VIII des *Paroles d'un croyant*, p. 59, où Lamennais se livre à une description critique explicite du système capitaliste, tout en recourant à une formulation de type biblique.

royauté produit *de facto* des castes de privilégiés et tourne à une espèce d'oligarchie sociale. C'est précisément ce qui se passe sous la monarchie de Juillet. État de choses détestable, et surtout calamiteux, puisqu'il isole les individus en deux catégories, celle des puissants et celle du bétail. Il est donc tout à fait compréhensible de ce point de vue que Lamennais ouvre le premier chapitre du *Livre du peuple* sur le constat des maux dont souffrent les hommes :

> Toutes choses ne sont pas en ce monde comme elles devraient l'être. Il y a trop de maux et des maux trop grands. Ce n'est pas là ce que Dieu a voulu[17].

Phrases simples et grandioses, qui donnent le ton de l'ouvrage dans sa totalité. Les maux dont il s'agit sont ceux des hommes du XIXᵉ siècle, aujourd'hui en 1837. Lamennais s'efforcera non pas d'y remédier, mais de montrer comment il est possible d'y remédier. Pour cela, contre le modèle royal du pouvoir qui provoque une désorganisation de la société, responsable de ces maux mêmes, il oppose le modèle d'une société où chacun serait conscient de ses droits et de ses devoirs. La substance de cette société serait le peuple lui-même, assimilé au genre humain[18]. Ce n'est pas là une utopie humanitaire comme il en a tant fleuri à l'époque romantique, mais une entreprise de restauration religieuse et politique de la société et finalement de la socialité, dans la référence à la Cité de Dieu. Cette restauration est morale et religieuse. Son point de départ est la famille, comme unité sociale première, comme élément *princeps* de toute société. « Votre tâche la voici, elle est grande : vous avez à former la famille universelle, à construire la Cité de Dieu, à réaliser progressivement, par un travail ininterrompu, son œuvre dans l'humanité[19] », explique-t-il à ses lecteurs. Ce qu'il désire, c'est une société fraternelle, une société de frères, qui donne sens au beau mot de fraternité, formant avec la liberté et l'égalité la triade républicaine. Cette société prend la forme d'une association, le mot est récurrent dans *Le Livre du peuple.* De fait, étymologiquement société, c'est association, sauf que le mot d'association dans les années 1830-1840 prend des couleurs résolument politiques, très exactement socialistes.

---

17 Lamennais, *Le Livre du peuple*, p. 125.
18 Voir Lamennais, *Le Livre du peuple*, p. 133.
19 Lamennais, *Le Livre du peuple*, p. 138.

Le socialisme de Lamennais, encore que le mot en ce qui le concerne soit inapproprié au moins à cette époque, a deux aspects. L'un est religieux : la fraternité qu'il a en vue est celle de l'Évangile ; l'autre est social et historique : il est une dénonciation de la réalité présente de la France sous Louis-Philippe. Ainsi au tout début de l'ouvrage est fait une description de « l'esclavage moderne[20] » ; c'est la condition de l'homme contemporain, « acheté comme une bête de somme[21] » :

> En d'autres pays et en d'autres temps, sans lui ôter sa liberté, on a fait en sorte que le fruit de son travail revînt presque entier à ceux qui le tenaient sous leur dépendance. Mieux eût valu pour lui un complet esclavage ; car le maître au moins nourrit, loge, vêtit son esclave, le soigne dans ses maladies, à cause de l'intérêt qu'il a de le conserver ; mais celui qui n'appartient à personne, on s'en sert pendant qu'il y a quelque profit à en tirer, puis on le laisse là. À quoi est-il bon lorsque l'âge et le labeur ont usé ses forces ? À mourir de faim et de froid au coin de la rue. Encore son aspect choquerait-il ceux qui ont toutes les joies de la vie. Peut-être leur dirait-il quand ils passent : Un morceau de pain pour l'amour de Dieu ! Cela serait importun à entendre. On le ramasse donc et on le jette dans un de ces lits immondes, de ces *dépôts de mendicité*, comme on les appelle, qui sont l'entrée dans la voirie.

Le salarié est une chose, un outil (c'est la définition de l'esclave selon Aristote), et, quand il est hors d'usage, il est un rebut bon pour la décharge publique, c'est-à-dire l'hospice. Dans de telles conditions on voit mal quelle société de semblables rapports humains pourraient produire. Une chose certaine : la ci-devant société évoquée brutalement par Lamennais se ramène à une opposition de classes, de races, dit-il même, tant ces classes diffèrent entre elles par leur essence. D'un côté, la bourgeoisie, de l'autre, les prolétaires, « ainsi qu'on les nomme avec un superbe dédain[22] ». Ces prolétaires,

> affranchis individuellement, ont été en masse la propriété de ceux qui règlent les relations entre les membres de la société, le mouvement de l'industrie, les conditions du travail, son prix et la répartition de ses fruits. Ce qu'il leur a plu d'ordonner, on l'a nommé *loi*, et les lois n'ont été pour la plupart que des mesures d'intérêt privé, des moyens d'augmenter et de perpétuer la domination et les abus de la domination du petit nombre sur le plus grand.

20 Titre d'une brochure de Lamennais d'une petite cinquantaine de pages (décembre 1839).

21 Lamennais, *Le Livre du peuple*, p. 129.

22 Lamennais, *Le Livre du peuple*, p. 130.

C'est un discours rousseauiste, mais revisité par un penseur du XIXe siècle, confronté à la réalité sociale de son temps, ce qui lui fait dénoncer les illusions d'un possible contrat social dans une pareille société, qui n'est pas une société. La loi elle-même est dénoncée comme une pure et simple illusion, puisqu'elle n'est que l'expression d'un rapport de coercition inventé par les dominants pour soumettre les dominés. Toute une philosophie politique s'écroule dans *Le Livre du peuple*, celle des philosophes du XVIIIe siècle principalement, ceux qui sont les inspirateurs des révolutionnaires de 1789.

La Révolution, justement. Il n'est pas une seule fois fait allusion à elle dans *Le Livre du peuple*, ni non plus dans les *Paroles d'un croyant.* Deux raisons à cela. La première est que c'est la Révolution qui a installé au pouvoir cette bourgeoisie responsable du désordre social actuel si choquant et qui n'a jamais été aussi visible depuis que Louis-Philippe est roi. La seconde est que Lamennais ne se place pas au plan politique et que, au moins dans les premières années de la monarchie de Juillet, il n'envisage pas une mutation révolutionnaire de la société, à l'instar de ce qui s'est passé en 1789 et, dans une bien moindre mesure, en 1830. La seule révolution concevable pour Lamennais est de nature religieuse, très précisément chrétienne, qui reviendra à l'enseignement du Christ et fera en sorte que le christianisme soit « l'avenir du monde[23] ». C'est dans la seule référence au Christ que peut s'établir la cité future ; les dernières pages du *Livre du peuple* sont tout à fait explicites. S'agissant des peuples entre eux, Lamennais écrit :

> Déjà ils commencent à comprendre que, loin d'être opposés, comme le disent ceux qui les trompent pour les diviser et les divisent pour les maîtriser plus sûrement, leurs intérêts sont identiques ; déjà un vif instinct les porte à se rapprocher, à se reconnaître pour frères. Bientôt ils s'appuieront, s'aideront mutuellement. Ce qui les séparait chancelle et croule ; les distances mêmes s'effacent. On entrevoit dans le lointain des âges l'époque heureuse où le monde ne formera qu'une même cité régie par la même loi, la loi de justice et de charité, d'égalité et de fraternité,

---

23 Voir Chateaubriand, *Mémoires d'outre-tombe*, XLII, 16, t. 4, p. 589-594 : « L'idée chrétienne est l'avenir du monde ». Voir également le chapitre qui précède immédiatement celui-ci, où sont envisagés les différents systèmes utopistes, et où un jugement intéressant est porté sur Lamennais, p. 586-588. – Sur Chateaubriand et Lamennais, se reporter à la communication de Louis Le Guillou « Lamennais vu par Chateaubriand », in *Bicentenaire de Chateaubriand*, Minard, 1969, p. 63-70.

> religion future de la race humaine tout entière qui saluera dans le Christ son législateur suprême et dernier[24].

En somme, Lamennais rêve d'une Internationale de la fraternité chrétienne, qui réunira l'humanité entière dans une seule famille et une seule cité. Nous ne prétendons pas le transformer en un chrétien de gauche, un chrétien progressiste, se souciant du sort des malheureux et exerçant la charité, en espérant que les choses iront s'améliorant. Ce serait singulièrement se méprendre sur la signification du christianisme de Lamennais. D'une part, Lamennais n'est pas une de ces bonnes âmes chrétiennes, auxquelles le pharisaïsme n'est pas toujours étranger ; d'autre part, et bien plus profondément, c'est une conversion radicale de la société qu'a en vue Lamennais, avec un retour au christianisme, non à ses valeurs, mais à ses principes mêmes : l'amour et la fraternité. C'est en cela que son projet est révolutionnaire.

Que si le Christ est le « législateur suprême et dernier » de l'humanité, il n'y a rien d'inattendu à ce que Lamennais d'ici quelques années le fasse monter sur les barricades de 1848[25] et que lui-même siège à l'extrême gauche comme représentant du peuple dans l'Assemblée nationale. Le socialisme mennaisien, qui aura tant d'influence sur les hommes de 1848, dérive directement du christianisme de son auteur ; il n'y a aucune solution de continuité entre l'*Essai sur l'indifférence* et les œuvres postérieures à 1830. Lamennais au fil des années continuera donc de penser la société à la lumière de l'Évangile, avec un souci de plus en plus grand d'étendre sa réflexion à l'humanité entière, résumée dans le peuple. Non pas un peuple abstrait, catégorie politique indéterminée et qui n'existe pas comme telle à l'époque, mais le peuple qui a une existence dans la réalité : les prolétaires. Aussi sont-ils les destinataires du discours prophétique. Citons pour finir la page sur laquelle se ferme *Du passé et de l'avenir du peuple* (1841), elle nous semble résumer tout le socialisme évangélique de Lamennais :

> Prolétaires, hommes du peuple, souvenez-vous aussi, souvenez-vous surtout que, séparé du devoir, le droit inerte, et mort, ne sera jamais qu'une idée stérile,

---

24 Lamennais, *Le Livre du peuple*, p. 211-212.

25 Voir dans l'ouvrage de Frank P. Bowman, *Le Christ romantique*, Droz, 1973, le chapitre intitulé « Le Christ aux barricades » ; voir également Dolf Oehler, *Le Spleen contre l'oubli. Juin 1848*, Payot, « Critique de la politique », 1996, p. 49-52.

> ne s'incarnera jamais dans l'ordre social : que si l'égalité implique la liberté, le liberté n'implique pas moins le mutuel dévouement, la fraternité n'en est pas moins inséparable ; et que la fraternité comme la liberté et l'égalité, l'égalité et la liberté comme la fraternité, ne sont que de vains mots si l'âme entière ne les embrasse par une foi puissante, si elles n'ont pour elles le caractère saint d'un dogme éternel, d'une loi absolue.
>
> Prolétaires, hommes du peuple, croyez donc si vous voulez vivre, croyez, et VOTRE FOI VOUS SAUVERA[26].

## SAND

### ROMAN ET SOCIÉTÉ

Entre 1842 et 1848, de *Consuelo* à *La Petite Fadette*, Sand atteint sa maturité de romancier[27], elle produit alors ses œuvres les plus achevées. Celles-ci ont toutes en commun, et ceci n'explique pas nécessairement cela, une même interrogation sur la société. Dans la décennie précédente la question sociale a été envisagée par Sand, avec des romans qui se centrent principalement sur un personnage féminin faisant l'expérience des limites que la masculinité de la société a posées à ses aspirations au bonheur et à l'amour. Leur action est située pour la plupart dans le Berry, loin des cercles mondains de la capitale, dans une réalité très terre à terre, où les rapports de force sont de nature essentiellement sociaux et s'organisent autour de l'institution du mariage, clef de voûte de la société du XIX^e^ siècle. Sont donc mises en scène des fictions qui montrent des couples ne parvenant pas à se constituer dans l'ordre social. Tous écrits à peu près sur le même patron, ce sont des romans de la mésalliance où se problématisent à travers ces difficultés ou ces impossibilités matrimoniales les contradictions du désir et de la réalité. En 1837 la formule romanesque connaît quelques changements avec l'écriture de *Mauprat*. Contrairement à ce qui passait dans les romans

---

26 Lamennais, *Du passé et de l'avenir du peuple*, p. 408.

27 Sand n'est pas plus une « romancière » qu'elle n'est une « écrivaine » ; cette féminisation va à l'encontre même de tout son projet. Là-dessus, voir notre ouvrage *Corambé. Identité et fiction de soi chez George Sand*, Klincksieck, « Bibliothèque du XIX^e^ siècle », 2003, p. 12-14. Nous nous rencontrons avec Nicole Mozet qui intitule un de ses livres : *George Sand, écrivain de romans*, Saint-Cyr-sur-Loire, Christian Pirot éditeur, 1997.

précédents, dont l'action se plaçait au XIX^e siècle, Sand remonte à la fin du XVIII^e siècle et introduit les deux révolutions américaine et française ; de ce fait, la mise en perspective historique et politique du XIX^e siècle avec le XVIII^e contribue à l'élargissement de la problématique sociale. Le roman a aussi une ambition philosophique : montrer dans la personne de son héros sauvage, Bernard de Mauprat, la transformation de celui-ci en un homme civilisé. Transformation rendue possible par l'amour de sa cousine, Edmée, et par son engagement politique dans les rangs des insurgés américains.

Une constante dans ces romans sandiens des années 1830 : l'absence de toute référence à la royauté. C'est un monde sans roi. Simplement parce que dans les campagnes profondes où le roman se passe, fort loin de Paris, le roi n'a aucune réalité. Il y a bien des hobereaux dans ces romans, mais leur petite noblesse n'a pas d'autre signification que sociale, elle est un marqueur économique, et certainement pas politique. Rien de comparable en cela à ce qu'elle peut être chez Balzac, et d'ailleurs chez Balzac lui-même elle ne signifie pas grand-chose dans des romans provinciaux dont l'action est loin d'une capitale provinciale, comme *Eugénie Grandet* ; ce n'est qu'à Tours ou à Angoulême qu'il y a des clivages entre noblesse et bourgeoisie. Quoi qu'il en soit, chez Sand la noblesse n'entretient aucune relation avec la royauté. Cela a pour conséquence que les conflits mis en scène dans ces romans se situent exclusivement dans le cadre d'une société pour ainsi dire laïque, c'est-à-dire qui ne s'organise pas autour de la référence royale. En quoi c'est le tableau d'une France post-révolutionnaire, celle d'après 1830 principalement, que proposent les romans de Sand. Cette France qui est passée par la Révolution est en voie de recomposition, celle-ci aux yeux de Sand est plus sociale que politique, qu'il s'agisse des changements intervenus en 1789 ou en 1830. Le cas d'Indiana, l'héroïne éponyme du roman de 1832 est à cet égard significatif : la révolution de Juillet ne modifie en aucune façon son statut de femme, mal mariée et faisant une expérience sentimentale hors du mariage décevante ; persiste, par-delà les vicissitudes politiques du moment, la même aliénation sociale en ce qui la concerne, et même cette aliénation s'est-elle accentuée.

Du fait qu'ils interrogent la réalité sociale de leur temps, ces romans sont socialistes, au sens qu'avait cet adjectif dans les années 1820-1830 : qui s'intéresse aux questions sociales. (Hugo se proclame socialiste à la fin des années 1820). Socialiste, au sens moderne du terme, la production de Sand le devient résolument à la fin des années 1830 quand elle se met à adhérer passionnément à la pensée de Pierre Leroux, théoricien du socialisme. Commence alors une nouvelle phase dans l'œuvre romanesque de Sand, plus ambitieuse encore, puisqu'il s'agit non seulement de mettre en évidence le mal social, celui dont étaient victimes les femmes les premières dans leur condition matrimoniale et sentimentale, mais d'apporter des solutions au désordre de la société en général. Le didactisme, le militantisme et l'utopisme y ont une part importante, mais pas au point de les rendre illisibles ; au contraire. Ce qui est remarquable à leur sujet, c'est l'inventivité constamment renouvelée de l'un à l'autre et la diversité des situations romanesques, contrairement aux romans des années 1830 qui obéissent à la même structure poétique.

## HISTOIRE, SOCIÉTÉ, RÉVOLUTION

Le premier des romans socialistes de Sand est *Consuelo*, et sa suite, *La Comtesse de Rudolstadt*. Au regard de romans comme *Le Meunier d'Angibault* ou *Le Péché de Monsieur Antoine*, dont la teneur socialiste est évidente, il peut sembler discutable de qualifier *Consuelo* de roman socialiste. C'est pourtant le cas, en dépit des apparences. Le même motif de la mésalliance est repris dans *Consuelo*, et il est même accentué, étant donné l'écart considérable des conditions sociales entre l'héroïne éponyme, qui est une chanteuse, et l'homme qu'elle aime et qui l'aime, le comte Albert de Rudolstadt, appartenant à une très vieille famille de Bohême. Se surimpose à cette difficulté insurmontable la solitude de Consuelo, seule contre tous, contre la famille d'Albert, contre la cour de Vienne, contre la cour de Berlin, etc. Le couple finira par surmonter ces quasi-impossibilités, mais au prix d'une série d'épreuves sans nombre. C'est donc la socialité qui se trouve à la fin de cette mésalliance romanesque et en cela on est bien présence d'une réflexion de type socialiste, au sens romantique du terme.

Ce qui distingue cependant ce roman des précédents, car il y a quand même une différence, est que l'action ne se passe plus au XIX^e^ siècle et en France, mais au XVIII^e^ et se distribue entre Venise, la Bohême, Vienne, Berlin et la Prusse. Contrairement aux romans précédents, la présence de l'histoire est envahissante, histoire contemporaine, celle de la guerre de sept ans, mais aussi histoire des guerres contre les hussites au XV^e siècle, ce qui se traduit métonymiquement en quelque sorte par la durée extrêmement étendue de l'action du roman, qui va de 1744 au début des années 1780[28]. L'histoire dans le cas de ce roman n'est pas un décor, elle est la substance même de la matière romanesque, aucun effet de pittoresque n'est recherché. Il s'agit non pas de faire un tableau d'histoire, en l'occurrence un tableau du XVIII^e siècle, mais de faire se rencontrer dans le personnage de Consuelo les forces historiques qui traversent la société de l'Europe des Lumières. Ce tableau n'est pas statique, mais dynamique, il donne à voir l'histoire en train de se faire, et en cela on a affaire avec *Consuelo* moins à un roman historique qu'à un roman de l'histoire, où ce qui est en jeu, c'est le XVIII^e siècle dans son rapport à la Révolution. Une dizaine d'années après la publication de *Consuelo*[29], Sand porte un tel jugement sur son roman ; le voici :

> Tel qu'il est l'ouvrage a de l'intérêt et, contre ma coutume quand il s'agit de mes ouvrages, j'en conseille la lecture. On y apprendra beaucoup de choses qui ne sont pas nouvelles pour les gens instruits, mais qui, par leur rapprochement, jettent une certaine lumière sur les préoccupations et, par conséquent, sur l'esprit du siècle de Marie-Thérèse et de Frédéric II, de Voltaire et de Cagliostro : siècle étrange qui commence par des chansons, se développe dans des conspirations bizarres, et aboutit, par des idées profondes, à des révolutions formidables[30] !

L'histoire représentée est donc vectorisée et prend sens dans l'événement final du XVIII^e siècle, la Révolution française. C'est en fonction d'elle que les aventures de Consuelo prennent leur signification. Au sein d'un monde connaissant de multiples convulsions et soumis à des pouvoirs autoritaires, pour ne pas dire autocratiques, elle invente grâce à la musique de nouveaux rapports à la réalité, tout cela est bien connu[31].

Nous insisterons sur un aspect particulier, qui nous paraît important dans notre perspective sociocritique, la recomposition du social à cette

28 Voir Jean-Hervé Donnard, « La chronologie dans *Consuelo* », in *La Porporina. Entretiens sur « Consuelo »*, Presses Universitaires de Grenoble, 1976, p. 17-28.

29 La notice où figure ce jugement est destinée à une réédition en 1855 ; elle est datée de septembre 1854.

30 Sand, « Notice de l'auteur », *Consuelo*, éd. de Damien Zanone, Robert Laffont, « Bouquins », 2004, p. 31.

31 Renvoyons tout particulièrement aux volumes *La Porporina. Entretiens sur « Consuelo »*, et *Lectures de « Consuelo », « La Comtesse de Rudolstadt »*, Michèle Hecquet et Christine Planté éds., Presses universitaires de Lyon, 2004.

époque climatérique des Lumières. Deux points spécialement doivent être pris en compte. Le premier est, pour la première fois dans l'œuvre de Sand, la présence de figures royales : Marie-Thérèse et Frédéric II. Leur présence est bien sûr obligée dans *Consuelo* et *La Comtesse de Rudolstadt* étant donné que l'héroïne se produit sur scène à Vienne et à Berlin et qu'elle évolue, un temps, dans ces cours souveraines, mais elle a également une portée politique : ces figures royales sont d'un autre âge, d'un autre temps historique, elles sont l'expression d'un passé révolu, d'une époque caractérisée par le bon plaisir de rois tyranniques, que la Révolution, puis Napoléon ont culbutés, emportés, disqualifiés historiquement et politiquement. C'est contre ces figures que Sand invente le personnage de Consuelo la chanteuse, être de liberté, qui ne cesse d'une façon ou d'une autre, par le chant et par le bohémianisme, de déjouer ce pouvoir arbitraire, quitte, il est vrai, à séjourner quelques mois en prison. Second point, lié au précédent : malgré les obstacles que ce roi et cette reine opposent à Consuelo, celle-ci triomphe et arrive à former un couple héroïque et heureux avec Albert et à constituer une famille, c'est le terme du roman. Les personnages sont sur les routes, à l'écart des menées du pouvoir royal, libres. Ils ont à leur niveau réussi à faire la révolution et à donner corps à la cellule sociale première : la famille. De la sorte il apparaît que l'un des enjeux de *Consuelo* est de nature archéologique : remonter au XVIII^e^ siècle vectorisé par la Révolution pour comprendre l'état des choses au XIX^e^ siècle. Ce n'est pas dire pour autant que la société post-révolutionnaire ait réalisé les idéaux de la Révolution. Les romans antérieurs de Sand ont montré que ce n'était pas du tout le cas. Ce qui change avec *Consuelo*, c'est que la possibilité d'une société vivable, au moins dans le cadre de la famille, soit envisagée. Inutile d'objecter que la Révolution a historiquement amené au XIX^e^ siècle cette société que Sand la première dénonce depuis 1832 ; ce serait ne pas tenir compte de la posture énonciative adoptée dans le roman de 1842-1844. En la circonstance, elle est contradictoirement historique et utopique. Historique, en ce sens que Sand se propose de prendre en compte le réel de l'histoire, à savoir l'état d'oppression dans lequel se trouvent les peuples au XVIII^e^ siècle du fait d'un pouvoir royal autoritaire ; utopique, en ce sens que le cas particulier de Consuelo, de son mari et de leur famille à la fin du roman offre, par-delà les circonstances historiques et politiques, l'image d'une socialité positive, qui fasse office de modèle. (Au passage, il est à noter que, si le cadre historique est net, la chronologie est laissée dans un certain flou, afin de suggérer une temporalité qui ne soit pas tout uniment historique[32].)

## LE COMMUNISME AUX CHAMPS[33]

Avec ces deux romans de *Consuelo* et de *La Comtesse de Rudolstadt*, Sand invente donc, à l'intérieur même de l'histoire du XVIII^e^ siècle s'ouvrant sur la Révolution, un espace phénoménologique où repenser la société, de telle façon que celle-ci ne soit pas condamnée à être le lieu d'aliénation des individus qu'elle est devenue au XIX^e^ siècle. C'est rendu possible par la représentation de la Révolution qui est faite dans *La Comtesse de Rudolstadt*. À la différence de ce qu'est devenue 1789 après 1830, une révolution permettant à la bourgeoisie d'asseoir sa domination sociale, la révolution à laquelle se réfère Sand dans ce roman n'est pas entachée par les calculs intéressés de cette bourgeoisie ; c'est une révolution humaniste, qui veut affranchir les hommes de l'assujettissement auquel le pouvoir les réduit. La révolution est la réponse à l'absolutisme et à l'arbitraire ; en elle vit l'esprit des Lumières, auquel la franc-maçonnerie du XVIII^e^ siècle, celle du Mozart de *La Flûte enchantée*, vient donner tout son éclat. Ainsi représentée, plus ou moins fantasmatiquement, la révolution dans *La Comtesse de Rudolstadt*, même si elle a historiquement eu lieu, peut idéalement faire office de modèle pour le futur, et notamment dans les années 1840, quand se cherche, d'abord dans les cercles socialistes, un mode d'organisation de la société en rupture avec l'actuel désordre social dont la monarchie de Juillet offre la triste illustration ; cela implique, plus ou moins clairement, que la révolution soit refaite. Elle aura finalement lieu en 1848, pour bien mal tourner, et Sand y participera, mais dans les années 1844-1847, elle ne l'a pas envisagée, au moins dans les romans qui suivent *Consuelo* et *La Comtesse de Rudolstadt*. Plusieurs explications peuvent être avancées à ce sujet ; la plus plausible à nos yeux, dans la continuité des analyses précédentes,

32 Voir J.-H. Donnard, « La chronologie de *Consuelo* », *loc. cit.*, p. 17-18.

33 Cette expression sert de titre à notre article « Le communisme aux champs, ou Sand, Balzac et le roman des paysans (1844-1846) (enjeux politiques et poétiques) », *George Sand Studies*, 2006, vol. 25, p. 98-115. – Nous nous permettons d'y renvoyer pour des développements plus détaillés sur le communisme de Sand dans *Le Péché de Monsieur Antoine* (1845) et pour l'appréciation de sa position sur ce sujet par rapport au Balzac des *Paysans* (1844).

est que cette autre révolution n'a pas à être faite, pour la bonne raison qu'elle vient d'être décrite dans *La Comtesse de Rudolstadt* et qu'elle a porté ses fruits, en permettant à Consuelo et à sa famille de trouver le bonheur. Du même coup se comprend qu'après *Consuelo* et *La Comtesse de Rudolstadt* (1842-1844), le roman sandien revienne dans la France du XIXe siècle, à l'époque contemporaine, dans le Berry, avec *Jeanne* (1844), *Le Meunier d'Angibault*, *Le Péché de Monsieur Antoine*, *La Mare au diable* (1845), *François le Champi* (1847) et *La Petite Fadette* (1848).

On peut hésiter sur le qualificatif à employer à leur propos : romans socialistes, romans paysans, romans campagnards ? Les trois conviennent : il s'agit toujours de fictions qui se déroulent dans le cadre limité du Berry et qui mettent en scène une collectivité, loin de tout cadre urbain et confrontée à sa propre socialité. Nul exotisme, nul pittoresque, nul souci romanesque non plus, la part de l'idéologie est prédominante, mais sans que jamais le didactisme les transforme en romans à thèse[34]. Ils n'obéissent d'ailleurs à aucune formule, comme c'était un peu le cas dans les romans de 1830, mais inventent à chaque fois leur propre espace fictionnel et narratif. Leur seul objet est de poser la question sociale et d'envisager dans le monde clos d'une campagne les conflits et les tensions qui y sont à l'œuvre et leur éventuelle résolution. Une chose est certaine : ce ne sont pas des pastorales fanfreluchées ; Sand ne se déguise pas en Marie-Antoinette jouant à la bergère, pas davantage ne se livre-t-elle à une prédication de bas-bleu socialiste. Son propos est socialiste, au sens où, même si elle adhère aux théories socialistes de Pierre Leroux, ce qui lui importe est avant tout de créer des situations romanesques où s'inscrive une interrogation sur la société.

Parmi ces romans nous nous attacherons au seul *Péché de Monsieur Antoine*, le plus ambitieux et peut-être le plus abouti de ces livres qui s'attachent à mettre au jour la socialité contemporaine dans le cadre des campagnes. La fable est très simple : l'amour d'un jeune homme, Émile Cardonnet, pour une jeune fille, Gilberte de Châteaubrun, et le mariage à la fin entre les deux amoureux. Si on ose dire, Sand fait le minimum romanesque. L'histoire d'amour en elle-même serait très prévisible, voire insignifiante, si elle n'était surdéterminée par des implications sociales assez complexes. Émile se trouve en conflit avec son père,

34 Voir Michèle Hecquet, *Poétique de la parabole. Les romans socialistes de George Sand (1840-1845)*, Klincksieck, 1992, p. 348-354.

Victor, un industriel saint-simonien qui possède une usine ; Gilberte est la fille d'un noble désargenté et même complètement déclassé, le comte Antoine de Châteaubrun (significativement, ce ci-devant comte est appelé M. Antoine), en conflit avec un autre aristocrate, le marquis de Boisguilbault, très riche et faisant profession d'être communiste. À travers de tels personnages aussi caractérisés, c'est la radiographie d'une société qui est faite. Radiographie paradoxale : cette société est paysanne, mais les paysans sont à peine présents[35]. C'est que tout s'organise en deux oppositions : d'une part, à l'intérieur de l'aristocratie, entre Antoine de Châteaubrun et M. de Boisguilbault ; d'autre part, entre la noblesse campagnarde et la bourgeoisie industrielle et saint-simonienne. Ces oppositions ne sont pas du même genre : la première a une origine personnelle et vient d'une faute jadis commise par M. Antoine à l'égard de M. de Boisguilbault ; l'autre est idéologique. Dans les deux cas, l'opposition trouve sa résolution grâce au personnage de M. de Boisguilbault, une des créations romanesques les plus intéressantes et les plus originales de Sand, et sans conteste celui en qui se formule tout le projet philosophique et politique dans *Le Péché de Monsieur Antoine.*

Sand s'explique sur lui dans la notice de la réédition du roman en 1852[36]. Elle rappelle d'abord longuement les circonstances dans lesquelles fut écrit le roman, à savoir le climat de malaise social de 1845, « époque où la critique de la société réelle et le rêve d'une société idéale atteignirent dans la presse un degré de liberté et de développement comparable à celui du XVIII^e^ siècle[37] ». *Le Péché de Monsieur Antoine* participe de cette réflexion sur la société, notamment le personnage de M. de Boisguilbault résume en lui-même l'esprit réformateur de cette année 1845, jusqu'à l'extrémisme, puisque Sand a fait de lui un adepte du communisme :

> Renierai-je, maintenant que les masses s'agitent, le communisme de M. de Boisguilbault, personnage très excentrique, et cependant pas tout à fait imaginaire de mon roman ? Dieu m'en garde, surtout après que, sur tous les tons, on a accusé les socialistes de prêcher le partage des propriétés.
>
> L'idée diamétralement contraire, celle de la communauté par association, devrait être la moins dangereuse aux yeux des conservateurs, puisque c'est

35 Voir la présentation de Jean Courrier et de Jean-Hervé Donnard à leur édition (Meylan, Les Éditions de l'Aurore, 1982), p. 20-21.

36 La notice est datée du 30 décembre 1851 ; le roman lui-même, précédé de cette notice, paraîtra chez Hetzel le 28 juin 1852.

37 Sand, *Le Péché de Monsieur Antoine*, p. 31.

> malheureusement la moins comprise et la moins admise par les masses. Elle est surtout antipathique dans la campagne et n'y sera réalisable que par l'initiative d'un gouvernement fort, ou par une rénovation philosophique, religieuse et chrétienne, ouvrage des siècles peut-être[38] !

Bien entendu, il faut tenir compte de la date de rédaction de cette notice : moins d'un mois après le coup d'État bonapartiste et la résistance républicaine des paysans, dans le Midi en particulier ; mais, de toute façon, Sand ne renie pas, comme elle le dit, le communisme de M. de Boisguilbault. Elle n'a pas à le faire, étant donné que son communisme n'est pas celui d'un Cabet, et, à plus forte raison, il est étranger à ce qu'on entend par ce terme depuis Marx et Lénine. Le communisme de Sand, qu'elle appelle aussi communionisme comme Pierre Leroux, est un communisme rural, qui se fonde sur la commune, sur la communauté villageoise[39]. La conception communiste de M. de Boisguilbault est exclusivement agricole, c'est pourquoi il récuse l'industrialisme libéral et saint-simonien de Victor Cardonnet, le père de son protégé, à qui il léguera son immense fortune pour mettre en pratique son idéal communioniste.

Les vues de Sand peuvent être taxées d'utopistes ou de réactionnaires ; c'est un mauvais procès. D'abord, ce n'est pas une utopie : la commune qui sera constituée par la « science agricole[40] » d'Émile Cardonnet n'est pas une création artificielle, elle prend place dans un espace réel, et non dans un pays de nulle part ; ensuite, ces vues sont bien réactionnaires, mais il n'empêche qu'elles sont en réaction contre un industrialisme qui commence à s'enivrer de lui-même, insoucieux des dommages sociaux qu'il provoque, en prolétarisant les ouvriers et en vidant les campagnes. De là ce rêve, auquel un roman comme *Le Péché de Monsieur Antoine* s'efforce de donner une réalité, d'une communauté humaine qui ne serait pas condamnée à être détruite par des agents exogènes. Cette communauté rurale et paysanne est imaginée, en partie au moins, sur le modèle de Clarens dans *La Nouvelle Héloïse*, et pas plus la commune de Gargilesse chez Sand n'est une utopie que Clarens ne l'est chez Rousseau. Ce sont des constructions poétiques qui visent à mettre au jour tous

---

38 Sand, *Le Péché de Monsieur Antoine*, p. 33.

39 Voir Sand, *Le Péché de Monsieur Antoine*, ch. XVII, p. 186-189, où est exposée par M. de Boisguilbault sa profession de foi dans le communisme.

40 Sand, *Le Péché de Monsieur Antoine*, p. 373.

les possibles de la réalité. Que Sand prenne comme porte-parole dans la fiction un vieil aristocrate excentrique est à cet égard très révélateur de l'expérience-limite qu'elle entreprend dans ce roman. Il lui faut un personnage qui contrevienne au plus haut point à l'idée qu'on se fait ordinairement d'un communiste ; d'où cette invention d'un marquis de l'ancien temps, qui, pour cette raison précisément, comprend les insuffisances du présent et peut se projeter paradoxalement dans l'avenir.

Cet avenir cependant adviendra sous une forme que Sand n'avait pas prévue. La révolution se produit deux ans après la publication du *Péché de Monsieur Antoine*, et en l'espace d'à peine plus de trois mois tourne court : répression de la gauche après l'invasion de l'Assemblée nationale en mai 1848[41], puis, le mois suivant, bain de sang des journées de Juin qui mettent fin à la possibilité d'une république sociale et démocratique. C'est la preuve, assez affreuse, de la validité des analyses de M. de Boisguilbault, qui restreignait sa commune au monde rural ; contrainte et forcée, Sand ne peut que lui donner raison : elle quitte Paris et retourne à Nohant ; c'en est fini maintenant pour elle de la révolution.

## LA RÉPUBLIQUE AU VILLAGE[42]

De retour à Nohant, Sand se remet à écrire des romans, en l'occurrence *La Petite Fadette*, qu'elle commence en août 1848 et qui se met à paraître en décembre. C'est une bergerie, en somme elle retourne à ses moutons, comme elle dit spirituellement dans la préface du roman[43]. C'est apparemment une idylle, qui serait tout à fait étrangère à la politique, mais en fait le roman est explosivement politique, à sa façon. Écrit au lendemain des journées de Juin, il est une réaction à ces tristes

41 C'est à ces événements dramatiques de mai 1848 que Sand fait allusion à la fin de la préface de *La Petite Fadette*, lorsqu'elle mentionne ses amis emprisonnés, dont Barbès. Sand, pour sa part, craignant, à juste titre, d'être inquiétée pour ses sympathies politiques à l'égard de Barbès, quitte rapidement Paris dans les jours qui suivent l'échec de la tentative révolutionnaire du 15 mai ; elle est à Nohant le 18 mai. Voir *Correspondance*, éd. de Georges Lubin, Garnier, t. VIII, p. 456-462, en particulier p. 456-458 la lettre à Étienne Arago, datée du 16 mai, où est évoquée la journée du 15 mai et ses suites immédiates.

42 Titre d'un ouvrage de Maurice Agulhon, Plon, 1970 ; rééd., Seuil, 1979.

43 Sand, « Préface », *La Petite Fadette*, éd. de Pierre Salomon et de Jean Mallion, Garnier, 1981, p. 10. – Voir notre article « Bergeries sandiennes. Politique de l'idylle (1847-1848) », in *Fleurs et jardins dans l'œuvre de George Sand*, Clermont-Ferrand, Presses Universitaires Blaise Pascal, 2006.

événements parisiens. Ce qu'il raconte, c'est l'histoire symbolique d'une communauté villageoise qui finit par trouver le bonheur. Au début, une rivalité de type caïnique entre deux bessons, deux jumeaux, qui sont en rivalité amoureuse pour la même femme, la petite Fadette. Cette rivalité prend sa signification dans le contexte révolutionnaire de 1848, où le motif des frères ennemis, Abel et Caïn, est très présent[44] ; par une symbolisation du réel, Sand fait de ce motif idéologique une *référence*, au sens sociocritique du terme. Il structure tour le roman. Second élément à prendre en compte dans cette perspective : la petite Fadette elle-même. Comme son nom l'indique, elle est une fée. En sa qualité de fée, elle accomplit toutes sortes de merveilles. Car c'est une fée bienveillante, soucieuse du bien commun. À la fin du roman elle se révélera riche, et on suppose qu'elle contribuera à dispenser utilement sa richesse pour le bien de la petite collectivité qui est la sienne. La dimension symbolique du personnage est évidente, elle est une représentation de la république, sur le modèle des allégories de 1848 ; c'est une Marianne.

Avec cette idylle, cette bergerie qu'est *La Petite Fadette*, Sand écrit un roman symbolique, un roman politique, sur la république, au moment même où la révolution est en train d'échouer dans le sang et que la possibilité d'un régime authentiquement républicain est à l'évidence très compromise. Contre cette réalité sans avenir, Sand élabore donc une fable qui rémunère le défaut du présent. Manifestement un tel roman relève de la littérature utopique, sauf qu'il ne se passe pas dans un pays de nulle part, mais dans une campagne française du XIX$^{e}$ siècle ; sauf que, d'autre part, et sur un plan différent, il n'est pas un roman à thèse, mais une fiction symbolique qui procède à une anamorphose poétique de la réalité. Celle-ci n'est jamais perdue de vue, la mention dans la préface des amis emprisonnés, Barbès entre autres, est là pour empêcher le lecteur distrait de voir dans cette bergerie une nouvelle version de *L'Astrée* et pour l'inviter à mettre en rapport cette fiction romanesque avec la situation politique présente. Cette anamorphose, précisons-le, n'est pas qu'une transposition, elle n'a pas pour seul but de donner une image déformée de la réalité, sur le mode d'une représentation spéculaire, elle vise à donner une image positive, euphorique même, de ce que pourrait être le bonheur d'une communauté. Dans tous les sens,

44 Voir Dolf Oehler, *Le Spleen contre l'oubli. Juin 1848*, p. 75-81. – Renvoyons, par exemple, au poème quarante-huitard des *Fleurs du Mal*, « Abel et Caïn ».

cette communauté constitue un modèle. Face à un pays déchiré par des luttes et des rivalités sanglantes, est offert le spectacle d'un petit monde, possible, mais ayant aussi une existence dans la réalité du temps, qui a trouvé le moyen d'être heureux.

## MICHELET

### POLITIQUE ET SOCIAL

En 1843 Michelet est parvenu au terme de son histoire du Moyen Âge, il devrait donc logiquement poursuivre son *Histoire de France* par le récit de la Renaissance, de la Réforme et du Grand Siècle jusqu'à la Révolution française. Il n'en est rien. Il ne reprendra le récit de l'histoire moderne qu'en 1854. Entre-temps, il écrira l'*Histoire de la Révolution française* (1847-1853)[45]. C'est idéologiquement compréhensible : la monarchie de Juillet connaît une crise sociale profonde, la révolution est à l'ordre du jour. Il ne faut donc pas temporiser, mais se tourner vers l'événement révolutionnaire fondateur de 1789, pour soumettre la décomposition politique du régime actuel de Louis-Philippe à une mise en question à la lumière de la Révolution française. Le propos devrait donc être avec cet ouvrage politique et historique, et il l'est, mais pas exclusivement. Il s'inscrit bien dans une tradition historiographique désormais établie, qui a commencé sous la Restauration avec les écrivains libéraux, et à son tour l'historien le plus célèbre de son temps apporte sa contribution. De toute façon tout pour lui a commencé en juillet 1830 avec les trois journées qui chassent Charles X du pouvoir. En la circonstance il a une illumination, d'où est sortie son *Histoire de France* et qui aura éclairé tout son travail ultérieur d'historien, comme il le dira vers la fin de sa vie : l'histoire est « un Juillet éternel[46] ». Ce Juillet est celui de 1830, comme il est évidemment celui de 1789. Alors, le peuple se fait agent de l'histoire et prend en mains le destin

45 Signalons que dans le titre de l'ouvrage *Histoire de la Révolution* est imprimé en un gros corps et que *française* est placé en dessous dans un corps nettement plus petit. Pour Michelet, il n'y a qu'une révolution, celle qui a eu lieu en France au XVIII^e^ siècle.

46 Michelet, *Histoire de France*, Préface de 1869, in *Œuvres complètes*, t. IV, p. 15.

de la France[47]. Le peuple est-il toujours agent de l'histoire aujourd'hui, sous le règne de Louis-Philippe ? Tout laisse à penser que non, et, quant à elle, la bourgeoisie progressiste d'autrefois a perdu le sens de sa mission[48]. L'histoire est en panne. De là l'entreprise de l'*Histoire de la Révolution* : refonder l'histoire contemporaine dans ses origines révolutionnaires, la remettre de cette façon en mouvement, faire en sorte qu'elle donne une réalité aux promesses de la Révolution, de « l'esprit de la Révolution[49] ». À son propos, Michelet dès le début de son ouvrage écrit : « Il contient leur secret, à tous les temps antérieurs. En lui seulement la France eut conscience d'elle-même. Dans tout moment de défaillance où nous semblons nous oublier, c'est là que nous devons nous chercher, nous ressaisir. Là se garde toujours pour nous le profond mystère de la vie, l'inextinguible étincelle ».

L'enjeu est politique, il est aussi moral dans cette période d'effondrement des valeurs qu'est la monarchie de Juillet. Surtout, et plus encore, il est social. L'*Histoire de la Révolution* n'est pas uniquement politique, même si, bien entendu, la part de la politique est considérable dans le récit de Michelet ; il s'agit de montrer comment un autre ordre, au sens pascalien du terme, s'est substitué avec elle à un ancien ordre. L'ancien ordre : celui de la Grâce, le nouvel ordre : celui de la Justice, selon l'opposition puissante qui anime la première partie de l'Introduction de l'ouvrage[50]. L'histoire de la Révolution telle que la conçoit Michelet passe, plus généralement, par la mise en œuvre de concepts philosophiques, comme ceux-ci, afin de dégager l'intelligibilité de cet événement fondateur. De ce point de vue, rien de plus révélateur que la préparation génétique de l'*Histoire de la Révolution*.

Juste après l'achèvement du *Louis XI*, sur lequel se ferme le Moyen Âge de l'*Histoire de France* (janvier 1844), Michelet ouvre le chantier de sa future *Histoire de la Révolution*, en deux temps. Premier temps :

---

47 Voir Paul Viallaneix, *La Voie royale. Essai sur l'idée de peuple dans l'œuvre de Michelet*, Flammarion, 1971 [1re éd., Delagrave, 1959], *passim*, et en particulier p. 231-238.

48 Le constat est fait par Michelet lui-même dans *Le Peuple*, p. 131-132, où il déplore que la bourgeoisie, autrefois agent de progrès au Moyen Âge et au XVIIIe siècle, se soit fossilisée dans le conservatisme après la Révolution, soucieuse des biens qu'elle s'était acquis justement grâce à la Révolution.

49 Michelet, *Histoire de la Révolution française*, « Préface de 1847 », Gallimard, « Folio », t. I, vol. 1, p. 1.

50 Voir Michelet, *Histoire de la Révolution française*, t. I, vol. 1, p. 21-41.

son cours au Collège de France est consacré en 1845 à l'esprit de la Révolution ; second temps : il écrit *Le Peuple*. Ces deux objets, l'esprit de la Révolution et le peuple, sont intimement liés dans l'esprit de Michelet, dans la simple mesure où la Révolution est le moment de l'histoire de France où le peuple entre en scène. Mais qu'est-ce que le peuple ? A-t-il une identité politique ? évidemment non, il n'existe pas avant 1789 comme agent de l'histoire ni, à plus forte raison, comme sujet de l'histoire. Il n'est guère qu'une dénomination indéterminée, qui recouvre des catégories très distinctes entre elles, formant ce qu'on appelle dans la terminologie de l'Ancien Régime le tiers état. Ce tiers état lui-même, son identité n'est pas indéterminée, mais elle n'est pas pour autant définie, elle est en quelque sorte négative, puisqu'elle représente tout ce qui dans cette France d'avant la Révolution n'appartient pas aux deux ordres de l'Église et de la noblesse. De là l'entreprise d'un Siéyès essayant dans son pamphlet *Qu'est-ce que le tiers état ?* de définir celui-ci de manière positive, c'est-à-dire en refusant de l'envisager par rapport aux deux autres ordres comme ce qu'il n'est pas. Le propos de Siéyès est principalement politique, comme le montre le plan de son écrit. Il est divisé en trois parties : 1) Qu'est-ce que le tiers état ? *Tout.* 2) Qu'a-t-il été jusqu'à présent dans l'ordre politique ? *Rien.* 3) Que demande-t-il ? *À y devenir quelque chose.* Si sa réalité est bien envisagée socialement dans la première question, c'est « dans l'ordre politique » que les deux dernières questions le sont. Rédigé au début de 1789, après la décision par le roi de convoquer les États-généraux (août 1788), un tel pamphlet reflète très clairement la volonté de la part de la bourgeoisie du tiers état d'être politiquement représentée en cette circonstance. Cela amène deux remarques de notre part. D'abord, il y a un accaparement politique du tiers état par la bourgeoisie, qui s'identifie à lui, et se garde d'envisager ce qui au sein de ce tiers état n'est pas elle. Ensuite, le tiers état, tel que conçu par des représentants de la bourgeoisie comme Siéyès, ne peut pas lui-même se constituer comme une catégorie à laquelle serait donné le nom de peuple. À la limite, le tiers état, à la veille de la Révolution et dans les premières années de celle-ci, parvient à avoir une existence, mais certainement pas le peuple. Cela tient essentiellement à une confusion insidieuse entre politique et social. De cette confusion résulteront toutes sortes de conflits sous la Révolution, entre tiers état et quatrième état, et au XIX$^{e}$ siècle, en particulier pendant la monarchie de Juillet et la seconde République. La confusion entre politique et social qui mine la définition du tiers état se reproduit à une plus vaste échelle encore s'agissant du peuple. Celui-ci peut être envisagé politiquement ou socialement, mais il est abusif de confondre ces deux points de vue : ou bien le peuple est une catégorie politique qui s'identifie à la nation elle-même, ou bien il est une classe sociale, mais il ne peut être les deux à la fois. Toute l'histoire du XIX^e^ siècle, de la Révolution à la Commune au moins, repose sur le refus de la part de la classe dirigeante d'opérer cette distinction ; de quoi il a résulté de multiples conflits, le plus significatif ayant lieu en juin 1848, lorsque la bourgeoisie, au nom d'une conception uniquement politique, dénie aux ouvriers le droit d'exprimer des revendications sociales, l'attitude de Hugo à l'époque est en son genre exemplaire.

Au moment d'écrire l'histoire de la Révolution, Michelet pour sa part a eu parfaitement conscience des enjeux attachés à ces deux conceptions du peuple, l'une politique, l'autre sociale, et s'est efforcé de les penser en évitant des amalgames qui se révéleraient sans pertinence, mais qui, au contraire, aboutiraient à une vision fausse de l'histoire et de la Révolution. Son objectif est de montrer que le peuple grâce à la Révolution a été sujet de cette histoire. D'un autre côté, la présente situation de la France dans ces années 1840 est celle d'un pays qui a oublié ce que ce peuple même a fait cinquante ans plus tôt et qui connaît un délabrement moral et politique caractérisé. Il importe donc de réinventer le peuple, de lui restituer la fonction politique et philosophique qui a été la sienne. D'abord en écrivant une histoire de la Révolution qui lui rende justice et qui refasse de lui ce qu'il a été alors : l'agent du progrès de l'histoire. La difficulté que rencontre Michelet à ce propos est celle de tous ses contemporains, à savoir que le peuple n'existe pas comme peuple. Le peuple n'est pas un concept, à peine une notion, hésitant elle-même entre politique et social ; à quoi s'ajoute que depuis la fin des années 1830 ce ci-devant peuple au statut problématique est travaillé par des mutations sociales puissantes, depuis que la France est entrée dans la voie de l'industrialisation : apparaissent de plus en plus nombreux des ouvriers d'usine, des prolétaires, qui modifient peu à peu le paysage social et urbain des grandes villes[51]. De ce fait, ce qu'il est convenu d'appeler

51 Voir Maurizio Gribaudi, *Paris ville ouvrière. Une histoire occultée (1789-1848)*, La Découverte, 2014.

le peuple n'est plus seulement assimilable à une masse majoritaire de paysans. Pour écrire l'histoire de la Révolution et restituer au peuple sa fonction essentielle, il importe donc que soit prise en compte cette mutation sociale de la France, dans le but de redonner au peuple son véritable statut politique : mettre l'histoire en révolution. Pour cela il faut définir le peuple, lui donner une identité, d'abord sociale, pour qu'il puisse être constitué comme agent, puis sujet de l'histoire. Faute de quoi, il ne sera qu'une notion indéterminée sans prise sur la réalité.

### *LE PEUPLE*

*Le Peuple* apparaît dans cette optique comme une introduction à l'*Histoire de la Révolution*. Le lien qu'il entretient avec elle est manifestement idéologique et philosophique. Promouvoir le peuple comme agent de la Révolution et faire de lui le sujet de l'histoire, telle est la double ambition de Michelet. Ce qui est remarquable en la circonstance, c'est que Michelet appréhende le peuple dans son ouvrage, non pas d'un point de vue politique, mais d'un point de vue social. Cela se fonde sur un présupposé initial, à savoir que le peuple est à lui seul le corps social de la nation, sa substance presque. On le voit sans difficulté dans la première partie, dont l'orientation est clairement sociologique. Michelet passe en revue tous les éléments de la société de son temps (paysan, ouvrier, fabricant, marchand, fonctionnaire, riche et bourgeois) et montre comment chacun d'entre eux est victime de ce qu'il appelle un asservissement. Tableau est fait d'une société souffrante, malheureuse, proprement aliénée, et de manière double : d'une part, ces différentes catégories qui composent la société sont en butte à l'insatisfaction ; d'autre part, ensemble, elles ne concourent pas à former une société, elles sont en lutte les unes contre les autres. De l'asservissement de chacune résulte la haine des unes à l'égard des autres. Pour qualifier cet asservissement néfaste, Michelet emploie le mot très chargé de sens de « servage[52] », qui renvoie historiquement au Moyen Âge, c'est-à-dire à un monde antérieur à la Révolution, laquelle est censée avoir procédé à l'affranchissement du peuple. Ce tableau d'une France d'avant la Révolution, soumise au servage, mais qui se trouve être la France contemporaine de 1845, implique donc que doit être faite la

52 La première partie du *Peuple* est intitulée : « Du servage et de la haine », et décline dans chacun de ses chapitres une des formes de ce servage (« Servitudes du paysan », « Servitudes de l'ouvrier dépendant des machines », etc.)

Révolution, dont sortira une France libérée de ses servitudes d'un autre âge. Une telle libération fait l'objet des deux autres livres du *Peuple*, « De l'affranchissement par l'amour. – La nature » et « De l'affranchissement pat l'amour. – La patrie ». Le dispositif est d'une grande lisibilité : asservissement/affranchissement ; haine/amour ; ce qui l'anime, c'est la référence révolutionnaire, selon une double perspective, philosophique d'abord, politique ensuite. Philosophiquement, l'affranchissement par l'amour s'opérera par la nature (livre II), contre l'aliénation sociale, et dans la personne des « simples », représentés en particulier par l'enfant et par le génie. C'est qu'en eux reste vivace et non altéré « l'instinct du peuple ». Politiquement, cet affranchissement s'opérera par la patrie (livre III), c'est-à-dire la France, telle que la Révolution l'a fait advenir en promouvant toutes les formes de la socialité (amitié, amour, association, etc.). Pour ranimer cette Révolution qui en ces tristes années de la monarchie de Juillet paraît s'éloigner de plus en plus, un seul moyen : l'éducation. C'est celle-ci qui permettra de garder « la foi de la révolution[53] », de faire revivre son « esprit ».

Le rousseauisme de ces deuxième et troisième parties du *Peuple* est manifeste, Michelet reprend, comme il le fera une vingtaine d'années plus tard dans *Nos Fils* (1869), les conceptions de Rousseau en matière d'éducation, mais aussi, l'un ne va pas sans l'autre, en matière politique. Il récrit en quelque sorte l'*Émile* et le *Contrat social*, le démarquage est incontestable. Si ce n'est qu'il les récrit plus de quatre-vingts ans après, alors que deux révolutions se sont produites en France, en 1789 et en 1830 et qu'une autre pourrait bien éclater. Cette troisième révolution, tout le monde dans le climat trouble de la seconde moitié des années 1840 y pense et en suppute la venue, il n'est question que d'elle, et les réflexions sur la question sociale, le développement des doctrines socialistes et la mise en question de la société contribuent à faire lever de plus en plus nettement son image. C'est exactement ce que fait Michelet, à sa façon, en écrivant *Le Peuple* et en projetant d'écrire l'*Histoire de la Révolution*, selon un mouvement à la fois progressif et régressif. Il s'agit pour lui en retournant une soixantaine d'années en arrière, en 1789-1794, de refonder l'histoire contemporaine dans son origine révolutionnaire, et, par ce déportement archéologique, de réintroduire dans le présent de 1845-1846 l'esprit de la Révolution.

---

53 Titre du chapitre VII de la troisième partie du *Peuple* : « La foi de la révolution. Elle n'a pas gardé la foi jusqu'au bout et n'a pas transmis son esprit par l'éducation ».

Par un effet d'ironie assez noire, le premier volume de l'*Histoire de la Révolution* paraît en février 1847, un an avant la révolution de Février, et le dernier volume en août 1853, alors que la seconde République est morte et que le Second Empire lui a succédé. Rien de plus navrant. Michelet peut bien écrire dans la courte conclusion de son livre :

> Toute l'histoire de la Révolution jusqu'ici était essentiellement monarchique. (Telle pour Louis XVI, telle pour Robespierre.) Celle-ci est la première républicaine, celle qui a brisé les idoles et les dieux. De la première page à la dernière, elle n'a eu qu'un héros : le peuple[54].

C'est en 1853 d'une très grande amertume. Si la Révolution a le peuple pour héros dès la première page, la dernière page, elle, qui précède immédiatement cette conclusion, donne une image du peuple qui est loin d'être héroïque ; citons-la :

> Peu de jours après Thermidor, un homme qui vit encore et qui avait alors dix ans, fut mené par ses parents au théâtre, et à la sortie admira la longue file de voitures brillantes qui, pour la première fois, frappaient ses yeux. Des gens en veste, chapeau bas, disaient aux spectateurs sortants : « Faut-il une voiture, *mon maître ?* » L'enfant ne comprit pas trop ces termes nouveaux. Il se les fit expliquer, et on lui dit seulement qu'il y avait eu un grand changement par la mort de Robespierre[55].

La Révolution est terminée avec la mort de Robespierre, et la société d'avant se recompose, le luxe des privilégiés refait surface, ils font ressortir leurs attelages et bientôt les extravagances du Directoire, dignes de celles de l'Ancien Régime, vont se donner carrière. Pour l'heure une extraordinaire régression est à l'œuvre : il n'y a plus de citoyens, mais des maîtres et des valets. La servitude morale et sociale est de retour, comme si la Révolution n'avait pas eu lieu et qu'on fût revenu aux beaux temps d'avant.

## LA RÉVOLUTION TOUJOURS RECOMMENCÉE, OU LA ROYAUTÉ DU PEUPLE

Malgré tout, après l'*Histoire de la Révolution française*, Michelet ne renoncera pas à réinventer, selon d'autres voies, la *res publica*. Quelles voies ? celle de l'histoire moderne, en écrivant l'histoire de cette autre

54 Michelet, *Histoire de la Révolution française*, t. II, vol. 2, p. 991.
55 Michelet, *Histoire de la Révolution française*, t. II, vol. 2, p. 990.

révolution que fut la Renaissance (1855) ; celle de l'histoire naturelle, avec ses livres de *L'Oiseau* (1856), *L'Insecte* (1857), *La Mer* (1861) et *La Montagne* (1868)[56]. Quelle que soit de toute façon la voie empruntée, le même souci anime la pensée de Michelet : faire en sorte que l'histoire du XIXe siècle s'inscrive sur la courbe du progrès. Tout aurait été simple si cette histoire du XIXe siècle avait développé les prémisses de la Révolution, mais si celle-ci a bien commencé, elle a mal fini, et, d'autre part, le XIXe siècle ne cesse de démentir son progressisme révolutionnaire inaugural en étant une suite de régressions. De là les solutions imaginées par Michelet : substituer à la Révolution une autre révolution qui serait véritablement commencement (la Renaissance, par exemple) ; inventer une histoire qui ignorerait les fatalités de la régression, comme l'histoire naturelle, qui est éternel retour.

Ces deux voies sont l'une et l'autre difficultueuses, et Michelet ne cessera jusqu'à la fin de sa vie d'éprouver la difficulté qu'il y a à conjuguer Révolution et histoire du XIXe siècle, car c'est peut-être insoluble. Peut-être s'est-il trompé en envisageant les choses à partir de la Révolution, de l'idée de la Révolution. Un très curieux passage de l'ouvrage le laisse à penser. Ayant raconté les premières journées révolutionnaires (convocation des États-généraux, serment du Jeu de Paume, 14 juillet et 6 octobre 1789) qui occupent les livre I et II, Michelet, avant de poursuivre sa narration de la période allant du 6 octobre 1789 (retour du roi à Paris) au 14 juillet 1790 (fête de la Fédération) qui occupe le livre III, insère une préface intitulée : « De la méthode et de l'esprit de ce livre ». Le livre en question, c'est l'*Histoire de la Révolution* elle-même, et non pas ce livre III. Le procédé est assez étrange, pour ne pas dire déconcertant, on aurait attendu qu'un tel texte préfaciel se situe, sous la forme d'un avant-propos, après la préface générale de l'Histoire, et non pas après deux cents pages de récit ; mais, comme la préface générale était elle-même suivie d'une grosse introduction composée de deux études (« De la religion du Moyen Âge » et « Sur l'ancienne monarchie »), Michelet s'est trouvé débordé, si on peut dire, par une matière paratextuelle exubérante, ce qui a pu le conduire à ce choix singulier d'une préface secondaire placée en plein milieu du récit. Quoi qu'il en soit, mais nous

56 Sur ces quatre livres, voir les monographies que nous leur avons consacrées dans notre ouvrage *Romanticoco. Fantaisie, chimère et mélancolie (1830-1860)*, p. 149-209, et ici même *infra* l'étude « Michelet et la royauté de l'insecte ».

reviendrons plus loin sur ce point, dans cette préface Michelet, après un descriptif de ce que contiendra ce livre III, développe des considérations générales sur le caractère hétérogènes des événements formant la matière de ces livres II et III : « l'histoire y change de caractère, par une transition plus rapide, moins ménagée qu'il n'arrive ordinairement dans le cours des choses humaines. Ce changement n'est nullement un hasard ; c'est la crise même du temps, le destin de la Révolution[57] ». Il n'empêche que de telles mutations peuvent faire perdre le sens de l'histoire elle-même, aussi l'historien doit-il suivre la bonne voie qui le conduise à l'intelligence de l'ensemble du processus historique ; la voici :

> Pour nous, joyeuse ou mélancolique, lumineuse ou obscure, la voie de l'histoire a été simple, directe ; nous suivions la voie *royale* (ce mot pour nous veut dire populaire), sans nous laisser détourné aux sentiers tentateurs où vont les esprits subtils ; nous allions vers une lumière qui ne vacille jamais, dont la flamme devait nous manquer d'autant moins qu'elle était tout identique à celle que nous portons en nous. Né peuple, nous allons au peuple[58].

Il est remarquable que Michelet recoure ici dans ces considérations générales sur « la méthode et l'esprit de ce livre » à la métaphore si chargée de sens de la royauté. Pour l'occasion il opère une espèce de transfert d'un imaginaire à l'autre, la référence royale désignant l'avènement du peuple, comme si, alors même que le peuple est en train de se substituer comme agent de l'histoire au roi, il n'était pas possible de penser autrement que selon cette référence à la royauté cet avènement. Cela est d'autant plus intéressant, en cet endroit de l'*Histoire de la Révolution*, que les pages immédiatement précédentes ont été consacrées à la journée du 6 octobre 1789 qui voit le roi, contraint et forcé de quitter Versailles, revenir à Paris. Autre carambolage du même genre à signaler : le deuxième volume formé par les livres III et IV pour lesquels Michelet écrit cette préface, ont été entrepris le 21 juillet 1848, en pleine révolution, moins d'un mois après les funestes journées de Juin, quand le peuple prolétarien vient d'être écrasé par la ci-devant bourgeoisie républicaine. Utiliser une telle métaphore royale prend dans ces conditions de multiples significations. L'une d'elles que nous retiendrons est que, dans le

57 Michelet, *Histoire de la Révolution française*, t. I, vol. 1, p. 281.

58 Michelet, *Histoire de la Révolution française*, t. I, vol. 1, p. 281-282. – Ces lignes sont citées par P. Viallaneix, faut-il s'en étonner ? au début de son grand livre intitulé justement *La Voie royale*, p. 5-6.

contexte meurtrier de juin 1848, la référence royale a fonction de modèle symbolique positif. Cette voie royale est la véritable voie populaire, selon l'équivalence que pose Michelet entre les deux qualificatifs. Le plus significatif de ce point de vue est la contradiction entre la réalité politique et historique et la dimension imaginaire et symbolique : d'un côté, le peuple ramène le roi à Paris en octobre 1789 et assujettit le pouvoir royal à la force populaire ; d'un autre côté, même si le peuple est écrasé en juin 1848, Michelet, écrivant l'histoire d'une de ses victoires soixante ans plus tôt sur le roi[59], ne peut s'empêcher de se référer à ce qui symbolise de temps immémorial la gloire : la royauté. C'est que désormais la royauté ne représentant plus rien dans l'ordre politique, elle n'a maintenant d'existence que dans le symbolique et dans l'imaginaire.

59 Le 14 juillet le peuple triomphe d'un des emblèmes de la royauté, le 6 octobre il agit directement sur la personne du roi.

# SOCIALISME, RÉPUBLICANISME ET UTOPIE

## 1848

Dans notre étude de l'imaginaire royal l'année 1848 constitue un véritable trou historique, politique et poétique. Pour la seconde fois dans l'histoire de France la République est la forme de gouvernement. Avec sa venue disparaît tout ce qui pouvait subsister de l'ancienne symbolique. Par exemple, le trône de Louis-Philippe est brûlé, ce qui donne lieu à de multiples gravures représentant ce micro-événement, d'une teneur symbolique inversement proportionnelle à ce qu'il fut dans la réalité. Dans le même genre d'idées, il s'en faut de peu que le drapeau tricolore ne soit remplacé par le drapeau rouge, non seulement parce que le drapeau tricolore symbolisait la bourgeoisie contre laquelle une république sociale et populaire voulait s'établir, mais aussi parce qu'il était attaché au souvenir de la monarchie de Juillet, dont un des tout premiers actes avait été le remplacement du drapeau blanc fleurdelysé de la Restauration par ce drapeau tricolore. Plus généralement, à la place des emblèmes royaux, au demeurant très rares et discrets depuis 1830, de nouveaux font leur apparition (déesses Liberté, arbres de la Liberté, etc.)[1]. Toute une reconfiguration symbolique, toute une reconfiguration *du* symbolique plus exactement se produit avec une promotion foisonnante d'allégories de nature politique[2]. Une symbolique chasse l'autre, en quelque sorte, mais cette nouvelle symbolique n'aura pas assez de

1 Se reporter prioritairement aux admirables travaux de Maurice Agulhon sur la symbolique républicaine, en particulier à sa *Marianne au Combat. L'imagerie et la symbolique républicaines de 1789 à 1880*, Flammarion, « Bibliothèque d'ethnologie historique », 1979, et notamment au chapitre III, « La Déesse et ses deux images. L'année 1848 », p. 85-128.

2 Voir Chantal Georgel, *1848. La République et l'art vivant*, Fayard / Édition de la Réunion des musées nationaux, 1998.

temps pour s'établir. Avec le coup d'État de décembre 1851, elle disparaîtra pour longtemps, plus de vingt-cinq ans.

Notre propos n'est pas d'examiner cette symbolique républicaine de 1848 ; nous dirons juste qu'elle renoue assez lointainement avec celle de la Ire République : les déesses Liberté d'alors rappellent à l'évidence les figures de la Raison à l'époque de Robespierre et en sont les héritières ; du même coup, la symbolique royale, contre laquelle elle se constitue, est définitivement remisée au magasin aux accessoires. En la circonstance, c'est toute la symbolique de la royauté qui est frappée de nullité, royauté légitime comme royauté constitutionnelle. Le brûlement du trône est celui de Louis-Philippe, mais aussi celui de quiconque a eu ou pourrait avoir des prétentions royales. Rien n'y fera : jamais cette ci-devant symbolique ne resurgira. Bien qu'il en eût le désir, Napoléon III ne fut pas sacré (les conditions que mettait Pie IX étaient exorbitantes) et ses portraitistes le représentent en uniforme ou même en frac ; seul un peintre, Winterhalter[3], lui donne une pose à la Napoléon Ier avec une couronne, mais celle-ci est sur une table à côté de lui, pas sur sa tête, et si l'empereur porte un manteau d'hermine, celui-ci est discrètement posé sur les épaules. De toute façon, dans le cas de Napoléon III, une telle symbolique ne pouvait pas avoir de sens, puisque ce qui lui a assuré sa légitimité, c'est le plébiscite populaire ; quant à la symbolique impériale, elle n'était pas envisageable, le neveu serait apparu comme la pâle copie, voire le singe de son oncle (sans elle d'ailleurs Hugo n'avait eu aucun mal à le présenter comme un faussaire et un parodiste).

Si 1848 marque d'un point de vue politique un tournant important dans l'histoire du XIXe siècle républicain, il fut aussi fatal à la symbolique royale. Le Second Empire, qui s'établit sur les ruines de la République, ne la ranime pas davantage, sans imposer à sa place une symbolique impériale, sauf dans ce qu'elle a de plus artificiel et inconsistant (les abeilles...). Aussi n'est-il pas étonnant que ce soit précisément sous le Second Empire que se multiplient dans la littérature des figures de rois imaginaires, chez Hugo, mais aussi chez Michelet. Comme ces figures font l'objet d'études dans la seconde partie de notre ouvrage, nous les laisserons de côté, pour nous attacher ici de préférence aux autres formes qu'a prises à l'époque la représentation du politique, en particulier nous nous arrêterons sur le cas du socialisme, spécialement celui de Nerval.

---

3 Winterhalter, *L'Empereur Napoléon III*, Rome, Museo Napoleonico.

Précisons ici que de telles formes du politique ne sont pas exclusives, bien au contraire, de la forme traditionnelle que constitue la royauté. Ce qui précisément est remarquable, c'est que royauté et socialisme, dans la pensée d'un utopiste illuministe comme Nerval ne sont pas en soi étrangers entre eux, alors qu'on s'attendrait plutôt à ce qu'il y ait une liaison entre socialisme et république ; cela n'a pas été le cas. Un examen de la situation politique à la fin des années 1840 permet de le comprendre. Toute l'histoire subséquente de la France après la seconde République montre en effet qu'un divorce décisif s'est produit entre républicanisme et socialisme, il faudra plus de cent ans pour qu'il s'efface un peu.

## RETRAITE DU SOCIALISME QUARANTE-HUITARD

La révolution de 1848, dans ses premiers temps, a vu un épanouissement extraordinaire du socialisme, sous toutes ses formes et dans toutes ses tendances. Dans la conception d'une république sociale il était intrinsèquement l'expression philosophique des idéaux qui voyaient politiquement le jour. Avec l'affrontement de Juin entre ouvriers et bourgeois, c'en est fini de cette adéquation entre république et socialisme qui n'aura duré que quelques petits mois. Le divorce est patent, le socialiste est devenu l'ennemi des soi-disant républicains ; avec le Second Empire, c'est pareillement le cas, et ce n'est pas étonnant pour un régime si autoritaire, le socialisme sera encore plus réprouvé, même si Napoléon III, auteur jadis d'une *Extinction du paupérisme*, affectera d'avoir des idées socialistes et, dans un premier temps du moins, n'interdira pas en France l'Association internationale des travailleurs[4]. Reste que le césarisme bonapartiste ne pouvait pas être un socialisme, rien ne lui était plus étranger. Les socialistes, de leur côté, après l'expérience désastreuse de Juin, redoublée trois ans plus tard par le coup d'État de Décembre, savaient pertinemment qu'ils n'avaient rien à attendre de ce régime, dont la vocation principale était le développement industriel de

4 Fondée en 1864 à Londres, la I<sup>re</sup> Internationale voit sa section française dissoute par le pouvoir bonapartiste en 1868.

la France. Aussi n'est-il pas étonnant que la plupart des écrivains acquis aux idées socialistes, ou à tout le moins progressistes, se soient épargnés, d'une façon ou d'une autre, de poursuivre un combat sans avenir. Ils se retirent donc de l'espace politique et social. Les formes que prend leur retrait, ou leur retraite, sont multiples. Exil intérieur (Michelet, Sand), exil hors de France (Hugo), repliement dans d'indéfinissables ailleurs (Baudelaire, Nerval), etc. Ces différents types de retraits ne sont pas comparables entre eux, mais, chacun à sa façon, ils ont une portée politique, même quand leurs auteurs prétendent être dépolitiqués, selon l'expression de Baudelaire. Bien entendu, les diatribes de Hugo passent à travers un gigantesque porte-voix et il est difficile de ne pas les entendre ; cela n'empêche pas d'autres écrivains d'exprimer, d'une manière moins bruyante, leur refus du monde né de Juin et de Décembre. Cette manière témoigne cependant d'une contestation politique qui n'en est pas moins pertinente et quelquefois plus élaborée et plus radicale, plus subtile aussi assez souvent.

## NERVAL

Parmi ces écrivains qui commettent des œuvres oppositionnelles plus discrètes, mais finalement tout aussi corrosives, que les imprécations hugoliennes, un nous paraît être allé le plus profond : Nerval[5]. Deux de ses livres nous retiendront particulièrement : *Les Illuminés* et *Les Filles du Feu*, qui chacun peuvent se lire en leur genre comme des réactions poétiques et philosophiques aux convulsions historiques et politiques de la fin des années 1840 et du début des années 1850 ; publiés respectivement en 1852 et en 1854, ils dessinent assez nettement un

5 Nos analyses sur Nerval sont dans le sillage de celles de Gabrielle Chamarat, auxquelles nous renvoyons *infra* n. 28 ; signalons sa dernière étude en date : « Présence de l'histoire et de la politique dans la polysémie du texte nervalien », in *Gérard de Nerval, histoire et politique*, Classiques Garnier, 2018, p. 175-188, avec laquelle les développements qui suivent sont en étroite consonance. Citons-en les toutes dernières lignes : « On s'est longtemps habitué à la [l'œuvre de Nerval] concevoir comme au dessus de la mêlée, isolée dans la fameuse "tour d'ivoire des poètes". Cette idée tombe d'elle-même à partir du moment où est observé son enracinement dans l'histoire et la politique contemporaines ».

espace littéraire et idéologique singulier, mais aux frontières définies, dans lequel Nerval soumet la réalité immédiatement contemporaine à une interrogation critique. Singularité qui tient autant, précisons-le, à Nerval lui-même qu'à la complexité de cette réalité. Pour ce qui est du premier point, la singularité de Nerval, nous nous contenterons de citer le jugement de Baudelaire à son sujet : « un écrivain d'une honnêteté admirable, d'une haute intelligence, et *qui fut toujours lucide*[6] », nous épargnant d'imputer à ce qu'il est convenu d'appeler la folie – mieux vaut employer le terme de déraison – cette singularité. Pour ce qui est du second point, la complexité de la réalité, elle résulte d'une espèce de carambolage historico-politique entre des références étrangères les unes aux autres. Ainsi ce Second Empire qui succède à la seconde République entretient une relation avec le déjà lointain premier Empire ; sur un autre plan, c'est contre la royauté constitutionnelle autant que légitime qu'il s'est constitué, et, par le dévoiement d'un rapport assez pervers au peuple, il s'accapare un des acquis républicain et démocratique de 1848, le suffrage universel, pour le détourner à son profit et donner une caution populaire à son césarisme : et ainsi de suite, les confusions sont nombreuses et diverses.

Ce que publie et écrit Nerval à cette époque apparaît comme une tentative remarquable pour penser ce réel historique et politique en voie de recomposition. Les voies qu'il emprunte peuvent paraître tortueuses et terriblement embrouillées, mais ce n'est qu'une apparence. Nerval en ces années 1852-1855, s'il paraît se livrer à une construction cosmogonique et métaphysique à la limite du délire – c'est très net dans *Aurélia* – n'en a pas moins le souci de fonder cette cosmogonie dans la référence à la réalité historique de son temps. Ces rêveries ne sont pas détachées du réel, elles prennent leur essor dans sa référence, un passage comme celui des « Mémorables » à la fin d'*Aurélia* le montre sans difficulté[7], comme le montrent tout aussi bien les chapitres d'inspiration socialiste et utopique de la première partie de l'ouvrage[8]. Ces textes constituent un aboutissement dans la pensée de Nerval, ils datent des tout derniers

6 Baudelaire, « Edgar Poe, sa vie et ses œuvres », in *Œuvres complètes*, t. II, 306. (Le souligné est de Baudelaire.)

7 Voir Frank Paul Bowman, « *Mémorables* d'*Aurélia* : signification et situation générique », *French Forum*, vol. II, n° 2, mai 1986.

8 Voir Nerval, *Aurélia*, I, 5, in *Œuvres complètes*, t. III, p. 705-708.

mois de sa vie, et notre hypothèse est que le discours post-historique, ou préhistorique, qui y est tenu ne peut se comprendre que rapporté au discours historique qui s'invente dans les deux ouvrages qui vont maintenant nous occuper, *Les Illuminés* et *Les Filles du Feu*, comme si, préalablement à la révélation (il n'y a pas d'autre mot) du « monde des esprits[9] », il avait fallu à Nerval reconstituer historiquement la réalité qu'il se propose de transcender dans l'ordre de l'apocalypse. À la différence d'*Aurélia*, ces deux livres ne mettent pas en scène un dépassement de l'histoire sur le mode cosmogonique et métaphysique ; leur objet est de restaurer une histoire qui aujourd'hui est inconnue de la plupart des contemporains de 1850. Cette histoire, de nature illuministe, est celle, inaboutie, de la Révolution, non pas la Révolution travestie par l'histoire du premier XIX<sup>e</sup> siècle s'achevant en décembre 1851, mais une Révolution tout autre, celle qui aurait pu voir le jour, si les promesses socialistes dont elle était porteuse avaient été tenues, en particulier si, au lieu des Lumières les hommes avaient eu foi en l'illumination que certains penseurs marginaux du XVIII<sup>e</sup> siècle finissant s'efforçaient de faire advenir. Mettre au jour cette révolution inconnue, c'était de ce point de vue poser les fondements d'une autre histoire que celle qui s'est jusqu'alors écrite ; elle sera, si on ose dire, l'histoire anhistorique qu'*Aurélia* esquissera, en combinant apocalypse et révolution, selon une configuration romantique dont on trouve des illustrations par exemple chez Lamennais (*Paroles d'un croyant*) ou chez Hugo (*La Légende des Siècles*).

## HISTOIRE, SOCIALISME ET ILLUMINISME

Moins d'un an donc après la chute de la seconde République Nerval se livre à une entreprise d'archéologie du temps présent, en revenant aux origines de l'État moderne qui naît au XVI<sup>e</sup> siècle, comme naissent conjointement à la même époque les premières formes d'opposition au pouvoir, avec des hommes comme l'abbé de Bucquoy. Pour cela il rassemble un certain nombre de ses textes qu'il avait écrits sur des originaux principalement du XVII<sup>e</sup> et du XVIII<sup>e</sup> siècle en un ensemble ayant pour titre : *Les Illuminés*. Publié en novembre 1852, cet ouvrage, qui offre une galerie d'excentriques (Cagliostro, Restif de la Bretonne, Cazotte, Quintus Aucler, etc.), serait apparemment plus anecdotique

9 Nerval, *Aurélia*, I, 1, in *Œuvres complètes*, t. III, p. 695.

qu'autre chose, si ces portraits de près ou de loin ne gravitaient autour du siècle des Lumières et de la Révolution française. La philosophie du XVIIIe siècle se trouvant revisitée par ses marges illuministes, c'est toute la dimension politique de la pensée des philosophes qui est ainsi réappréciée. Sont dégagés les ferments pré-révolutionnaires qui ont donné 1789, implicitement une vectorisation historique est mise au jour. Un tel ouvrage ne pouvait pas ne pas avoir en 1852, après la double catastrophe de juin 1848 et de décembre 1851, une signification bien précise, très exactement oppositionnelle[10]. Il ne s'agissait pas seulement de suggérer que la philosophie des Lumières avait été un des éléments majeurs de la venue de la Révolution, on le savait depuis longtemps ; Nerval avait aussi en tête de ranimer la relation entre ce XVIIIe siècle oppositionnel s'étant terminé par la Révolution et l'époque actuelle, celle de l'après-1848, quand tous les idéaux révolutionnaires et républicains ont été emportés en l'espace de quelques années. Restaurer le souvenir de la Révolution, Nerval appelle cela « restaurer de vieilles toiles[11] » ; c'est un travail qui peut paraître sans grand intérêt, sauf que ce qui importe, ce sont moins les vieilles toiles elles-mêmes que leur restauration, c'est-à-dire leur recomposition en un ensemble esthétiquement et historiquement chargé de sens ; de cette restauration pourra résulter une nouvelle intelligibilité du réel. En l'occurrence cette restauration sera celle de « lisibilités perdues[12] ». Autrement dit, le travail d'antiquaire auquel se livre Nerval est profondément politique. Rassembler des monographies sur quelques excentriques des Lumières revient à rallumer un éclairage éteint.

Mais pourquoi les excentriques, pourquoi les illuminés, et pourquoi pas les grands penseurs, comme Rousseau, Diderot, Montesquieu, Voltaire ? Sans doute parce que les uns, Rousseau, Montesquieu, ont été emportés en tant que théoriciens de la *res publica* par la débâcle contre-révolutionnaire et contre-républicaine qui a suivi juin 1848 et que les autres sont en voie de récupération par le nouveau régime : le matérialisme de Diderot a tout pour plaire à cette « époque ivre

10 Voir l'ouvrage de Ross Chambers, *Mélancolie et opposition. Les débuts du modernisme en France*, José Corti, 1987, en particulier p. 97-129. – Rappelons ces deux phrases des *Faux Saulniers*, in *Œuvres complètes*, t. II, p. 96 : « Je ne voudrais pas ici faire de la politique. – Je n'ai jamais voulu faire que de l'opposition ».

11 Nerval, « La Bibliothèque de mon oncle », *Les Illuminés*, in *Œuvres complètes*, t. II, p. 885.

12 L'expression « restaurer les lisibilités perdues » est de Pierre Barbéris. Elle désigne pour lui le travail même de la critique.

d'ignorance et de matière[13] », pour ne rien dire de Voltaire qui depuis bien plus longtemps encore est un des dieux de la bourgeoisie, celle du Homais de *Madame Bovary*. Contre cette grande tradition philosophique, mieux vaut donc se tourner vers les excentriques des Lumières comme Restif de la Bretonne ; passer des Lumières à l'illuminisme, cela relève de ce point de vue d'une stratégie énonciative à double fond, qui déjoue les censures du pouvoir en matière idéologique, et, en même temps, réactive un discours politique qui autrement ne pourrait être tenu, ni, à plus forte raison, entendu. De manière subtile, Nerval fait tout pour ôter sa possible virulence à son propos. Il se place en outre sous l'égide d'Érasme, auteur d'un *Éloge de la folie*, et suggère de la sorte que ce livre des *Illuminés* est une inoffensive divagation du même genre, celle d'un fou patenté au demeurant en ce qui le concerne personnellement. Ainsi est rendu lisible un livre que sa teneur politique aurait dû rendre illisible, et pour que les choses soient tout à fait claires, Nerval peut même se payer le luxe de lui donner un sous-titre à la limite de la provocation : « les Précurseurs du socialisme ». Ce sous-titre est extrêmement intelligent : d'une part, il affiche une nette relation entre les excentriques du XVIII^e^ siècle qui font l'objet de l'ouvrage et les socialistes du XIX^e^ siècle ; d'autre part, comme ce sont des excentriques moitié fous, le sous-titre, ironiquement, invite à voir dans les actuels socialistes des excentriques tout aussi fous que leurs prédécesseurs, tout aussi fous, c'est-à-dire tout aussi inoffensifs, et comme l'ouvrage est présenté comme un recueil de quelques monographies sur des originaux aussi peu redoutables, son enjeu politique peut donc être explicitement formulé sans risque dans la préface :

> Dans ce temps-ci, où les portraits littéraires ont quelques succès, j'ai voulu peindre certains *excentriques* de la philosophie. Loin de moi la pensée d'attaquer ceux de leurs successeurs qui souffrent aujourd'hui d'avoir tenté trop follement ou trop tôt la réalisation de leurs rêves[14].

Ces lignes sont d'une tranquille audace, véritablement admirables dans leur provocation ingénue et rusée tout à la fois. Il est particulièrement

---

13 Baudelaire, « Théophile Gautier », in *Œuvres complètes*, t. II, p. 128. – Sur le matérialisme d'inspiration diderotienne comme philosophie du Second Empire, voir par exemple *Les Misérables*, I, I, 8 (I, 121-123).

14 Nerval, « La Bibliothèque de mon oncle », *Les Illuminés*, in *Œuvres complètes*, t. II, p. 886.

intéressant que Nerval se défende d'attaquer les « successeurs » actuels des illuminés du XVIII^e^ siècle, alors que, au contraire, son intention est justement, à travers ces monographies d'excentriques du siècle passé, de montrer que les socialistes contemporains sont leurs dignes héritiers. Et il le dit, en se plaçant sur un autre plan, lorsqu'il légitime leur « folie » et qu'il déplore que leurs rêves ne se soient pas réalisés. Ces acrobaties énonciatives sont d'une virtuosité superlative, elles disent noir sur blanc ce qu'il faudrait taire, à savoir le caractère très idéologiquement marqué de cet ouvrage, alors que la formulation laisse à penser le contraire. Le plus drôle est que Nerval trouve même le moyen d'inscrire indirectement son livre dans le sillage de Sainte-Beuve, auteur de « portraits littéraires » – les derniers viennent de paraître en février 1852[15] – et qu'on ne saurait soupçonner d'être un dangereux pétroleur socialiste.

Livre sur les antécédents dix-huitiémistes de 1789 et sur les prolongements socialistes actuels de l'illuminisme du siècle précédent, *Les Illuminés* en 1852 participent d'une réélaboration de la pensée révolutionnaire, quand la révolution est renvoyée présentement dans un passé préhistorique, et s'efforcent de la ramener sur le devant de la scène historique, mais de telle façon qu'il n'y ait rien à redire : après tout, ce sont des figures marginales dont Nerval fait le portrait. L'invention de sa part a consisté à esquisser à la faveur de ces quelques médaillons une micro-histoire de l'époque allant du XVI^e^ au XVIII^e^ siècle et se terminant avec la Révolution. Mais, comme c'est toujours le cas chez Nerval, les choses sont à double détente. La Révolution qu'il tente de réinscrire dans le présent de l'histoire n'est pas celle qui a eu lieu, et dont les prolongements au XIX^e^ siècle ont été si peu positifs, mais la Révolution qui aurait pu avoir lieu, si elle avait procédé à une refondation philosophique et religieuse de l'histoire. C'est en ce sens que peuvent se lire les pages finales des *Illuminés*, consacrées au théosophe Quintus Aucler et à son livre de *La Thréicie*. Sa doctrine néo-païenne dans la tradition de Julien l'Apostat vise à redonner une unité et une cohérence au monde, pour en faire au sens propre un *cosmos*. Cette conception éminemment syncrétique qui se propose de fondre toutes les divinités dans une espèce de panthéon panthéiste est très proche de celle qui se formulera dans *Aurélia*. Pour Quintus Aucler comme pour le narrateur d'*Aurélia* il

15 Sainte-Beuve, *Derniers Portraits littéraires*, Didier, 1852.

importe de retrouver « l'alphabet magique[16] », qui permettra de récrire toute l'histoire du monde. Se vérifie en tout cas avec cette étude sur Quintus Aucler la coalescence chez Nerval entre histoire et dépassement de l'histoire. Dans *Les Illuminés* la conjonction entre les deux se fait dans la référence illuministe à la Révolution. En cela ces illuminés sont bien les précurseurs du socialisme, non pas le socialisme de 1848 qui a historiquement échoué, mais le socialisme utopique et rêveur qui recomposerait la société des dieux et des hommes connaissant une harmonie cosmique.

## REFONDER L'HISTOIRE

Comme l'étude de chacune des monographies des *Illuminés* réclamerait de longs développements, lesquels d'ailleurs n'entrent pas directement dans notre perspective, nous nous en tiendrons à une seule monographie de ce livre, la première, consacrée à Raoul Spifame. Elle est spécialement intéressante pour notre propos, dans la mesure où elle raconte une histoire hautement significative : l'histoire d'un fou du XVI^e^ siècle qui se prenait pour le roi de France de l'époque, en l'occurrence Henri II. De toute évidence une réflexion sur la royauté, sur le pouvoir du roi est conduite dans ce texte ; elle tire toute sa signification de l'autre réflexion qui est menée dans *Les Illuminés* sur le socialisme et la Révolution. À chacune des extrémités de l'ouvrage, « Raoul Spifame » et « Quintus Aucler » se font écho, et constituent les bornes à l'intérieur desquelles se développe l'interrogation de Nerval sur la politique et l'histoire. La matière de « Raoul Spifame » pourrait être celle d'un cas psychiatrique : un homme à qui sa folie fait croire qu'il est le roi, comme certains fous se prennent pour Napoléon. C'est un peu plus compliqué. Raoul Spifame à l'origine est un homme tout à fait ordinaire, normal, pas du tout fou. Or un jour, lors d'une solennité judiciaire à laquelle il est présent en tant qu'avocat et à laquelle assiste le roi, on s'aperçoit de sa prodigieuse ressemblance avec le souverain. Celui-ci voit en ce particulier son « image » (titre du premier chapitre), Spifame étant en quelque sorte son « reflet » (titre du deuxième chapitre). Cela suffit à rendre fou le malheureux qui se comporte désormais comme s'il était le roi lui-même ; rapidement, il est enfermé à Bicêtre, mais il continue son activité royale en jetant

16 Nerval, *Aurélia*, II, 1, in *Œuvres complètes*, t. III, p. 724.

par les fenêtres de sa cellule les édits qu'il promulgue. Il s'évade, est même reconnu par le populaire comme roi, mais, le vrai roi survenant, on s'aperçoit de la méprise. Le malheureux n'est pourtant pas renvoyé chez les fous : le roi le fait installer dans un sien château, où le doux dingue continue jusqu'à sa mort son œuvre législatrice. Cette histoire de Raoul Spifame a tout l'air d'une fable poétique et philosophique, sur le double, sur les limites de la raison et de la folie ; c'est aussi une fable politique, où avec autant de légèreté que de profondeur est mise en question la nature même du roi. Celui-ci en somme ne pourrait bien n'être qu'une image, et le texte conduit à poser le degré de réalité de cette image. La scène essentielle dans cette perspective, qui répond à la scène initiale, inaugurale, du premier chapitre où Spifame et le roi sont en présence au palais de Justice, est celle où dans le dernier chapitre le fou et le roi sont de nouveau en présence, l'un et l'autre comme roi(s) maintenant. Faux roi et vrai roi, donc, mais les assistants ont du mal à reconnaître lequel est le bon, tant leur ressemblance est grande : « plusieurs criaient au miracle, car il y avait bien là devant eux deux rois de France ; pâles l'un comme l'autre, fiers tous les deux, vêtus à peu près de même ; seulement le *bon roi* brillait moins[17] ». Le double du roi serait ainsi plus roi que le roi. C'est gentiment voltairien, cela dit au moins que la royauté n'a pas de réalité en soi, entre en elle une part de fiction. Mais peu importe : « Il est remarquable que les réformes indiquées par Raoul Spifame ont été la plupart exécutées depuis[18] ». Tout en ce qui concerne la royauté se ramène donc à la figuration de la personne du roi ; pour ce qui est du pouvoir du roi, du pouvoir royal, de sa réalité, par exemple la promotion de réformes ou l'édiction de lois, un fou, pourvu qu'il ait de la sagesse, comme Raoul Spifame, peut fort bien l'assumer, en étant un législateur avisé.

Inutile d'interpréter ces pages sur Raoul Spifame comme une dénonciation du pouvoir royal, ce n'est pas leur objet. Leur enjeu est bien autrement de vider de substance ce pouvoir, de montrer qu'il n'est que représentation. Il est une référence, qui désigne un imaginaire. Il n'est pas indifférent, par exemple, que le roi mis en scène dans « Raoul Spifame » soit Henri II, un Valois, l'un des tout derniers. Sans doute ces Valois sont assez tristement passés à la postérité pour avoir été les rois des guerres

17 Nerval, « Raoul Spifame », *Les Illuminés*, in *Œuvres complètes*, t. II, p. 901.

18 Nerval, « Raoul Spifame », *Les Illuminés*, in *Œuvres complètes*, t. II, p. 902.

de religion, et à cet égard Henri II pour ce qui est de la répression des protestants a été à peine moins brutal que ses deux successeurs, Henri III et surtout Charles IX ; mais ils représentent quand même la royauté de la Renaissance, où le roi est avant tout un gentilhomme, un chevalier (François Ier, père de Henri II, est le modèle de ces rois chevaliers ; Henri II lui-même mourra en chevalier d'une blessure reçue lors d'un tournoi) ; après eux, arrivent au pouvoir les Bourbons qui instaureront une monarchie absolue qui n'a rien de commun avec la royauté valoisienne. C'est dans cet imaginaire un peu lointain de la royauté des Valois que Nerval subtilement appréhende la référence royale et, à travers elle, se livre à son entreprise de refondation de l'histoire. De l'époque des Valois à l'illuminisme des excentriques de la Révolution se dessine de la sorte une courbe singulière qui double historiographiquement les représentations convenues de l'histoire ordinaire de la royauté.

Cette courbe historique, Nerval continue d'en prolonger le tracé dans la plus célèbre des nouvelles des *Filles du Feu*, *Sylvie*. Le récit est installé dans le Valois même et est suivi de « Chansons et légendes du Valois » qui évoque ethnographiquement le passé de cette province[19], « où, pendant plus de mille ans, a battu le cœur de la France[20] ». De l'un des personnages principaux de la nouvelle, Adrienne, il est d'ailleurs dit qu'elle est « la petite-fille de l'un des descendants d'une famille alliée aux anciens rois de France ; le sang des Valois coulait dans ses veines[21] ». L'objet du récit quant à lui est constitué par le retour du narrateur à son pays natal du Valois, à l'occasion d'une immémoriale fête de l'arc, « fête druidique survivant aux monarchies et aux religions nouvelles[22] ». Ce retour dans le Valois est donc un retour dans le passé, et ce qui lui donne toute sa signification, par-delà l'investissement affectif du narrateur qui revient sur les lieux de son enfance, c'est l'époque bien précise dont est fait le tableau, celle du tout début de la monarchie de Juillet, qui fait la matière d'une page capitale :

> Nous vivions alors dans une époque étrange, comme celles qui d'ordinaire succèdent aux révolutions ou aux abaissements des grands règnes. Ce n'était plus la galanterie héroïque comme sous la Fronde, le vice élégant et paré

19 Rappelons que le titre complet de la nouvelle est : *Sylvie. Souvenirs du Valois.*
20 Nerval, *Sylvie*, *Les Filles du Feu*, in *Œuvres complètes*, t. III, p. 541.
21 Nerval, *Sylvie*, *Les Filles du Feu*, in *Œuvres complètes*, t. III, p. 542.
22 Nerval, *Sylvie*, *Les Filles du Feu*, in *Œuvres complètes*, t. III, p. 540.

> comme sous la Régence, le scepticisme et les folles orgies du Directoire ; c'était un mélange d'activité, d'hésitation et de paresse, d'utopies brillantes, d'aspirations philosophiques ou religieuses, d'enthousiasmes vagues, mêlés de certains instincts de renaissance ; d'ennuis des discordes passées, d'espoirs incertains, – quelque chose comme l'époque de Pérégrinus et d'Apulée. L'homme matériel aspirait au bouquet de roses qui devait le régénérer par les mains de la belle Isis ; la déesse éternellement belle et pure nous apparaissait dans les nuits, et nous faisait honte de nos heures de jour perdues. L'ambition cependant n'était pas de notre âge, et l'avide curée qui se faisait alors des positions et des honneurs nous éloignait des sphères d'activité possibles. Il ne nous restait pour asile que cette tour d'ivoire des poètes, où nous montions toujours plus haut pour nous isoler de la foule. À ces points élevés où nous guidaient nos maîtres, nous respirions enfin l'air pur des solitudes, nous buvions l'oubli dans la coupe d'or des légendes, nous étions ivres de poésie et d'amour. Amour, hélas ! des formes vagues, des teintures roses et bleues, des fantômes métaphysiques. Vue de près, la femme révoltait notre ingénuité ; il fallait qu'elle apparût reine ou déesse, et surtout n'en pas approcher.
>
> Quelques-uns d'entre nous néanmoins prisaient peu ces paradoxes platoniques, et à travers nos rêves renouvelés d'Alexandrie agitaient parfois la torche des dieux souterrains, qui éclaire l'ombre un instant de ses traînées d'étincelles[23].

Dans cette page Nerval se livre à une évocation historique, politique et morale de sa génération, celle qui est née une dizaine d'années après celle de Michelet, Balzac, Hugo. Sa génération est celle qui a eu vingt ans en 1830, elle était en plein désarroi. C'est assez compréhensible, la période évoquée est celle de 1830-1832, quand, Charles X ayant été renversé, commence l'après-Juillet, décevant, désolant et même désespérant pour ceux qui ont fait la révolution. Ils ont été floués, trompés, abusés, et se réfugient dans une espèce de mysticisme néo-alexandrin pour faire pièce aux trahisons de l'histoire et de la politique, ou bien, pour certains, s'engagent dans le socialisme révolutionnaire et se réclament de la lignée des caïnites, les fils de Caïn, précurseurs en ces années-là de ceux qui seront appelés plus tard « les damnés de la terre ».

Deux postulations du romantisme sont mises au jour par Nerval, une postulation philosophique et religieuse et une postulation politique et sociale. Celle-ci est en train de se constituer en réaction au nouveau régime trompeur qui s'est établi en juillet 1830. Ce socialisme romantique

---

23 Nerval, *Sylvie, Les Filles du Feu*, Giraud, 1854, p. 129-130. Dans l'édition des *Œuvres complètes* de la « Bibliothèque de la Pléiade », t. III, p. 538-539.

connaîtra des développements de plus en plus importants au fil des années et dans la seconde moitié des années 1840 sera définitivement en place avec de multiples courants et écoles. Nerval, pensons-nous, adhère à sa façon à un tel socialisme romantique, si ce n'est que celui-ci n'est pas inspiré par les penseurs contemporains (Fourier, Proudhon), mais par Rousseau. Significativement Nerval lui a ménagé une place au cœur du Valois, dans le chapitre « Ermenonville » de *Sylvie*, lorsqu'est évoqué son tombeau vide. Il s'adresse à lui en une apostrophe lyrique :

> Ô sage ! tu nous avais donné le lait des forts, et nous étions trop faibles pour qu'il pût nous profiter. Nous avons oublié tes leçons que savaient nos pères, et nous avons perdu le sens de ta parole, dernier écho des sagesses antiques[24].

Ce Rousseau est celui des révolutionnaires de 1789-1794, celui des « pères », de qui, au début des années 1850, se réclame le narrateur de *Sylvie*. Il est spécialement à noter que sa présence symbolique soit mentionnée dans le Valois[25], et pareillement le fait que cette référence rousseauiste soit intégrée à un développement sur le temple de la philosophie qu'avait conçu le marquis de Girardin et qui avait été laissé volontairement inachevé, à l'instar de cet autre temple métaphorique de la philosophie que sont *Les Illuminés*. De cette façon s'opère le glissement des illuminés du XVIII^e^ siècle aux contemporains de 1850, par l'intermédiaire de Rousseau. La nouvelle de *Sylvie*, quant à elle, fait office de plaque tournante, si on ose dire, entre cette queue du XVIII^e^ siècle et l'époque contemporaine des années 1850, du fait que, pour une bonne partie, elle se rapporte à la période intermédiaire de la monarchie de Juillet. Un dispositif à la fois temporel et historique est ainsi mis en place : règne des Valois / fin du XVIII^e^ siècle-Révolution / 1830-monarchie de Juillet / époque contemporaine. Dans ce dispositif, Rousseau à Ermenonville établit une liaison entre ces différents moments de l'histoire, du XVI^e^ siècle à 1853. Nous examinerons successivement l'articulation de ces différents éléments du dispositif.

---

24 Nerval, *Sylvie*, *Les Filles du Feu*, in *Œuvres complètes*, t. III, p. 557-558.

25 Présence symbolique et aussi, en une certaine façon, réelle, puisque dans l'île des peupliers d'Ermenonville se trouvait son cénotaphe, comme c'est rappelé dans le texte même de *Sylvie* (*Œuvres complètes*, t. III, p. 557). – *Cf. Angélique*, *Les Filles du Feu*, in *Œuvres complètes*, t. III, p. 523, 525-526.

Tout d'abord, la confrontation qui est suggérée entre les temps très anciens du Valois royal et l'époque récente de la monarchie de Juillet. Elle a pour but d'instaurer une distance non pas temporelle, mais historique, et, au bout du compte, politique, entre les deux. Dans cette confrontation se love discrètement un autre régime d'historicité, caractérisé par deux attitudes à l'égard du réel, le désengagement ou l'activisme. La question est de savoir quelle fonction exacte occupent le Valois et les souvenirs qui lui sont attachés. Lieu d'une nostalgie regrettante, où les poètes désabusés et boudeurs des années 1830-1832, s'ils quittaient leur tour d'ivoire parisienne, pourraient se réfugier, se replier ; lieu aussi où l'énergie a été préservée et où les fils du feu viendraient se ressourcer pour alimenter leur ferveur révolutionnaire. Les deux interprétations sont possibles, le plus remarquable étant que c'est dans cette étrange relation au Valois de la Renaissance, qui métonymiquement renvoie à un règne aboli depuis très longtemps, que le présent est appréhendé.

Mais quel présent ? certainement pas celui de 1830-1832, puisqu'il est incontestablement désigné comme un passé, en l'occurrence le passé de l'actuel présent du début des années 1850. Ce présent de l'après-48 trouve son intelligibilité dans le passé tout récent de l'après-Juillet, une génération plus tôt, celle du narrateur de *Sylvie*, quand il avait une vingtaine d'années. Il apparaît ainsi que le tableau idéologique du romantisme fait par Nerval dans cette page de *Sylvie* n'a pas qu'une vocation historique, historienne plus exactement, elle a aussi une vocation critique, dans la mesure où ce développement sur les lendemains de 1830 est écrit vingt ans plus tard, en 1853[26], lorsque les désastres politiques ont eu lieu. Le regard porté par Nerval sur cette période qui est celle de sa jeunesse prend de ce fait une coloration ironique et mélancolique et aboutit à un constat un peu amer : c'est le romantisme lui-même des années 1830 qui est responsable à sa façon de la situation présente ; les jeunes gens d'autrefois ont eu, dit-il en substance, une attitude fausse en face de la réalité. Sont visés tout particulièrement les poètes qui ont choisi de faire sécession hors de la réalité, bien plus, tout au contraire, que ceux qui s'étaient tournés vers l'action politique

26 *Sylvie* paraît le 15 août 1853 dans la *Revue des Deux Mondes* ; le recueil des *Filles du Feu* dans lequel elle prendra place est enregistrée pour sa part à la Bibliographie de la France le 28 janvier 1854.

souterraine[27]. Clairement, un semblable constat critique prend la suite des *Illuminés*, parus l'année précédente ; dans cette page de *Sylvie*, Nerval opère une conjonction entre « les précurseurs du socialisme » du XVIIIe siècle et les activistes du début des années 1830. Ceux-ci, à la différence des rêveurs isolés dans leur tour d'ivoire poétique ne sont pas condamnés, bien davantage, ils participent comme leurs devanciers du siècle précédent de ce même mouvement oppositionnel au pouvoir. Il semblerait cependant que la lutte de ces socialistes illuministes, notamment ceux du XIXe siècle n'ait pas abouti. Politiquement, ce fut bien sûr un échec, mais ce n'est pas sur ce plan politique que se place Nerval dans *Sylvie*. Le « dernier feuillet » (titre du dernier chapitre de la nouvelle) fait un bilan *historique* de ces années 1830-1853[28]. Bilan apparemment très mitigé, pour ne pas dire accablant. C'est en fait une impression trompeuse, étant donné qu'*Aurélia* relance dynamiquement la contestation de cette réalité décevante en procédant à l'invention d'une histoire tout autre, de nature à la fois onirique et utopique.

Sans entrer dans le détail extrêmement complexe de ce texte, soulignons que la cosmogonie qu'il met en œuvre est historiquement orientée, vectorisée des origines primitives du monde jusqu'à la guerre de Crimée dans les « Mémorables » et que c'est à une recomposition du monde sur le double plan mythique et historique que se livre Nerval. Il s'agit de recréer la communauté des hommes de façon qu'elle ne soit pas en guerre avec elle-même. De là le recours à des figures d'intercession, aussi bien divines qu'humaines. En ce dernier cas il est à remarquer que surgissent dans les pages des « Mémorables » des instances féminines de reines et de princesses. Il serait facile, et cela a été fait très souvent, d'imputer au désordre mental de Nerval, ces fantasmagories. C'est là refuser de le lire. Rien de plus concerté, au contraire, que cette grandiose construction qui dans *Aurélia* s'élève contre la réalité pour inventer une autre forme de réalité. Un point spécialement retiendra notre attention :

---

27 Jacques Bony écrit fort justement à propos du tableau de la jeunesse de 1830 fait par Nerval : « Les idées exprimées sont celles que partageaient les familiers du Petit Cénacle et du Doyenné, elles avaient abouti à la doctrine de "l'art pour l'art", à laquelle Nerval, secrètement séduit par les "utopies brillantes" des saint-simoniens et des fouriéristes, ne se ralliera jamais totalement » (*Œuvres complètes*, t. III, p. 1219, n. 2 à la p. 538).

28 Voir au sujet de ce chapitre les analyses décisives de Gabrielle Malandain[-Chamarat] dans son ouvrage *Nerval ou l'incendie du théâtre*, José Corti, 1986, p. 147-152, et dans son article « *Sylvie*, "dernier feuillet" », in *Le Rêve et la vie*, SEDES, « Colloques », 1986, p. 187-196.

la dimension politique et sociale de cette construction, de cette reconstruction du monde. Des références de toute nature s'y rencontrent, venues d'horizons très différents entre elles : illuminisme, socialisme, utopie, mais aussi royauté. Est-on en présence d'un syncrétisme, comparable au syncrétisme religieux qui constitue le fond de la pensée nervalienne en ce domaine ? sans nul doute ; les références politiques présentes dans le texte s'associent entre elles pour former un discours qui a sa cohérence. À première vue, les références royales devraient être en contradiction avec les références socialistes ou utopistes ; il n'en est rien : ensemble ces références dessinent une socialité politique, où la royauté n'est pas en opposition avec les utopies humanitaires et socialistes. C'est qu'on n'est plus ici dans l'ordre de la politique, mais plus profondément dans celui du politique. Ou, ce qui revient au même, dans l'ordre de la chimère. Pour ce qui nous occupe, la figuration de la royauté, contentons-nous de dire que la référence royale en soi n'a pas dans ces textes nervaliens de signification politique particulière, elle est seulement un modèle souple et susceptible de se prêter à toutes les configurations envisageables, dans le cadre de la recomposition de la réalité en réel.

## UTOPIE DU POLITIQUE

Nous nous sommes si longtemps attardé sur l'œuvre du dernier Nerval parce qu'elle nous a semblé représenter exemplairement les mutations du politique au début des années 1850, quand sont consommés les désastres de Juin et de Décembre. Avec lucidité Nerval comprend que les idéologies, en particulier progressistes, et notamment socialistes n'ont présentement aucun avenir dans l'actuelle configuration des choses quand un pouvoir autoritaire s'installe en France et que caractérise la brutalité. Face à lui il n'y a rien à faire, aucune des deux attitudes cultivées vingt ans auparavant, le désengagement ou l'activisme, n'est envisageable : la première est irresponsable, et quant à la seconde, elle risque, dans un tel État policier[29], d'être désastreuse. Que faire, donc ? ce que fait Nerval dans *Les Illuminés*, *Les Filles du Feu* et *Aurélia* : recomposer l'histoire, en inventer une nouvelle, qui ne soit pas le travestissement de ce qu'est la réalité historique présente. Ce que fait Hugo en écrivant *La Légende des*

29 C'est ce qu'est le Second Empire, les thuriféraires de ce régime toxique semblent l'oublier : la révolution industrielle et bancaire de la France sous Napoléon III ne saurait faire passer sous silence la nature liberticide du pouvoir bonapartiste.

*Siècles*[30]. Dans le cas de ces deux écrivains un espace imaginaire est créé où une autre histoire se constitue, non pas comme une pure fantaisie, mais comme un instrument d'intelligibilité de la réalité.

Avec Nerval et Hugo cette autre histoire s'élabore dans une référence royale. C'est parfaitement compréhensible pour la bonne raison que, à l'exception de la démocratie athénienne et de la république romaine, le pouvoir a presque toujours été exercé dans l'histoire humaine par des rois ou apparentés. Sauf que ces rois, chez Nerval ou Hugo, sont ou bien des rois de fantaisie, des créations imaginaires, comme le petit roi de Galice de *La Légende des Siècles*, ou bien des rois qui se sont effacés plus ou moins de la mémoire collective, comme Henri II de Valois. C'est que la royauté pour eux deux est un lieu de fiction, un non-lieu de la réalité, proprement une utopie, qui a pour caractéristique d'être disponible à toutes les inventions, à toutes les *fantaisies*, au sens romantique du terme. La royauté de ce point de vue relève moins de la politique, voire du politique, qu'elle n'est une topique. S'explique de la sorte que le socialisme si déviant de Nerval, par rapport aux socialismes de son époque, puisse s'en accommoder avec autant de souplesse. S'explique pareillement que le républicain Hugo ne puisse penser son républicanisme qu'en faisant de Gavroche une figure royale. L'un et l'autre, Hugo et Nerval, à travers cet imaginaire de la royauté, font ainsi l'expérience de ce que Baudelaire, à la même époque, appelait « le goût infini de la République[31] ».

30 Voir *infra* l'étude « Hugo et le sacre du gamin : royauté idéale et république imaginaire (1857-1862) », p. 99-126.

31 Baudelaire, « Pierre Dupont [I] », in *Œuvres complètes*, t. II, p. 33. Cette notice a été publiée comme préface aux *Chants et chansons* de Pierre Dupont en août 1851. – Sur cette notice, voir notre étude « Baudelaire, Pierre Dupont et "le goût infini de la République" », *in* Pierre Laforgue, *Politiques de Baudelaire. Huit études*, Eurédit, 2014, p. 93-109.

# LES AILLEURS DU POLITIQUE

## VERS LA RÉPUBLIQUE

Sautons allégrement par-dessus les vingt années du Second Empire. Pour notre propos elles sont dépourvues d'à peu près tout intérêt, puisque la référence royale achève de se défaire et que, en dehors des romans historiques comme ceux de Dumas, elle n'a de toute façon plus d'existence littéraire. Trois écrivains majeurs, il est vrai, Hugo, Baudelaire et Michelet, accordent à cette référence royale une grande importance, mais sans qu'elle ait un quelconque rapport avec la royauté historique et politique. La royauté qu'ils mettent en scène est de nature imaginaire. Elle ne renvoie pas à la royauté historique comme cela avait été le cas dans la littérature de 1820-1830, elle se constitue purement et simplement dans l'imaginaire, ce qui ne veut pas dire, évidemment, que ces royautés imaginaires n'aient pas des significations et des implications politiques. Le glissement qui s'opère de la royauté historique à cette royauté imaginaire est important dans la reconfiguration de la référence royale, aussi lui avons-nous consacré toute la seconde partie de cet ouvrage, où sont notamment étudiées les œuvres de Hugo, de Baudelaire et de Michelet, et nous prions le lecteur de s'y reporter.

Avec Sedan le Second Empire s'écroule donc le 1er septembre 1870 et trois jours après la République est proclamée. C'est du moins ce que dit la chronologie. L'histoire est un peu plus complexe. D'abord, la République a mis beaucoup de temps à s'installer et la date du 4 septembre 1870 est trompeuse, elle signifie *de facto* plus la fin de l'Empire qu'autre chose. Les rivalités politiques sont multiples et de tous genres[1] : révolutionnaires,

1 Voir François Furet, *Terminer la Révolution. De Louis XVIII à Jules Ferry (1814-1880)*, Hachette, « Pluriel », p. 406 et suiv.

avec une effervescence caractérisée par le retour en force des socialistes de 1848, de toutes tendances (blanquistes, babouvistes, proudhoniens, etc.), mais aussi gestionnaires, si on ose dire, sous la forme d'un gouvernement provisoire qui s'occupe de la situation intensément dramatique, avec des hommes comme Gambetta et Jules Favre. Une chose certaine : ces luttes politiques, à la différence de ce qui s'était passé en 1848, ont lieu alors que le pays est en pleine débâcle militaire, qu'il est envahi, que Paris est assiégé, et que le lieu même du pouvoir s'est dédoublé entre la capitale et Tours. Pour l'heure la forme du régime n'est pas vraiment fixée, c'est de la survie même du pays qu'il s'agit. Lorsque, enfin, des élections auront lieu, en février 1871, c'est une chambre des députés très majoritairement royaliste qui sera élue, avec deux cents légitimistes et autant d'orléanistes. Peu de temps après la Commune ranime au printemps l'esprit de 1848, mais est écrasée de façon sanglante en mai par les forces versaillaises de la bourgeoisie conservatrice qui a trouvé son représentant en la personne de Thiers.

Pendant près d'une dizaine d'années le nouveau régime cherchera à se définir, et ce n'est qu'en janvier 1879 que la République accédera à une véritable stabilité institutionnelle. Notre propos n'est pas de retracer ces années de fondation de la III^e^ République, nous concentrerons juste notre attention sur la question royale. Elle-même ne se pose pas, car, en dépit d'une majorité très largement royaliste en 1871, elle n'aura jamais eu le moindre début d'une réalisation concrète, étant donné que le comte de Chambord, ayant refusé d'adopter le drapeau tricolore en 1871, se retire définitivement en 1873, lorsque la loi du septennat est votée, ce qui le fait renoncer une fois pour toutes à ses ambitions de restauration de la royauté.

En ces années 1870 et, plus encore après 1883 (mort du comte de Chambord), la royauté achève de disparaître pour ne plus être qu'un plus ou moins vague souvenir. L'avenir de la royauté dans ces conditions, devrait appartenir aux royalistes, et leur faire entretenir ce souvenir. Ce ne fut aucunement le cas, ils s'occupèrent, comme n'importe quels hommes politiques, à s'assurer des positions dans le monde républicain qui peu à peu, et non sans ironie, grâce à eux, était en train de se mettre en place. Un divorce manifeste se fait entre les royalistes et la royauté, seul n'existe plus que leur relation, assez souple, au royalisme, qui bientôt deviendra une composante de la droite. Bien sûr, il y a des tensions très visibles entre légitimistes et orléanistes[2], qui sont elles-mêmes redoublées par des tensions entre droites monarchistes et droite bonapartiste, mais elles finissent par se détendre, surtout lorsque les royalistes voient leur influence si importante au début des années 1870 complètement réduite une petite dizaine d'années plus tard. C'est alors que le royalisme devient une tendance parmi d'autres au sein de la droite ; il ne resurgira, sous une tout autre forme, que des années plus tard comme néo-royalisme avec l'Action française de Maurras.

De la royauté au royalisme, alors ? Politiquement et historiquement, une telle évolution peut être soutenue, encore qu'il faille observer que le royalisme, sous la Restauration principalement, était intimement, consubstantiellement lié à la royauté, et pas uniquement sous la forme extrémiste de l'ultracisme. Ce qui a disparu dans la relation des royalistes à la royauté, entre la Restauration et la III^e^ République à ses débuts, notamment après la mort du comte de Chambord, « le plus aimé peut-être de tous les souverains[3] », c'est sa dimension affective, voire sentimentale. Désormais le rapport des royalistes à la royauté, sauf chez quelques nostalgiques d'un autre âge, sera à peu près uniquement politique, politicien même. À tout le moins, par exemple chez Maurras, le royalisme sera l'objet d'un choix rationnel, indépendant de toute affectivité[4], dicté par des considérations théoriques et pratiques. Toutes choses étant égales, ces royalistes de l'Action française ont le même rapport au royalisme que le Balzac néo-légitimiste de 1832, adoptant par conviction la doctrine politique qui lui semblait la plus accordée à la réalité présente et la plus susceptible d'agir sur elle[5].

À la fin des années 1870 la République est définitivement établie. La loi du septennat a été adoptée en 1873, *de facto* le comte de Chambord a renoncé à ses prétentions et Mac-Mahon, représentant de l'Ordre moral, démissionne en janvier 1879. Pendant plus de soixante ans dès lors la III^e^ République sera contre vents et marées (Affaire Dreyfus,

---

2 Voir René Rémond, *La Droite en France. De la première Restauration à la V^e^ République*, Aubier, 1968, p. 131-147.

3 René Rémond, *La Droite en France. De la première Restauration à la V^e^ République*, p. 155. – Ajoutons que s'il fut peut-être le plus aimé des rois, c'est sans doute parce qu'il ne régna jamais.

4 Voir René Rémond, *La Droite en France. De la première Restauration à la V^e^ République*, p. 181-182.

5 Voir *Le roi est mort*, chapitre 20, p. 456-460.

Grande Guerre, ligues fascisantes) le régime constitutionnel et institutionnel de la France, jusqu'à son remplacement par le régime de Vichy contre-révolutionnaire et anti-républicain. Peu à peu les royalistes se diluent dans la droite républicaine, et si le royalisme politiquement resurgit avec l'Action française à la fin du XIX^e^ siècle, la royauté elle-même sous sa forme historique n'est plus qu'un lointain souvenir, elle devient légendaire dans la mémoire collective, son imaginaire se monnaie en imagerie (saint Louis sous son chêne, Henri IV et la poule-au-pot, etc.).

## LES ROIS EN EXIL

Cette nouvelle situation politique a des conséquences littéraires : la disparition définitive de la royauté comme imaginaire, la désaffection de cette référence qui pendant si longtemps se sera imposée en littérature et qui n'est plus qu'un élément du folklore historique. Littérairement la royauté ne représente plus grand-chose, elle participe seulement au pittoresque de l'histoire, alimentant de manière anecdotique des fictions populaires à l'idéologie simpliste. La royauté n'est plus qu'une sorte de galerie de curiosités et d'anecdotes, d'images d'Épinal, assez peu fréquentée, où des littérateurs puisent de temps en temps pour des productions très prévisibles. On trouve cependant dans cette littérature des ouvrages qui ne sont pas sans intérêt. Nous nous arrêterons un instant sur un roman assez peu connu d'Alphonse Daudet qui donne une plaisante et intelligente idée de ce que la fin de l'imaginaire royal avait pu susciter. Il s'agit du roman *Les Rois en exil*, publié en 1879[6].

*Les Rois en exil* sont pour leur fantaisie la version III^e^ République d'une opérette d'Offenbach. Le roman raconte sur le mode léger les aventures parisiennes d'un souverain lilliputien d'Europe balkanique exilé de son royaume et découvrant les joies de la vie à Paris. C'est d'une parfaite inconsistance. Le roi d'Illyrie chassé de son pays par une révolution arrive donc à Paris, se cherche un logement et profite agréablement des distractions que lui offre la capitale de l'Europe. Parties fines, débauches

6 Daudet, *Les Rois en exil*, Dentu, 1879.

élégantes, fredaines de bon ton, etc. C'est la version royale du motif de la découverte affriolante de Paris par un provincial en goguette. Des variations amusantes sont imaginées par Daudet. Par exemple, ce roi d'Illyrie a d'autres compères royaux avec qui faire la noce, comme le roi de Westphalie ou le roi de Galice, et le roman consiste à raconter leurs aventures et leurs déboires. « Roman parisien », tel est le sous-titre des *Rois en exil*, c'est aussi, dans la dédicace à Edmond de Goncourt, un « roman d'histoire moderne ». Ce n'est pas sans intelligence : dans la ville-révolution, Paris, se retrouvent toutes les têtes couronnées en exil pour y faire la fête et découvrir ce qu'est la philosophie de l'histoire moderne, à savoir un monde où la royauté n'existe plus et dont les rois ne sont désormais que des emplois presque théâtraux sur la scène parisienne où se joue la comédie de la mondanité. Le dernier chapitre de cette pochade n'est pas sans intérêt, il montre la reine d'Illyrie chez le médecin avec son fils, héritier royal putatif. Ce fils de roi est une petite chose, un petit chose, chlorotique, anémié, sans vigueur, une triste fin de race, malade, et même assez gravement : le roman se termine par une consultation médicale, le petit prince doit être opéré des yeux, il faudra même lui en enlever un pour qu'il conserve au moins l'usage de son autre œil. Ne cherchons pas Œdipe dans cette intervention chirurgicale, car seul importe dans les dernières lignes le souci tout humain d'une mère pour son enfant. Sortant de la consultation et contemplant les Tuileries, « elle les regarde sans émotion, sans mémoire, croyant voir quelque ruine ancienne d'Assyrie ou d'Égypte, témoin de mœurs et de peuples disparus, une grande vieille chose – morte[7] ». Sans que ce roman puisse être en aucune façon lu comme un « crépuscule des dieux », il dit la fin d'un monde, sombrant dans un néant burlesque. La plus grande partie des *Rois en exil* a été occupée par le récit leste et grotesque des faits ridicules d'altesses découvrant « la vie parisienne » ; les toutes dernières lignes que nous venons de citer offrent au moins un rehaut mélancolique inattendu à ces inepties. La royauté, « grande vieille chose – morte », s'efface à l'horizon. Le spectacle des Tuileries qui se découvre à la reine en 1867 (temps du récit) est d'autant plus symbolique que lorsque le roman paraît en 1879 (temps de l'écriture), il y a près de dix ans que les Tuileries sont parties en fumée. Nous n'accorderons

7 Daudet, *Les Rois en exil*, p. 411.

pas plus d'importance qu'il ne le mérite à ce roman de Daudet, à nos yeux il fait juste signe. Signe d'une perte définitive du sens, que seule la rêverie finale de la reine en exil sauve d'une complète insignifiance.

Faut-il conclure dans ces conditions que la royauté, même historiquement et politiquement finie, continuerait, quitte à ne plus avoir de réalité, d'être un signe et de ne plus relever que de l'ordre du symbole ? Toutes nos analyses conduisent à répondre par l'affirmative. Cependant, il ne serait pas raisonnable, ni non plus exact, d'accorder à ce symbole d'une royauté défunte plus de poids qu'il ne le mérite. Les symboles eux aussi se démonétisent et finissent par n'être plus que des images, sans possibilité désormais de redevenir des icônes. Resterait à savoir si ces images de la royauté ont gardé un pouvoir poétique au moins dans l'imaginaire. Il n'est pas possible en la circonstance d'arguer que peu d'ouvrages littéraires leur aient ménagé une place au XX^e^ siècle, le nombre n'a jamais rien expliqué. L'exemple de Proust est ici très éclairant. Son cycle romanesque se situe en grande partie dans le monde de la grande aristocratie parisienne. Les Guermantes sont apparentés aux familles souveraines d'Europe, le duc donne le bras à la reine d'Angleterre, Swann fréquente le prince de Galles, la reine de Parme figure dans les dîners d'Oriane, etc. Cela jette une sorte de poussière lumineuse sur ce monde isolé dans son inconsistance et son insignifiance. Longtemps le narrateur aura été fasciné par ces mondanités jusqu'à ce qu'il s'enferme dans sa chambre pour écrire son roman. Toutes choses étant égales, la royauté dans la *Recherche* a le même caractère anecdotique que dans *Les Rois en exil* de Daudet. Seulement, chez Proust elle s'inscrit dans une vision de l'histoire infiniment plus vaste, qui intègre la disparition de la royauté dans la représentation du monde qui est faite.

Rois et reines s'en sont allés, laissant dans leur sillage le souvenir de ce qui fut – traces résiduelles promises à l'effacement, elles se sont effacées.

# SECONDE PARTIE

# FICTIONS

# HUGO ET LE SACRE DU GAMIN

## Royauté idéale et république imaginaire (1857-1862)

> Le gamin roi s'appelle dauphin, le gamin dieu s'appelle bambino[1].

## LORSQUE L'ENFANT PARAÎT…

Entre 1857 et 1862 apparaissent dans l'œuvre de Hugo des personnages d'enfants-rois en assez grand nombre. Sans doute beaucoup de figures d'enfants se sont-elles déjà rencontrées chez lui, depuis les recueils lyriques des années 1831-1840, – au point qu'une anthologie de ces poèmes du foyer sera confectionnée en 1858 par Hetzel sous le titre *Les Enfants*[2] – et est-il considéré dans la mémoire populaire comme le grand poète de l'enfance ; mais, dans la seconde moitié des années 1850, la représentation traditionnelle de l'enfant connaît chez lui une mutation assez sensible. Jusqu'alors l'enfant était la petite divinité du foyer domestique (« *Lorsque l'enfant paraît…* ») ou la victime dont la mort est ressentie comme la plus insupportable et la plus scandaleuse qui soit (« Souvenir de la nuit du 4 ») ; maintenant, au contraire, apparaît une nouvelle figure, totalement inédite, celle de l'enfant-roi. Qu'une telle figure en soi apparaisse chez Hugo n'est pas très original, ce qui l'aurait

1 *Les Misérables*, IV, XII, 2 (II, 483). (Les références renvoient à notre édition, Paris, GF-Flammarion, 2020, 2 vol.)

2 Voir la préface et la table des matières de cette anthologie dans l'édition chronologique des *Œuvres complètes* t. X, p. 695-700. – Sur le recueil anthologique lui-même, voir l'article de Sheila Gaudon, « *Les Enfants* par Victor Hugo, documents inédits », Mélanges littéraires en hommage à A. Kies, Publications des facultés universitaires de Saint-Louis, Bruxelles, 1985.

été, c'est qu'elle ne se rencontrât pas : si un enfant en lui-même, chez Hugo, est un petit dieu, il était prévisible qu'il fût aussi assimilé à un petit roi. Seulement, cet enfant-roi, tel qu'on le trouve dans l'œuvre dans la seconde moitié des années 1850, est au sens propre, et pas du tout métaphoriquement, un enfant roi (sans trait d'union), – un enfant qui est le fils d'un roi.

Nous voudrions ici nous interroger sur l'émergence de ce personnage particulier et rendre compte de son introduction dans le texte hugolien. Notre hypothèse est que la présence d'enfants rois n'est pas accidentelle, et qu'elle n'est pas non plus à imputer à une logique d'ensemble de l'écriture de l'enfant et de l'enfance chez Hugo ; elle a une signification poétique aussi bien qu'idéologique et philosophique, politique et historique même. Elle peut contribuer à éclairer latéralement la genèse des deux plus importants ouvrages de Hugo de cette époque, *La Légende des Siècles* et *Les Misérables.* Surtout, compte tenu de l'objet de notre ouvrage, ces enfants rois montrent comment au mitan du XIXe siècle se reconfigure du tout au tout l'imaginaire de la royauté. Désormais, sans plus de relation à la monarchie légitime, qui a disparu en juillet 1830, ni non plus à la monarchie constitutionnelle, emportée par la seconde République et le Second Empire, apparaît une royauté d'un type tout à fait nouveau, qui n'entretient avec l'histoire que des liens ténus, ou même qui n'a aucun lien avec elle ; c'est une royauté de fiction dans la plupart des cas, et dans tous une royauté imaginaire, dans le sens où cette royauté est décollée de la réalité de l'histoire, de l'histoire historique, si on ose dire, et où elle s'invente dans un imaginaire qui avec la réalité n'a qu'un rapport de vraisemblance.

## ROYAUTÉ, RÉVOLUTION

Le cas de Hugo est spécialement intéressant, à plusieurs titres. Ne serait-ce, d'abord, que parce qu'il est le premier à avoir inventé dans la littérature du XIXe siècle de telles fictions occupées par des royautés imaginaires, sans que ces fictions soient des utopies. Ensuite, ces royautés imaginaires chez lui mettent toujours en scène des enfants détenteurs, ou appelés à détenir, un pouvoir royal. Cette particularité est essentielle. En associant les deux mots d'enfant et de roi, Hugo crée une tension problématique à de multiples égards. Car il semble qu'ils sont exclusifs l'un de l'autre, l'un renvoie à l'innocence, alors que l'autre, dans l'esprit de Hugo, est toujours plus ou moins associé au mal, à la tyrannie. Un enfant roi dans ces conditions risque d'être un monstre ; il peut être aussi, et ceci s'observe dans les années 1859-1862, un modèle idéal. Mais quel qu'il soit, l'enfant roi chez Hugo est une chimère, laquelle relève autant de l'imaginaire que de la philosophie politique. À partir de ce motif ou de ce concept, c'est selon, une puissante réflexion sur l'essence de la royauté est entreprise par Hugo, la royauté saisie, dans le cas de l'enfant roi, sous une forme qu'elle n'a pas ordinairement et qui est la limite de la royauté elle-même.

Afin de comprendre exactement comment ce motif ou ce concept de l'enfant roi se fait jour dans l'œuvre de Hugo en cette fin des années 1850 et à quelles fins il obéit, il importe préalablement d'en faire l'archéologie[3]. Pour cela il faut remonter à l'automne de 1857. Entre la publication des *Contemplations* en avril 1856 et cet automne de 1857 s'étend une période assez confuse chez Hugo, où il se lance dans des chantiers extrêmement ambitieux, l'un prenant même la même forme d'un poème carrément intitulé *Dieu*, évidemment impossible, Dieu ne pouvant se mettre en italique. Dans la mouvance de ce poème impossible s'écrit aussi un poème qui lui est apparenté, *L'Âne*, où est fait par un âne très savant le procès de la connaissance humaine. Pendant plusieurs mois c'est une écriture de type philosophique qui est pratiquée, caractérisée par des discours très ressassants sur l'impossibilité de connaître Dieu et tout simplement de connaître. Hugo à la fin des *Contemplations* était « au bord de l'infini » (titre du dernier livre du recueil), quelques mois plus tard il essaie de pénétrer dans cet infini pour lui arracher son secret. Convaincu au bout d'un certain temps que sa tentative d'exploration du gouffre métaphysique est vouée à l'échec, il se détourne peu à peu de son projet, pour se tourner vers un autre, presque aussi ambitieux, mais qui devrait être moins intraitable : le mystère de l'histoire. Le passage par Hugo du mystère de Dieu au mystère de l'histoire est complexe,

3 Pour une étude d'ensemble de ce sujet, voir notre ouvrage, *Hugo et « La Légende des Siècles ». De la publication des « Contemplations » à l'abandon de « La Fin de Satan » (avril 1856-avril 1860)*, Orléans, Paradigme, « Modernité 1650-1850 », 1997.

nous ne l'envisagerons pas ici, nous nous contenterons de dire que c'est moins un changement sur la nature de l'énoncé qui l'a rendu possible qu'un changement de l'énonciation, en l'occurrence l'invention de personnages de fiction prenant en charge le discours.

Ce mystère de l'histoire pour Hugo s'incarne, presque au sens chrétien du terme, dans la Révolution française. Celle-ci est une énigme, un « *quid obscurum* » qui se dérobe à l'intelligence humaine. Ce n'est pas très étonnant, étant donné qu'elle est « un geste de Dieu[4] ». En cela elle ne s'inscrit pas sur la courbe de l'histoire des hommes, elle est presque hors de la temporalité historique, prise entre le temps de la Genèse et celui de l'Apocalypse. Reste qu'elle a eu lieu néanmoins dans l'histoire, et qu'elle réclame du poète d'être soumise à une intelligibilité ; reste que, aussi, son inscription dans l'histoire s'est traduite par un extraordinaire déchaînement de violence. Ces deux aspects sont l'objet même de la pensée de Hugo au cours de l'automne de 1857. Il leur consacre trois longs poèmes, l'un, en partie fictionnel, *La Révolution*, les deux autres, entièrement didactiques, *Le Verso de la page* et *La Pitié suprême*. Nous en dirons quelques mots, qui permettront de montrer comment le motif de l'enfant roi a pu apparaître dans le texte de Hugo.

Dans *La Révolution* sont évoqués les règnes des derniers Bourbons (Henri IV, Louis XIII, Louis XIV et Louis XV) et de leur ultime descendant (Louis XVI). Tout le procès de la monarchie est instruit, l'idée dominante étant que Louis XVI a payé pour les crimes de ses prédécesseurs, et notamment pour les crimes de Louis XV, le plus dégénéré et le plus coupable de tous les rois capétiens. La plupart des stéréotypes relatifs au « Bien-Aimé » sont ici rassemblés et aboutissent à un portrait d'une noirceur absolue. Le poème prend la forme d'un récit fantastique qui voit les statues d'Henri IV, Louis XIII et Louis XIV se déplacer à travers Paris la nuit du 21 au 22 janvier 1793 ; après un long périple, elles parviennent place de la Concorde, où s'offre à elles le spectacle de la guillotine surplombée d'une tête dans les airs, celle de Louis XVI. À la statue de Louis XIV lui demandant ce qu'est cette machine, qui l'a construite et qui lui-même il est, la tête coupée répond : c'est la fin, c'est vous qui l'avez construite, et je suis le petit-fils de votre petit-fils. La Révolution est donc un processus obéissant à une nécessité historique

4 *Les Misérables*, V, I, 20 (II, 659).

interne et immanente à la royauté. La place du peuple dans le processus est curieuse, il semble être absent ; pourtant, en plein milieu du récit, alors que les statues traversent le Pont-Neuf, l'un des mascarons de Germain Pilon prend la parole et se lance dans un réquisitoire passionné contre les crimes des rois. On comprend donc, en mettant en perspective récit et discours, que la Révolution constitue l'expiation de la royauté. Le propos serait simple, voire simpliste, si l'énonciation, comme on vient de le voir, n'était un défi à toute interprétation simple. Le plus difficile à penser pour Hugo est la logique politique et historique mise en œuvre par la Révolution, et il lui apparaît que cette logique se dérobe. C'est pourquoi, il conçoit un poème qui poursuivrait la réflexion de *La Révolution*, et qu'il intitule *Le Verso de la page*[5]. Verso de quelle page ? de la page révolutionnaire, qu'il faut tourner en refusant de poursuivre dans la violence, dans l'enchaînement des violences. Pour cela il s'agit d'expliquer « la loi de formation du progrès[6] ». L'objet de ce long, très long poème didactique est double : mettre au jour un principe d'intelligibilité du phénomène révolutionnaire, en l'occurrence le progrès, et montrer que, en dépit de la violence qui s'est emparée de la France sous la Révolution, et particulièrement pendant la Terreur, cette violence était progrès. La rhétorique et la sophistique tiennent lieu de dialectique, et le didactisme idéologique montre vite ses limites, mais dégage cependant la matière d'un extraordinaire imaginaire de l'histoire, lequel occupe tout le troisième poème de cette époque, *La Pitié suprême.* Apparemment c'est un poème à thèse, défendant une idée et une seule : l'enchaînement crime-châtiment-expiation ne peut produire qu'une accumulation folle de violence ; contre elle il faut renoncer à entrer dans ce cercle et imposer comme force de justice non pas la vengeance, le châtiment ou l'expiation, mais la pitié. Celle-ci n'est pas apitoiement sentimental et niais, mais pitié *suprême*, c'est-à-dire exercice de l'humanité contre la barbarie dans la conscience qu'au crime, absolu du mal, il faut opposer la rigueur d'un absolu, celui de la pitié *suprême*. Cette thèse est exploitée avec une grande efficacité poétique, sinon philosophique. C'est là l'intérêt de ce

5 Sur ce poème aujourd'hui démembré, voir Pierre Albouy, « Une œuvre de Victor Hugo reconstituée », *RHLF*, juill-sept. 1960, p. 388-423.

6 Titre du poème de *L'Année terrible* qui constituait la partie la plus volumineuse du *Verso de la page*. Ayant démembré son poème en 1871, Hugo en a redistribué les *membra disjecta*, en leur donnant des titres, dont celui de « Loi de formation du progrès » pour le poème figurant dans le recueil de 1872.

poème verbeux, bavard, passablement illisible, qu'il impose une vision de l'histoire d'une noirceur hallucinante. Qu'est-ce que l'histoire ? un musée des horreurs, une suite ininterrompue de crimes, une succession de tyrans et d'assassins. Sa substance est le mal. Avec ce poème Hugo se fait poète de l'histoire et donne à celle-ci sa réalité imaginaire.

Nous nous sommes attardé sur ces poèmes de l'automne de 1857 parce que c'est dans la référence à cet imaginaire de l'histoire et de la Révolution que s'invente les personnages d'enfants rois qui vont maintenant peupler son œuvre. Ils sont une réaction à cette noirceur affolante et lui opposeront leur innocence. Cela n'empêchera pas qu'ils seront les premiers à subir la violence de cette histoire et pour certains à en être les victimes, à des degrés divers. D'un autre côté, sans eux aucune ouverture n'est possible, et certainement pas politique : rien à attendre évidemment des rois, et à peine moins des révolutionnaires, les uns et les autres imposent une même conception de l'histoire, celle de « la force des choses », autrement dit l'oppression des faibles par les puissants. Avec le faible enfant le rapport de force s'inverse.

## PETITS ROIS

Le premier de ces enfants rois est le petit Louis XV, il est mis en scène dans *La Pitié suprême.* Ce long poème s'inscrit lui-même dans la mouvance du poème *La Révolution*, et il vient à sa façon en combler les insuffisances argumentatives. D'abord en comblant une lacune. Dans *La Révolution* le mascaron prophète du Pont-Neuf faisait un récit d'une noirceur totale des règnes des quatre Bourbons ayant précédé Louis XVI. Le règne de Louis XV était particulièrement haut en couleur dans l'horreur, la diatribe à la Juvénal s'achevant sur l'évocation des funérailles nocturnes de ce roi infâme ; pour l'occasion Hugo ne recule devant rien et imagine le cadavre du roi ruisselant littéralement de son cercueil. Mais dans le récit de l'errance des statues à travers Paris trois statues seulement se déplacent, la statue équestre de Louis XV est absente, son absence est en quelque manière compensée par la présence de la tête de Louis XVI au-dessus de la guillotine[7]. Cette absence de Louis XV en personne est réparée en son genre par *La Pitié suprême*, dont la composition est postérieure d'à peine quelques semaines à *La Révolution*[8] ; un changement complet de perspective s'observe. Louis XV est présent, mais âgé de cinq ans, en 1715 donc, alors que son arrière-grand-père Louis XIV vient de mourir. Le plus intéressant dans ce jeu d'échanges entre *La Révolution* et *La Pitié suprême* est que s'opère avec ce dernier poème un retour à l'origine du mal historique qui s'est incarné dans le plus criminel de tous les Bourbons, Louis XV. Retour archéologique qui envisage ce roi alors qu'il n'était qu'un enfant de cinq ans et qu'il n'était qu'un enfant roi. À cet âge enfantin, évidemment, il n'était pas le grand criminel qui dans l'imaginaire national passera tristement à la postérité et à qui est imputée la responsabilité de la Révolution, son petit-fils, Louis XVI, ayant payé pour les crimes de son grand-père et plus généralement pour ceux de tous ses ancêtres, selon la vulgate populaire de l'histoire de France, de nouveau. Son règne est alors saisi dans son enfance.

Toute la deuxième section de *La Pitié suprême* racontera donc comment, enfant, Louis XV a été séduit par son gouverneur, Villeroy, le bien nommé ; c'est une scène en quelque sorte primitive, destinée à expliquer la mutation criminelle qui a affecté cet enfant jusqu'alors innocent. Nous extrayons du récit la séquence centrale :

> Notre fragilité redoutable et frivole
> Se mêle, ombre terrestre, à sa blanche auréole ;
> Son pas tremble, et son front ploie ainsi qu'un roseau ;
> Mais il n'en est pas moins l'innocent du berceau,
> Et dans ses beaux yeux clairs où l'amour semble éclore
> Il a du paradis toute l'immense aurore.

Conséquence obligée :

> À présent regardez cet homme, Villeroy ;
> Il vient, l'ange le voit approcher sans effroi,
> Et cet homme, du haut du balcon de Versaille,

7 Rappelons que sur l'actuelle place de la Concorde, alors appelée place de la Révolution, se trouvait une monumentale statue équestre de Louis XV ; celle-ci ayant été abattue, se dressait à son emplacement la guillotine.

8 Sur la chronologie de la production poétique de Hugo à l'automne de 1857, voir notre ouvrage, *Hugo et « La Légende des Siècles »*, p. 401-406.

Lui montre au loin la foule énorme qui tressaille
Et s'agite et se meut, bonne et calme d'ailleurs,
Le grand fourmillement des hommes travailleurs,
Les pas, les fronts, les yeux, l'ouvrier aux bras rudes,
Les ondulations des vastes multitudes,
La ville aux mille bruits vivants, graves et doux,
Et dit à cet enfant : Tout ce peuple est à vous[9] !

Louis XV cédera au tentateur, pour son malheur, pour celui de son successeur, et pour celui de son peuple. Pourtant, il faut avoir pitié de lui et ne pas le condamner. C'est la leçon philosophique de cette triste histoire de la corruption de Louis XV enfant. Elle a une application politique dans le temps présent en la personne cde Napoléon III. Comme envers Louis XV il faut faire preuve de la même pitié suprême, laquelle en ce qui concerne Napoléon III s'appelle « clémence implacable ». Il importe de ne pas le tuer, au moins pour éviter de retomber dans la violence historique déchaînée naguère pendant la Terreur : le « Titan quatre-vingt-treize[10] », évoqué dans le poème liminaire de *Châtiments*, « Nox », ne doit pas reparaître. Manifestement le discours idéologique est le même à propos de Louis XV, la « pitié suprême » s'étant substituée à la « clémence implacable ».

Une sorte de double *adunaton* moral est au centre de la réflexion idéologique et historique de Hugo : d'une part, l'idée que le plus criminel de tous les rois doit être épargné et que même il mérite de susciter la pitié ; d'autre part, le caractère criminel de ce roi n'est qu'apparence, puisque l'enfant roi fut jadis innocent, en dépit des préjugés républicains voyant l'expression de la tyrannie *in nuce* dans le petit roi, qui est toujours un roi petit, portant en lui-même toutes les virtualités tyranniques détestables à venir. Dans cette tension s'exprime la difficulté pour Hugo en 1857 de penser l'histoire elle-même, comme un processus, comme une pratique qui obéit à une loi intrinsèque. Pour lui l'histoire est une sorte de collection de crimes, et ce sont avant tout des individus (les rois, les tyrans, etc.) qui sont directement responsables de la marche des événements. Mais comme il est persuadé que l'histoire est soumise à un principe positif, quoi qu'il puisse sembler, et qu'elle est progrès, il tente par tous les moyens de l'arracher à cette entropie du mal, par exemple

9 *La Pitié suprême*, C.F.L., X, 302.
10 *Châtiments*, « Nox », C.F.L., VIII, 581.

en faisant des détestables agents de l'horreur historique l'expression d'un mal cosmique et métaphysique, auquel il donne le nom de « Nuit[11] ». Notamment, il s'emploie à montrer que le tyran, quelquefois, garde en lui une parcelle de bien (ce sera le cas du Sultan Mourad de *La Légende des Siècles*). Ou bien encore, comme ici, il procède à propos du tyran à une réappréciation de son caractère tyrannique, en le saisissant au moment où il n'était pas encore un tyran : quand il était enfant. De la sorte, en ce dernier cas, s'échafaude une espèce de dialectique de l'enfance et du pouvoir, qui a pour but, non pas tant d'exonérer le tyran de ses fautes au prétexte que jadis il fut un enfant innocent, mais de donner l'image d'une positivité du pouvoir royal quand il est détenu par un enfant.

*La Pitié suprême*, à quelque point de vue qu'on se place, est un texte matriciel, il est au centre de la réflexion de Hugo sur l'histoire, la révolution et la violence à l'automne de 1857, lorsqu'il vient de signer avec Hetzel le contrat des *Petites Épopées*, le 11 septembre. Cette réflexion connaîtra de multiples vicissitudes jusqu'à l'achèvement du projet ayant pris sur la fin le titre de *La Légende des Siècles*. Ces vicissitudes prennent la forme de véritables retournements. Pourtant, en dépit de tels retournements, il est un point sur lequel Hugo ne varie pas : la persistance accordée dans sa conception et sa représentation de l'histoire à la figure de l'enfant roi. Deux poèmes spécialement mettent en scène deux enfants rois, « Le Petit Roi de Galice » et « La Rose de l'Infante ».

Le premier d'entre eux est écrit au cours du mois de décembre 1858[12], alors que Hugo en cet automne et cet hiver 1858-1859 s'attache à des poèmes centrés sur le Moyen Âge, comme « Montfaucon » et « Éviradnus », qui sont respectivement datés du 29 novembre 1858 et du 28 janvier 1859. C'est un Moyen Âge noir, ténébreux, caractérisé par l'oppression du pouvoir royal et par d'abominables exactions. De celles-ci un assez affreux tableau est fait dans « Le Petit Roi de Galice ». Contre les infants d'Asturie, véritables suppôts de Satan, qui veulent déposséder leur neveu de son légitime royaume et le tuer ou l'enfermer dans un couvent, se dresse Roland, armé de sa fidèle Durandal. La plus grande partie du poème est occupée par le récit des exploits héroïques de ce vertueux chevalier, mais, de notre point de vue, l'essentiel n'est pas

11 Voir le dernier vers, très significatif, de *La Pitié suprême* « Et je dis à la Nuit : Répondez, accusée » (C.F.L., X, 330).

12 La date d'achèvement portée sur le manuscrit est du 20 décembre.

là ; il est plutôt dans la prière que le petit roi de Galice, Nuño, adresse au Christ et à la Vierge, une fois que, grâce à Roland, il a échappé à ses ravisseurs :

> – Ô mon Dieu, ma bonne sainte Vierge,
> J'étais perdu ; j'étais le ver sous le pavé ;
> Mes oncles me tenaient ; mais vous m'avez sauvé ;
> Vous m'avez envoyé ce paladin de France,
> Seigneur, et vous m'avez montré la différence
> Entre les hommes bons et les hommes méchants[13].

Lui-même était-il promis à être un de ces « hommes méchants » ?

> J'avais peut-être en moi bien des mauvais penchants,
> J'eusse plus tard peut-être été moi-même infâme,
> Mais, en sauvant la vie, ô Dieu, vous sauvez l'âme ;
> Vous m'êtes apparu dans cet homme, Seigneur ;
> J'ai vu le jour, j'ai vu la foi, j'ai vu l'honneur.
> Et j'ai compris qu'il faut qu'un prince compatisse
> Au malheur, c'est-à-dire, ô Père ! à la justice.
> Ô madame Marie ! ô Jésus ! à genoux
> Devant le crucifix où vous saignez pour nous,
> Je jure de garder ce souvenir, et d'être
> Doux au faible, loyal au bon, terrible au traître,
> Et juste et secourable à jamais, écolier
> De ce qu'a fait pour moi ce vaillant chevalier.
> Et j'en prends à témoin vos saintes auréoles[14].

L'intéressant est que Hugo fait envisager à son petit roi les crimes qu'il aurait pu commettre une fois devenu roi et dont la survenue de Roland l'a détourné. Il est maintenant définitivement acquis au bien, il sera un bon roi. Nul risque qu'il ne devienne un détestable prince, par exemple comme Louis XV, qui, lui, n'a pas eu la chance de rencontrer un Roland, mais qui, pour son malheur, a été perverti dans son enfance par un Villeroy. Roland aura permis à Nuño de garder natives en lui ses vertus d'enfant, et ses vertus de roi. Car il sera un roi, et même, peut-on et doit-on le supposer, un bon roi, parce que jadis il a été un « petit roi ». Son état autrefois de petit roi, de roi enfant, garantit l'exercice d'une royauté qui ne tournera pas à la tyrannie. Au contraire, on est en présence d'une

---

13 *La Légende des Siècles*, « Le Petit Roi de Galice », v. 599-604.
14 *La Légende des Siècles*, « Le Petit Roi de Galice », v. 605-618.

espèce d'*ars regnandi*, qui est, non pas exercice de la tyrannie, comme dans le poème « Montfaucon[15] », mais pratique de la royauté, laquelle est une royauté juste. Et c'est l'enfant roi qui formule les principes de cette royauté ; elle tire sa positivité du fait qu'elle sait préserver toutes les vertus de l'enfance. De son côté, un des oncles usurpateurs, don Ruy le Subtil, expose cyniquement à Roland une conception du pouvoir royal et de son exercice qui va directement à l'encontre de ce qui précède :

> Seigneur, Nuño n'est pas possible ; je m'explique :
> L'enfantillage nuit à la chose publique ;
> Mettre sur un tel front la couronne, l'effroi,
> La guerre, n'est-ce pas stupide ? Un marmot roi[16] !

Faire exercer idéalement la royauté par un enfant prend plus généralement son sens dans le mouvement de réévaluation philosophique des petits et des faibles, essentiellement les femmes et les enfants, à laquelle se livre Hugo depuis « Le Sacre de la femme », où il donne à Ève la royauté du monde, et qu'il développera bientôt dans « Éviradnus », en mettant à la tête de la Lusace la marquise Mahaud, confrontée à deux des pires représentants d'un pouvoir oppressif, l'empereur d'Allemagne, Sigismond, et le roi de Pologne, Ladislas.

Le second poème que nous avons mentionné, « La Rose de l'Infante », gagne à être lu dans une perspective du même genre. Les analogies avec « Le Petit Roi de Galice » sont nombreuses, aussi bien thématiquement qu'idéologiquement. Sans doute ces deux enfants rois présentent-ils entre eux des différences notables : par exemple, leur âge. Nuño a quinze ans[17] et la petite infante cinq ans[18], ce qui explique que le petit roi puisse tenir un discours politique cohérent, alors que la « petite reine[19] » ne prononce pas même une parole et qu'elle n'a que très obscurément conscience de ce qui se passe. Il n'empêche cependant que la même problématique de la royauté et de l'enfance les réunit. Dans les deux cas, c'est une situation-limite qui est donnée à voir : un enfant détenteur

---

15 « *Ars regnandi* » est le titre, un temps envisagé, de ce poème « Montfaucon », achevé le 29 novembre 1858. Ce poème ne sera publié que dans la nouvelle série de *La Légende des Siècles*, en 1877.

16 *La Légende des Siècles*, « Le Petit Roi de Galice », v. 353-356.

17 *La Légende des Siècles*, « Le Petit Roi de Galice », v. 91.

18 *La Légende des Siècles*, « La Rose de l'Infante », v. 46.

19 *La Légende des Siècles*, « La Rose de l'Infante », v. 42.

d'un pouvoir, ou susceptible de le détenir, lequel pouvoir, à cause de l'exorbitance même de la puissance qu'il représente, contrevient à l'idée de faiblesse que l'on associe ordinairement à l'enfance. Cette situation est plus que paradoxale, elle est quasiment oxymorique. Cela est particulièrement visible dans « La Rose de l'Infante », puisque la petite fille, étant donné le pouvoir superlatif de son père, Philippe II, est destinée à posséder une immense puissance politique :

> Elle n'a jamais vu l'homme que se courbant ;
> Un jour, elle sera duchesse de Brabant ;
> Elle gouvernera la Flandre ou la Sardaigne.
> Elle est l'infante, elle a cinq ans, elle dédaigne.
> Car les enfants des rois sont ainsi ; leurs fronts blancs
> Portent un cercle d'ombre, et leurs pas chancelants
> Sont des commencements de règne. Elle respire
> Sa fleur en attendant qu'on lui cueille un empire ;
> Et son regard, déjà royal, dit : C'est à moi.
> Il sort d'elle un amour mêlé d'un vague effroi[20].

En elle-même cette toute petite fille est une puissance de la terre, mais à venir : son pouvoir est encore au futur. C'est peut-être précisément ceci qui est exorbitant : qu'un enfant appartienne déjà par sa naissance à la sphère politique avec toutes les prérogatives d'un roi, ou d'une reine, alors même qu'il est encore un enfant. Dans le cas de la fille de Philippe II, cette situation difficilement pensable est résumée dans l'appellation d'*infante* qui la désigne, où se rencontrent l'enfance et la royauté.

De ce point de vue, « La Rose de l'Infante », comme « Le Petit Roi de Galice », est un poème politique. Non seulement, il montre la ruine d'un des plus puissants rois de la terre, qui voit vaincue son Invincible Armada, mais aussi il est tout entier construit pour aboutir à la clausule hautement politique qui est mise au dernier vers dans la bouche de la duègne de la petite infante : « Tout sur terre appartient aux princes, hors le vent[21] ». C'est la morale du poème, la leçon donnée à la fille de Philippe II, et, à travers elle, à tous les rois du monde.

---

20 *La Légende des Siècles*, « La Rose de l'Infante », v. 43-52.
21 *La Légende des Siècles*, « La Rose de l'Infante », v. 248.

## RÉVOLUTION, ROYAUTÉ

L'invention des deux personnages d'enfants rois du « Petit Roi de Galice » et de « La Rose de l'Infante » est une réaction à l'idée d'un enfant roi criminel, telle qu'elle était spectaculairement mise en scène au début de *La Pitié suprême.* À la figure de Louis XV, enfant cédant à la tentation du pouvoir absolu sous l'influence détestable de son gouverneur, est opposée la double figure de l'innocence du petit roi et de la petite infante. Grâce à eux une autre histoire, qui ne soit pas l'expression de la tyrannie, est possible. Une histoire en tout cas qui ne conduise pas à de telles violences qui aboutissent à une révolution. En effet, dans l'imaginaire historique et politique de Hugo le règne de Louis XV a capitalisé les crimes des règnes précédents et son propre règne a ajouté des crimes encore plus grands et plus nombreux. Les enfants rois innocents, au contraire, sont les gages d'une royauté à laquelle sera épargnée la révolution, plus précisément la violence révolutionnaire. Avec eux s'inaugurera une nouvelle ère de l'histoire, celle qui sera véritablement progrès. Cette conception de l'enfant roi promu garant d'un nouveau rapport à l'histoire s'inscrit dans une configuration plus vaste que Hugo a mise en place à l'automne de 1858, un an exactement après *La Pitié suprême*, en écrivant le grand poème du « Sacre de la femme ». L'importance de ce poème est capitale pour la compréhension de ce qui se joue dans « Le Petit Roi de Galice » et « La Rose de l'Infante », et, à travers eux, pour la compréhension de la nouvelle conception de l'histoire qui se dessine. Nous nous arrêterons un peu dessus.

Après toute une période consacrée à retourner dans tous les sens les questions du crime, du châtiment, de l'expiation et de la violence, après avoir imputé à la perversion de l'innocence de l'enfant roi, Louis XV, les causes mêmes de la Révolution, après, plus généralement, avoir centré toute sa réflexion politique et historique sur la Révolution, en faisant d'elle l'époque apocalyptique où « le sablier des temps » s'est retourné, Hugo renonce en octobre 1858, à faire de la Révolution française l'événement majeur de l'histoire humaine. La grave maladie qui l'a affecté pendant l'été l'a arraché au ressassement historico-politique qui était le sien depuis de longs mois, au moins en le contraignant, du fait de son alitement, à une totale immobilité, l'empêchant en particulier d'écrire. Quand cette douloureuse maladie est terminée, suffisamment grave pour avoir mis sa vie en réel danger, Hugo célèbre son retour au monde en écrivant le poème le plus lumineux qui soit, « Le Sacre de la femme », où sont évoqués les jours de l'Éden primitif, quand Adam et Ève, dans l'harmonie bienheureuse des premiers temps, connaissaient l'innocence du commencement, le commencement absolu du monde en sa nouveauté. Thématiquement les flots de lumière qui sont déversés avec une profusion et une générosité inouïes viennent conjurer les ténèbres de *La Révolution*, du *Verso de la page* et de *La Pitié suprême* ; c'en est fini désormais de la nuit de l'histoire. Un autre commencement à l'histoire est possible, qui aurait l'avantage d'être le commencement parfait, absolu, et qui serait hors de la temporalité ruineuse dans laquelle auparavant s'organisaient difficilement les événements. Historiquement et politiquement, l'exécution de Louis XVI n'est plus considérée comme le trauma historique dont est sorti le XIX^e siècle. C'était une fausse origine, comprend-on, et de fait cette nuit du 21 janvier 1793 au cours de laquelle on voyait les choses effrayantes racontées dans *La Révolution* était de nature apocalyptique ; au contraire, avec « Le Sacre de la femme », l'Apocalypse est congédiée au profit de la Genèse. Le titre du poème est à cet égard explicite : à la détronisation du dernier roi se substitue, avec « Le Sacre de la femme », l'intronisation de la « mère des peuples[22] ». De la sorte se produit un renversement complet des choses dès lors qu'est donné désormais au monde un nouveau commencement qui a nom Ève. Ce renversement a de multiples conséquences. Parmi elles, les plus importantes dans notre perspectives sont la substitution d'une temporalité à une autre, ce qui se traduit notamment par l'éviction de la Révolution hors du discours historique et de la courbe même de l'histoire, avec, comme contrepartie paradoxale que le recueil censé donner un tableau d'ensemble de l'histoire humaine, *La Légende des Siècles*, présentera une lacune singulière, celle de cet événement historique climatérique. L'autre conséquence, peut-être plus radicale encore, est la réorientation profonde de la conception de l'histoire qui jusqu'à présent était celle de Hugo : à une histoire qui mettait en œuvre la masculinité d'un pouvoir oppressif se substitue une histoire qui s'écrit désormais sous le signe du féminin.

---

22 *La Légende des Siècles*, Préface, p. 72.

Conversion en cela très proche de celle que Michelet opère à la même époque, en se tournant vers la nature et vers la femme, chez lui c'est tout un[23]. Le féminin, dans l'esprit de Michelet comme dans celui de Hugo, est l'expression d'une naturalité ; spécialement, ils essaient l'un et l'autre, en ces années du Second Empire où l'histoire a perdu la positivité qui avait pu être la sienne auparavant, dans les années 1820-1830, d'inventer une autre histoire, du moins un autre modèle de l'histoire, qui, par exemple, ferait l'économie de la Révolution. Pour Michelet, celle-ci est derrière lui, il en a écrit l'histoire ; pour Hugo, un temps, elle a été perçue comme ce qui permettrait de refonder le présent dans son passé héroïque : ce ne fut pas concluant. De là, chez l'un et l'autre, l'idée d'une refondation de l'histoire dans ce qui lui est apparemment le plus étranger, la naturalité, et tout particulièrement la naturalité comme expression du féminin de l'histoire. Conception audacieuse, qui a pour effet de modifier du tout au tout le rapport à l'histoire. On en a une illustration éclatante avec les livres d'histoire naturelle de Michelet, et chez Hugo avec *La Légende des Siècles*. À partir de ce recommencement de l'histoire, de cette refondation de l'histoire, quelque chose d'autre est maintenant possible. Ce dont témoigne la présence de ces enfants rois qui ont arrêté notre attention. Ils font la preuve poétique et politique que cette autre conception de l'histoire peut éviter les désastres précédents.

Les poèmes du « Petit Roi de Galice » et de « La Rose de l'Infante », avec *La Pitié suprême* en contrepoint, présentent de nombreuses similitudes entre eux et s'inscrivent dans la même problématique de l'enfance et du pouvoir royal. Ils pourraient laisser croire que l'histoire grâce à eux s'est engagée sur une autre voie, celle qui mène triomphalement au bonheur des peuples. Ce serait se faire une mauvaise idée du jugement de Hugo en la matière. Car si « Le Sacre de la femme » à l'automne de 1858 réoriente puissamment sa conception de l'histoire, Hugo, un an plus tard, au moment où il travaille à l'organisation de son livre, nuance assez nettement l'euphorie que pouvait susciter l'introduction d'enfants rois, en plaçant juste après « Le Sacre de la femme » le poème de « La Conscience », écrit en 1853, dont le héros est Caïn, le premier criminel de l'histoire. Sa présence en cet endroit du livre est d'autant plus significative que le poème du « Sacre de la Femme » se terminait par le vers :

---

23 Voir *infra* « La royauté de l'insecte », p. 127-151.

Et, pâle, Ève sentit que son flanc remuait.

Était annoncée ainsi la naissance à venir de Caïn et de cette façon se manifestait au sein même de cet Éden lumineux et resplendissant d'innocence la fêlure de l'histoire. Avec Caïn commence véritablement l'histoire, c'est-à-dire le crime, la violence, la mort. « La Conscience », en faisant suite au « Sacre de la femme », tempère, non sans une cruelle ironie, l'optimisme d'un recommencement de l'histoire.

## PRINCE, ROI

L'histoire elle-même ne peut pas être qu'une construction intellectuelle. Elle a, que Hugo le veuille ou non, une réalité, et il est le premier à en avoir conscience, et il est tout sauf naïf. L'agencement structural de *La Légende des Siècles* qui fait suivre « Le Sacre de la femme » par « La Conscience » en est la preuve. Eût-il oublié cette réalité de l'histoire, que celle-ci ne cessait de se rappeler à lui, ne serait-ce que parce qu'il était en exil et qu'au pouvoir se trouvait un des descendants de Caïn en ligne directe. Dans le quotidien historique était intervenu aussi un événement qui n'est pas dénué d'importance et dont on n'a pas jusqu'à présent tenu compte. Cet événement, si on se place du côté de l'histoire dans son événementialité, pour ainsi dire, et non plus du seul point de vue de la philosophie de l'histoire, permet de comprendre dans toutes ses implications le travail poétique auquel s'est livré Hugo durant ces années 1856-1859.

Quel est cet événement ? la naissance le 16 mars 1856 aux Tuileries du prince impérial, Louis Napoléon Eugène Jean Joseph, fils de Napoléon III et de son épouse Eugénie. Heureux événement, selon la formule consacrée, et d'autant plus heureux qu'il assurait au pouvoir impérial l'espérance, sinon l'assurance d'une continuité dynastique. Événement calamiteux, au contraire, pour les républicains, qui voyaient l'Empire s'installer dans la durée et le coup d'État trouver une légitimité au moins héréditaire. De cette naissance il n'est fait nulle mention de la part de Hugo, ni dans sa correspondance, ni dans ses carnets. À la date du 16 mars, il écrit juste ces quelques lignes : « Dimanche 16 mars, paix conclue ou prête à se conclure. J'ai écrit à Schœlcher : cet homme étant de ces pouvoirs hideux qui se corrompent d'eux-mêmes, peu importe le vent qui souffle ; et paix ou guerre, tout hâte à la putréfaction. Il tombera un de ces quatre matins par sa gangrène naturelle… Patience donc. / Cela ne doit pas nous empêcher d'accélérer le dénouement et d'aider la nature[24] ». Ce qui importe, c'est, aux yeux de Hugo, la fin de la guerre de Crimée et, à venir bientôt, sa conclusion diplomatique (ce sera le Congrès de Paris, et la signature d'un traité le 30 mars). Outre qu'il est peu vraisemblable, et même carrément impossible, que Hugo ait eu su, à Guernesey, le 16 mars, le jour même, la naissance d'un prince impérial, il n'y a eu aucune réaction publique de sa part, et l'on ne trouve rien d'ailleurs de ce genre dans les *Actes et paroles*. Pourtant, cette naissance n'a pas été indifférente à Hugo, elle est même l'un des éléments non négligeables de *La Légende des Siècles*. Notre hypothèse est que, durant les années 1856-1859, où s'écrivent les *Petites Épopées*, puis *La Légende des Siècles*, le petit prince impérial aura constitué un motif courant tout au long du texte et qu'il aura contribué à la genèse de celui-ci, tout en en éclairant la signification. La principale des retombées de cet événement est la présence dans l'œuvre de Hugo de cette époque de ces figures d'enfants rois que nous venons d'isoler.

Ouvrons une parenthèse pour préciser qu'il n'est aucunement dans notre intention de verser cet événement, somme toute mineur, au dossier du contexte de *La Légende des Siècles*. Car c'est moins de *contexte* qu'il s'agit que de *co-texte*, c'est-à-dire l'ensemble de toutes les références textualisées qui interviennent dans le processus d'écriture, ces références elles-mêmes passant successivement du statut d'information, puis à celui d'indice et enfin à celui de valeur[25]. Pour autrement dire, la présence du prince impérial dans le texte de Hugo est de l'ordre de la métaphore, ou, plutôt, pour éviter l'idée de transposition qu'implique ce terme de métaphore

---

24 B.N., naf 13. 397, f. 100, cité par Pierre Angrand, *Victor Hugo raconté par les papiers d'État*, Gallimard, 1961, p. 184. – La lettre mentionnée à Schœlcher a disparu, elle ne se trouve pas en tout cas dans la *Correspondance* Hugo-Schœlcher, impeccablement établie par J. et Sh. Gaudon (Victor Hugo-Victor Schœlcher, *Lettres*, Flohic Éditions, 1998).

25 Pour une définition sociocritique de ces concepts, voir Claude Duchet, « La mise en texte du social », in *Balzac et La Peau de chagrin*, SEDES, 1979, p. 79 et Régine Robin, « Pour une sociopoétique de l'imaginaire social », in *La Politique du texte*, Presses universitaires de Lille, 1992, p. 92.

et qui risque de conduire à la théorie du reflet de triste mémoire, elle est de l'ordre de l'anamorphose, de la distorsion de la réalité en une représentation relevant au bout du compte de la fiction.

Les enjeux de cette fiction qui s'élabore en 1857-1859 à partir de la figure d'enfants rois est politique. Inventer de tels personnages est avant tout un moyen pour le républicain Hugo de conjurer l'effet désastreux de la naissance d'un prince impérial qui assure au régime, au moins dans l'imaginaire, la stabilité dynastique d'un règne. À un fils d'empereur qui contribue à garantir à son père l'espoir d'un exercice du pouvoir s'installant dans le temps Hugo oppose le fils de roi qui échappe à la fatalité d'une royauté héréditaire, soumise à l'entropie politique la transformant en tyrannie. Le renversement auquel procède Hugo permet de sauver l'enfance de l'enfant roi, dans ce que cette enfance a de positivité attachée à elle, et, par-delà, de sauver la royauté elle-même en la refondant dans l'innocence de l'enfance. En cela c'est un très singulier républicanisme que Hugo élabore, puisque c'est à partir de l'imaginaire royal qu'il procède, comme si cet imaginaire constituait un modèle poétique et philosophique, – mais non pas politique. Pour Hugo, la royauté d'un enfant, dans l'innocence que cela implique à ses yeux, est l'expression d'un pouvoir idéal.

Ce n'est pas pour autant, sans jouer sur les mots, une conception idéaliste des choses. Au contraire, cette idéalisation de la royauté tire son origine de la réalité même de l'histoire en ces années 1856-1859, que caractérise la toute-puissance de Napoléon III. (Celui-ci est même tellement assuré de maîtriser la situation politique qu'il se paie le luxe d'accorder le 15 août 1859 une amnistie qui autorise tous les proscrits à rentrer en France.) Inventer de la part de Hugo la fiction d'une royauté idéale dont le prince serait un enfant revient, selon une espèce de passage à la limite qui est le propre de sa pensée à partir de l'exil, à retourner philosophiquement les menaces politiques liées à la perpétuation dynastique du pouvoir impérial en promesses d'avenir.

Dans un premier temps, il est vrai, la positivité d'une telle royauté s'emblématisant dans un enfant roi n'a pas été trouvée, au contraire. Le premier enfant roi qui s'est présenté à l'esprit de Hugo, c'est Louis XV tenté par Villeroy et succombant à la tentation. Il serait sans doute abusif d'avancer que la présence de cette figure royale toute négative de Louis XV résulte fantasmatiquement de la naissance du petit prince impérial : elle résulte surtout de la réflexion angoissée de Hugo sur l'histoire qui se lit dans les trois poèmes de *La Révolution*, *Le Verso de la page* et *La Pitié suprême*, mais il n'empêche que cette naissance a mis en mouvement, symboliquement au moins, toutes sortes de rêveries historiques et politiques de la part de Hugo. Ce qui est certain, c'est que, au terme du processus d'écriture de *La Légende des Siècles*, resurgit la figure du pire criminel, le fratricide Caïn. Un enchaînement assez capricant se laisse dégager : de la naissance du prince impérial, fils de Napoléon III-Caïn, à Louis XV enfant, puis de Louis XV enfant aux deux enfants rois de *La Légende des Siècles*, avec conclusion (provisoire) sur Caïn, fils d'Ève. Cet enchaînement a sa logique, il est souple et susceptible de multiples ajouts et modifications, nous allons le constater immédiatement. Au point où nous sommes parvenu, contentons-nous de signaler que la logique historique, mythique et politique qu'il suggère dans les pointillés de son tracé relève d'une sorte d'imaginaire idéologique mouvant, en quête d'une improbable stabilité. Qu'un tel imaginaire soit instable n'est pas étonnant, du fait qu'il se déploie au gré des variations énonciatives liées à la forme des œuvres dont il est la substance : discours didactiques, petites épopées, et bientôt roman.

## LE SACRE DU GAMIN

Le motif de l'enfant roi ne disparaît pas du texte hugolien une fois *La Légende des Siècles* achevée. Au contraire, il semble que Hugo ait voulu tirer toutes les conclusions du passage à la limite constituée par la figure de l'enfant roi dans l'ouvrage qui suit immédiatement, *Les Misérables*, et même dès avant la reprise du roman le 30 décembre 1860. En effet, dans un carnet de travail acheté au printemps de 1859[26], qui contient de nombreuses pages consacrées à l'un des derniers poèmes de *La Légende*

26 B.N. naf 13. 357. Des extraits importants de ce carnet ont été publiés par René Journet et Guy Robert dans leur *Contribution aux études sur Victor Hugo*, t. I, Les Belles-Lettres, Annales littéraires de l'Université de Besançon, 1979, en particulier p. 75-84 (*La Légende des Siècles*) et p. 85-87 (*Les Misérables*). – Il est fort possible que ces passages des *Misérables*, fussent-ils écrits dans un carnet acheté en 1859, datent pour leur part de 1860.

*des Siècles*, « Plein Ciel », ainsi que des ébauches de *La Fin de Satan*, se trouve un développement très substantiel de la conversation entre M$^{gr}$ Bienvenu et le conventionnel G. Cette ébauche sera reprise presque *verbatim* dans *Les Misérables*, à quelques ajouts près qui n'en modifient pas la teneur. On se rappelle que le saint évêque, ayant appris qu'un vieux 93 était en train de mourir, se rend, à contrecœur, auprès de lui. Ils ont entre eux une discussion serrée sur la Révolution, et notamment sur son épisode terroriste. De manière prévisible, l'évêque, parmi les crimes de la Terreur, isole la mort de Louis XVII, l'orphelin du Temple. Il s'attire cette réponse du conventionnel :

> Louis XVII ! voyons. Sur qui pleurez-vous ? est-ce sur l'enfant innocent ? alors soit, je pleure avec vous. Est-ce sur l'enfant royal ? je demande à réfléchir. Pour moi le frère de Cartouche, enfant innocent, pendu sous les aisselles en place de Grève jusqu'à ce que mort s'ensuive, pour le seul crime d'avoir été le frère de Cartouche, n'est pas moins douloureux que le petit fils de Louis XV, enfant innocent, martyrisé dans la tour du Temple pour le seul crime d'avoir été le petit-fils de Louis XV[27].

L'évêque regimbant contre le rapprochement entre Louis XV et Cartouche, le conventionnel revient à la charge :

> Ah ! monsieur le prêtre, vous n'aimez pas les crudités du vrai. Christ les aimait, lui. Il prenait une verge et époussetait le temple. Son fouet plein d'éclairs était un rude diseur de vérités. Quand il s'écriait : *Sinite parvulos*, il ne distinguait pas entre les petits enfants. Il ne se fût pas gêné pour rapprocher le dauphin de Barrabas du dauphin d'Hérode. Monsieur, l'innocence est sa couronne elle-même. L'innocence n'a que faire d'être altesse. Elle est aussi auguste déguenillée que fleurdelysée[28].

Il n'a ensuite aucun mal à conclure par ces mots :

> Vous m'avez nommé Louis XVII. Entendons-nous. Pleurons-nous sur tous les innocents, sur tous les martyrs, sur tous les enfants, sur ceux d'en bas comme sur ceux d'en haut ? J'en suis. Mais alors, je vous l'ai dit, il faut remonter plus haut que 93, et c'est avant Louis XVII qu'il faut commencer nos larmes. Je pleurerai sur les enfants des rois avec vous, pourvu que vous pleuriez avec moi sur les petits du peuple.

---

27 *Les Misérables*, I, I, 10 (I, 135).

28 *Les Misérables*, I, I, 10 (I, 136), ainsi que la citation suivante.

Les trois extraits que nous venons de citer proviennent des *Misérables*. Par rapport à la version primitive du carnet, ils sont un peu plus étendus. La seule allongeaille significative est l'introduction de ce qui correspond à notre deuxième extrait ; dans le carnet Hugo passait directement du « seul crime d'avoir été le petit-fils de L[ouis] XV » à « sur les petits du peuples avec moi », laissant ensuite en suspens la notation : « L'innocence n'a que faire d'être altesse. Elle est aussi auguste que fleurdelysée ». Ne voulant pas laisser se perdre ces deux belles phrases, Hugo a fait d'elles la clausule de l'actuel deuxième paragraphe et les a fait précéder d'une référence évangélique sur les petits enfants (« *parvulos* »), introduisant, à la faveur de cette référence, la figure du dauphin, de l'enfant roi. On peut ici mesurer le chemin parcouru par Hugo en 1859-1860 depuis l'automne de 1857, lorsqu'il faisait dans *La Pitié suprême* le récit de la tentation de Louis XV enfant. Louis XV enfant est toujours bien présent, mais en compagnie maintenant de Louis XVII, son petit-fils, et du frère de Cartouche : dans l'enfance se résorbent et s'annulent les différences sociales et politiques les plus extrêmes : d'un côté, les deux dauphins, de l'autre, le frère d'un bandit de grands chemins.

Le modèle historique auquel recourt Hugo dans le texte de cette discussion est de nature généalogique. C'est une constante chez lui, et on pensera à l'usage en quelque sorte extrémiste qu'il en a fait dans *Les Burgraves*. C'est le cas ici également, mais il prend une autre signification dans le contexte immédiat de *La Pitié suprême* et de *La Légende des Siècles*. Dans ces deux œuvres le modèle généalogique était d'ordre métonymique ; il est maintenant d'ordre métaphorique, comme le montre, par exemple, l'emploi du mot « dauphin » appliqué aussi bien à Louis XVII qu'au fils de Barrabas. Cela tient à ce que maintenant, dans le cadre d'une démonstration où tous les éléments sont mis en perspective les uns avec les autres, il importe d'établir des rapports de sens beaucoup plus serrés. Parallèlement, un élément argumentatif est introduit dans cette discussion pied à pied entre un évêque royaliste et un conventionnel républicain : la Révolution, et dans sa référence la plus radicale, 93. Cet élément permet d'établir les rapports et d'opérer la mise en perspective des différentes figures d'enfants présentes dans le débat (Louis XVII, le frère de Cartouche, les *parvuli*, etc.). Hugo reviendrait-il à l'automne de 1857, quand l'obsédait le mystère opaque de la Révolution ? en aucune façon : la référence à la Révolution prend place non pas dans une rêverie politique hallucinée, mais dans un discours romanesque qui essaie, par la prose, de dégager une intelligibilité rationnelle. De ce point de vue il est révélateur de cette volonté de soumettre l'histoire à la logique non de la poésie, mais du roman, que Hugo reprenne le texte de son roman par la question de la Révolution, par la question de l'intelligibilité du phénomène révolutionnaire.

Cette question est liée directement à la figure des enfants rois. Bientôt sera introduit le personnage d'enfant roi du roman, Gavroche, durant la période de reprise et d'achèvement des *Misérables*, en 1861, lorsque Hugo travaillera à refonder et à terminer son roman. En la personne de Gavroche se conjoindront alors la triple référence à l'enfance, la royauté et la révolution. Non seulement révolution et royauté cesseront de s'opposer entre elles, mais se confondront. C'est un des effets induits de l'invention en 1857 de cette figure d'enfant roi, exerçant son pouvoir ou destiné à l'exercer en préservant les vertus de l'enfance ; effet induit également de la réorientation de l'histoire sur la voie d'une naturalité ; effet induit enfin de la réintroduction de la référence révolutionnaire, dans le discours politique du conventionnel qui rappelait 93 comme dans le personnage de Gavroche, incarnation d'une *autre* révolution, qui désigne la république comme l'horizon vers lequel tend la royauté de l'enfant roi.

Gavroche existe bien avant la reprise des *Misérables*, mais pas sous ce nom, et il est plus une esquisse qu'autre chose[29]. En particulier la grande physiologie du gamin (« Paris étudié dans son atome », livre inaugural de la III^e^ partie du roman) dans laquelle il prendra place est à peine ébauchée. Nous n'entrerons pas dans les détails, très nombreux et très complexes, de la constitution génétique et poétique du personnage ; nous nous en tiendrons à la seule perspective de l'enfant roi. Car c'est, en la personne de Gavroche, que se fixe définitivement l'imaginaire royal de l'enfance tel qu'il s'est élaboré depuis 1857, il est un avatar des enfants rois rencontrés précédemment dans *La Légende des Siècles* et dans l'ébauche du chapitre « L'évêque en présence d'une lumière inconnue ».

Gavroche est un enfant roi, et il l'est à plus d'un titre. Avant tout, par la symbolique politique et historique dans lequel il inscrit sa présence.

29 Sur Gavroche, voir l'admirable étude de Jacques Seebacher, « Le tombeau de Gavroche, ou Magnitudo parvuli », in *Lire « Les Misérables »*, sous la direction de Guy Rosa et d'Annie Ubersfeld, José Corti, 1985, p. 191-203 (repris dans *Victor Hugo ou le calcul des profondeurs*, PUF, « Écrivains », 1993, p. 221-232).

Un chapitre à cet égard est essentiel, « Gavroche en marche », qui raconte la rencontre du gamin avec quatre commères, trois portières et une chiffonnière, se lamentant sur les malheurs des temps et évoquant en particulier trois enfants rois ayant eu des malheurs, Louis XVII, le roi de Rome et le duc de Bordeaux[30]. Clairement Gavroche prend place dans cette série d'enfants rois, et d'ailleurs tombant au beau milieu de ce quatuor de sorcières parisiennes autant que shakespeariennes[31], c'est la royauté d'un nouveau Macbeth que Hugo implicitement prédit pour le petit gueux. Les amalgames en ce qui concerne Gavroche sont multiples. S'il est, pourquoi pas, un frère symbolique de Nuño, et de ce fait a à voir avec le prince impérial, tant il est clair que ce personnage de Gavroche à haute teneur symbolique rassemble en lui-même des références disparates. Par exemple, si, logeant dans l'éléphant de la Bastille, « le petit Gavroche tire parti de Napoléon le grand[32] » il est, à sa façon, l'héritier misérable du « membre de l'institut, général en chef de l'armée d'Égypte[33] ». Etc.

D'un autre côté, Gavroche est la figuration du peuple : en lui se mêlent « la vieille âme de la Gaule[34] », dont Rabelais est le représentant[35], et « la vieille âme des géants[36] », dont Cambronne est le héros. Cela fait du gamin l'expression quasi mythique du peuple, mais d'un peuple à l'état d'enfant, innocent et pur de toute violence et de tout débordement. Le gamin porte en lui toutes les promesses de l'avènement du peuple comme sujet de l'histoire, mais sans qu'il soit entaché des possibles corruptions que connaissent les prolétaires à l'âge adulte. Ainsi Gavroche, fils du détestable Thénardier, « le mauvais pauvre[37] », échappe à un prévisible destin criminel et conserve son innocence d'enfant, au prix de sa vie, il est vrai. Au terme de son portrait philosophique et ethnologique du petit gueux, Hugo formule

30 Pour un commentaire de ce chapitre, voir notre ouvrage, *Gavroche. Étude sur « Les Misérables »*, SEDES, 1994, p. 121-132.

31 *Les Misérables*, IV, XI, 2 (II, 455-459). – Deux des titres envisagés pour ce chapitre sont parlants : « Digne de Macbeth » et « Digne d'un crépuscule où passerait le thane de Glamis ».

32 *Les Misérables*, IV, VI, 2 (II, 290).

33 *Les Misérables*, IV, VI, 2 (II, 302).

34 *Les Misérables*, III, I, 9 (I, 824).

35 *Les Misérables*, III, I, 3 (I, 812).

36 *Les Misérables*, II, I, 15 (I, 515).

37 *Les Misérables*, III, VIII (II, 20-131).

sa conclusion en deux phrases complémentaires l'une de l'autre : « Pour tout résumer encore, le gamin de Paris aujourd'hui, comme autrefois le græculus de Rome, c'est le peuple enfant, ayant au front la ride du monde vieux[38] », et : « Quant au peuple parisien, même homme fait, il est toujours le gamin ; peindre l'enfant, c'est peindre la ville ; et c'est pour cela que nous avons étudié cet aigle dans ce moineau franc[39] ». Le gamin de la sorte apparaît comme la figure du peuple, « à la fois réaliste et symbolique[40] ». Incarnation du peuple, il est dans la logique des choses qu'il soit révolutionnaire. Littéralement et dans tous les sens, il est un sans-culotte : « Il y a deux choses dont il est le Tantale et qu'il désire toujours sans y atteindre jamais : renverser le gouvernement et faire recoudre son pantalon[41] ». En juillet 1830, « quand on s'est disputé avec Charles X[42] », il entre en possession d'un fusil, et lors des journées des 5 et 6 juin 1832, il est la « mouche de l'immense Coche révolutionnaire[43] ».

On peut donc constater que dans le personnage de Gavroche se conjuguent des références aussi bien royales que populaires. C'est une différence par rapport à ce qui se passait dans *La Légende des Siècles*, où seules se repéraient des références royales, mais aucunement populaires. Partant d'un modèle politique qui associe royauté et enfance, il semble que Hugo avec *Les Misérables* soit allé au bout de la logique qu'il mettait en œuvre quelques années auparavant en associant royauté idéale et enfance. Dans *Les Misérables*, il convertit la royauté idéale de l'enfant roi en républicanisme de l'avenir. Par la suite, la royauté des enfants rois ne sera plus que symbolique. On ne rencontre plus, en effet, d'enfants rois qui soient des fils ou des filles de rois, et tout a lieu comme si désormais la dimension royale s'étendait sans aucune distinction à tous les enfants. On pensera principalement aux trois enfants de *Quatrevingt-Treize*, les petits Fléchard, enfermés dans la Tourgue, qui représentent tout l'avenir républicain du roman. L'affreux Imânus, en mettant le feu à la Tourgue, a cette parole significative : « Je venge, sur leurs petits, notre petit à

38 *Les Misérables*, III, i, 10 (I, 825).
39 *Les Misérables*, III, i, 12 (I, 831).
40 Jacques Seebacher, Introduction aux *Chansons des rues et des bois*, Flammarion, « GF », 1966, p. 28.
41 *Les Misérables*, III, i, 8 (I, 823).
42 *Les Misérables*, IV, xii, 4 (II, 495).
43 *Les Misérables*, IV, xii, 4 (II, 493).

nous, le roi qui est au Temple[44] », mais il est évident que son propos est celui d'un homme du passé, aveuglé par ses partis pris idéologiques et incapable de comprendre que l'ordre du monde a changé. C'en est maintenant fini des enfants rois. Au moment où Hugo achève son dernier roman, la république est sur le point de s'imposer et la royauté commence à s'effacer.

## ROYAUTÉ, RÉPUBLIQUE

Selon une sorte de hasard objectif, le dernier enfant roi de l'histoire de France, Henri V, pour les légitimistes, c'est-à-dire le duc de Bordeaux, « l'enfant du miracle », né en 1820, après la mort de son père (le duc de Berry, assassiné par Louvel), ayant pris par la suite le titre de comte de Chambord, fait précisément retour à cette époque où Hugo écrivant *L'Année terrible* et s'apprêtant à enfin entreprendre *Quatrevingt-Treize*, différé, retardé depuis longtemps. Le régime de Napoléon III étant tombé dans l'infamie de Sedan, la question du nouveau pouvoir à instaurer en France se pose. Elle est un temps ajournée du fait des circonstances (siège de Paris, capitulation, Commune), mais sitôt la situation un peu stabilisée elle revient. Deux possibilités sont envisageables : la république ou la restauration de la monarchie. En ce dernier cas le comte de Chambord est le prétendant légitime, et la majorité de la Chambre est acquise à la royauté. Rien ne s'opposerait à ce que les Bourbons, une troisième fois, reviennent au pouvoir. Rien, sauf le prétendant lui-même qui dans une lettre du 8 juillet 1871 déclare rester fidèle au drapeau blanc : « Je l'ai reçu comme un dépôt sacré du vieux roi mon aïeul, mourant en exil ; il a toujours été pour moi inséparable du souvenir de la patrie absente ; il a flotté sur mon berceau, je veux qu'il ombrage ma tombe ». En ces circonstances Hugo lui adresse un poème, « À Henri V » ; en voici le texte :

> J'étais adolescent quand vous étiez enfant ;
> J'ai sur votre berceau fragile et triomphant
> Chanté mon chant d'aurore ; et le vent de l'abîme

44 *Quatrevingt-Treize*, C.F.L., XV, 468.

Depuis nous a jeté chacun sur une cime,
Car le malheur, lieu sombre où le sort nous admet,
Étant battu de coups de foudre, est un sommet[45].

Confrontation de Hugo et d'Henri V :

Le gouffre est entre nous comme les deux pôles.
Vous avez le manteau de roi sur les épaules
Et dans la main le sceptre éblouissant jadis ;
Moi, j'ai des cheveux blancs au front, et je vous dis :
C'est bien. L'homme est viril et fort qui se décide
À changer sa fin en un fier suicide ;
Qui sait tout abdiquer hormis son vieil honneur ;
Qui cherche l'ombre ainsi qu'Hamlet dans Elseneur,
Et qui se sentant grand surtout comme un fantôme,
Ne vend pas son drapeau même au prix d'un royaume.
Le lys ne peut cesser d'être blanc. Il est bon,
Certes, de demeurer Capet, étant Bourbon ;
Vous avez raison d'être honnête homme. L'histoire
Est une région de chute et de victoire
Où plus d'un vient ramper, où plus d'un vient sombrer.
Mieux vaut bien en sortir, prince, qu'y mal entrer.

Le titre du poème est en lui-même intéressant, il renvoie à la période des débuts de la monarchie de Juillet, lorsque, Charles X et Louis XIX (le duc d'Angoulême) ayant abdiqué, c'est le petit-fils du dernier roi qui porte le titre de Henri V. Façon de dire pour Hugo que ce prince appartient désormais au passé et qu'il n'a aucun avenir. Le poème, quant à lui, n'est pas une attaque satirique contre le comte de Chambord ; c'est un poème noble, un peu compassé, passablement oratoire et légèrement pontifiant, comme ce qu'écrit Hugo à son retour d'exil, mais aucunement agressif, bien au contraire. Hugo, rappelant leur commun passé d'exilés, établit une belle relation de malheurs entre le prétendant et lui, et prend acte de la fidélité du prétendant à ses convictions royales et royalistes. Deux ans plus tard, en 1873, tous les espoirs d'une restauration monarchique s'envoleront pour les royalistes quand sera votée la loi du septennat ; c'en est alors fini de la royauté en France.

45 *L'Année terrible*, « À Henri V », Michel Lévy, 1872, p. 297-298. – Deux autres poèmes de *L'Année terrible* dénoncent un retour à la royauté comme une impossibilité historique et politique, « Aux rêveurs de monarchie » p. 137-138, « Philosophie des sacres et couronnements », p. 139-141.

Qu'est-ce qui a eu raison des velléités de restauration en 1871-1873 ? la fidélité du comte de Chambord à son héritage royal ? certainement, ainsi que, qu'on nous passe le mot, une très mauvaise gestion politique et politicienne des choses. En fait, la faute en est à Rousseau et à Voltaire, c'est-à-dire à Gavroche. Reportons-nous à la première mention du gamin dans le texte des *Misérables*, lors de l'épisode de la Noël de 1823, quand Jean Valjean vient arracher Cosette des mains des Thénardier. Citons le passage :

> Par intervalles, le cri d'un très jeune enfant, qui était quelque part dans la maison, perçait au milieu du bruit du cabaret. C'était un petit garçon que la Thénardier avait eu un des hivers précédents, – « sans savoir pourquoi, disait-elle ; effet du froid, » – et qui était âgé d'un peu plus de trois ans. La mère l'avait nourri, mais ne l'aimait pas. Quand la clameur acharné du mioche devenait trop importune : – Ton fils piaille, disait Thénardier, va donc voir ce qu'il veut. Bah ! répondait la mère, il m'ennuie. – Et le petit abandonné continuait de crier dans les ténèbres[46].

Comme nous sommes le 24 décembre 1823, et que le petit est « âgé d'un peu plus de trois ans », il est né à l'automne de 1820, vraisemblablement en septembre 1820, et encore plus vraisemblablement le 29 septembre 1820, le même jour que le duc de Bordeaux. L'un et l'autre sont deux enfants du miracle[47]. Le duc de Bordeaux, parce que sa naissance à venir a été annoncée par son père mourant, alors qu'on croyait, et l'assassin le premier, qu'avec la mort du seul Bourbon à pouvoir avoir des enfants, la dynastie n'avait plus d'héritier direct ; quant à Gavroche, sa naissance est elle aussi miraculeuse, il est né « effet du froid », dit sa mère. La réunion fraternelle de ces deux enfants, le futur gamin de Paris et le gamin roi[48], évidemment calculée de façon millimétrique par Hugo, va dans le sens de toute l'entreprise qui remonte à la création d'enfants roi en 1858-1859. Faire naître Gavroche le même jour que le duc de Bordeaux, c'est de la part de Hugo réaffirmer que l'avenir de la royauté est dans la personne d'enfants rois. En ce qui concerne Gavroche, cela se vérifie

46 *Les Misérables*, II, III, 1 (I, 559).

47 Là-dessus voir notre ouvrage, *Gavroche*, *op. cit.*, p. 67-68. À noter que les circonstances et la date implicite de sa naissance n'apparaissent pas avant l'exil, comme le montre l'édition critique du roman par Guy Rosa, consultable en ligne (Groupugo.div.jussieu.fr/Miserables/Default/htm).

48 Voir l'épigraphe de la présente étude.

parfaitement, mais, à la différence du petit roi de Galice ou de la petite infante, sa royauté à lui est celle du peuple et elle a nom république. En cela Hugo, par des chemins détournés, rejoint Chateaubriand. L'un des fantasmes politiques du noble vicomte, on s'en souvient[49], aurait été de faire de Henri V, l'héritier de la royauté légitime, le président de la République de l'avenir. L'épisode de la restauration manquée de 1871-1873 montre combien Hugo et Chateaubriand avaient raison. L'un des deux enfants du miracle de 1820 a renoncé à ses prétentions royales, et la république s'est installée. Mais là s'arrête la comparaison : cette république n'est pas celle de Gavroche et ne l'a jamais été ; il est également certain qu'elle l'aurait fusillé, si cela n'avait été fait le 6 juin 1832. Mais brisons là : l'histoire n'a pas forcément raison contre le roman, alors que l'inverse est toujours vrai.

---

49 Voir *Le roi est mort*, ch. 23, p. 700.

# MICHELET ET LA ROYAUTÉ DES INSECTES (1857)

## HISTOIRE/NATURE

Avec l'achèvement de l'*Histoire de la Révolution française* (1854), commence une nouvelle phase de l'œuvre de Michelet. Il lui faut alors reprendre l'*Histoire de France*, interrompue en 1843, quand le massif médiéval en avait été mené à bien. Cet « entre-deux », ainsi que l'appelle Michelet lui-même, couvre donc toute la période qui s'étend de la Renaissance à la Révolution. Ces trois siècles à raconter constituent en soi une difficulté ; qu'ils s'articulent sur la Révolution avec laquelle s'achève l'histoire de la monarchie qu'ils racontent est une autre difficulté, encore plus redoutable que la précédente, car c'est une difficulté pas seulement matérielle et intellectuelle, mais politique et philosophique. En quoi ? en ce que la fin est déjà connue, et que cette fin historiquement n'augure rien de bon puisque le processus révolutionnaire ne s'est pas terminé de manière satisfaisante. La Révolution a bien été faite, la liberté a triomphé, la république proclamée et la France a triomphé de ses ennemis, mais à quel prix ! Deux ans de terreur (1793-1794) avec l'instauration de la tyrannie robespierriste. Celle-ci tombe et c'est sur cette chute que Michelet achève l'*Histoire de la Révolution*, mais avec la mort de Robespierre un extraordinaire retour en arrière se produit, à l'époque où il y avait des maîtres et des serviteurs[1]. Comme cette fin de la Révolution ne peut pas être modifiée, Michelet génialement invente donc un autre commencement pour cette histoire qui commençait au XVI^e^ siècle, et écrit la *Renaissance* et la *Réforme*, l'une et l'autre assimilées à une double révolution, ouvrant les temps modernes sur la liberté.

1 Voir *supra* p. 69.

Ces deux premiers volumes de l'*Histoire de France* à l'époque moderne ont ainsi pour effet de réinventer fantasmatiquement une histoire qui s'accorderait à la philosophie du progrès, selon une conception libérale qui est celle de Michelet. Autrement dit, comme la fin ne peut pas être changée, que ce soit le commencement qui soit changé. Sans doute ce commencement existe-t-il historiquement, mais il n'a pas été catastrophique comme l'a été la fin de la Révolution. Par une espèce de régression Michelet ressaisit la totalité de l'histoire moderne de la France et impose en somme une nouvelle fin à la Révolution, qui n'aboutisse pas à la scène désolante sur laquelle elle se termine. Ce scénario, si c'est celui de Michelet, est d'une grande audace d'historien, à moins qu'il ne soit parfaitement sophistique. Une chose est sûre en tout cas ; quand Michelet reprend son *Histoire de France*, il la refonde, les titres des deux premiers volumes sur le XVI^e^ siècle sont incontestablement significatifs. Au passage il est à remarquer qu'ils sont les seuls de leur espèce, les autres volumes porteront dans leur intitulé le nom d'un roi ou d'un règne, par exemple *Louis XV*, accompagné éventuellement d'un événement marquant, comme *Louis XIV et la révocation de l'édit de Nantes*. Il y a bien un volume ayant pour titre *Guerres de religion*, mais, outre que cet événement couvre plusieurs règnes, il est clair qu'il n'a pas la portée symbolique des titres de *Renaissance* et de *Réforme*. La reprise de l'*Histoire de France* dans ces conditions est non pas une continuation historique, mais un recommencement ; un nouveau départ, qui, au moins, doit permettre d'imaginer un cours plus positif que celui de l'histoire dans sa réalité.

Ce recommencement de l'*Histoire de France* est lui-même redoublé par une entreprise historique d'un genre tout à fait nouveau chez Michelet : l'écriture de livres d'histoire naturelle. Quatre sont écrits et publiés en une dizaine d'années : *L'Oiseau* (1856), *L'Insecte* (1858), *La Mer* (1861) et *La Montagne* (1867) ; on peut leur ajouter aussi *L'Amour*, *La Femme* et *La Sorcière*. Ces livres sont des livres d'histoire, mais leur historicité n'est pas celle de l'*Histoire de France* que Michelet écrit à la même époque. Il y a entre eux et les livres faisant le récit des XVI^e^, XVII^e^ et XVIII^e^ siècles une différence de régime d'historicité. Les uns envisagent l'histoire dans sa naturalité, indépendamment de ce qui caractérise ordinairement l'histoire, en l'occurrence les événements, alors que les autres, inversement s'attachent dans la tradition historiographique aux faits marquants ou supposés tels de l'histoire humaine (changements politiques, guerres, diplomatie, etc.). Les livres d'histoire naturelle, qui traitent des animaux ou des éléments, s'inscrivent dans une temporalité beaucoup plus large, non événementielle ; elle peut rencontrer l'histoire humaine, mais ce n'est pas une nécessité consubstantielle. Michelet, bien sûr, établit des liens entre cette histoire naturelle et l'histoire humaine, mais la rencontre de deux histoires qui, pour la plus grande part, sont en soi différentes, ne serait-ce que parce que l'histoire naturelle est bien antérieure à l'histoire humaine, est pour ainsi dire marginale ; celle-ci entre en relation avec celle-là tout récemment, le rapport de l'homme à la mer (pêche, thalassothérapie), par exemple, si on se réfère à l'ouvrage de 1861, est, à l'échelle du temps de la nature, extrêmement récent. Il ne s'agit pas d'une différence de durée mais d'une différence de temporalité, et, par-delà, d'essence. Avec ces livres d'histoire naturelle Michelet procède à une altération des catégories de l'historiographie traditionnelle, aussi bien en s'attachant à des objets ou des êtres comme les animaux, qui n'ont alors pas de place dans l'histoire telle qu'elle est pratiquée par les historiens, ou en envisageant l'histoire humaine selon des points de vue tout à fait nouveaux en ce domaine, comme l'amour ou le féminin. Cela ne correspond pas à ce que nous appelons aujourd'hui l'histoire des mentalités, mais plutôt à une histoire des imaginaires. C'est dans l'esprit de Michelet une histoire fondamentalement autre, notamment parce qu'elle s'attache à l'autre de l'histoire. Cet autre représente tout ce qui est ignoré par l'historiographie des historiens, dans leurs objets d'étude ; plus profondément, il représente ce qui, en raison de sa naturalité, échappe à une représentation de l'histoire conçue comme expression d'une rupture. Car Michelet rompt ici avec ce qu'il affirmait lui-même dans la première page de l'*Introduction à l'histoire universelle* (1831), où, ramenant l'histoire à l'affrontement de la nature et de la culture, il faisait incontinent le choix de la culture contre la nature et se lançait à la suite dans une vaste évocation de la civilisation humaine, de ses origines au XIX^e^ siècle. Même si deux ans plus tard il faisait un *Tableau de la France* (1833), cette description géographique n'avait qu'une fonction introductive à l'histoire du pays. Une vingtaine d'années plus tard, ce n'est plus du tout sous cet angle que l'histoire naturelle est abordée, mais en elle-même et pour elle-même.

Cet autre de l'histoire, Michelet lui donne le nom d'« *alibi*[2] ». Le mot signifie que l'histoire naturelle est un ailleurs de l'histoire ; il signifie aussi qu'elle est un refuge pour l'historien confronté aux abominations, aux crimes de l'histoire humaine. Or c'est précisément lorsqu'il entreprend d'écrire l'entre-deux des temps modernes, entre le Moyen Âge et la Révolution, que Michelet invente cette notion d'alibi et se tourne vers l'histoire naturelle. Cette invention a une double motivation, historique, plus exactement historienne, et politique. Motivation historienne : les livres d'histoire naturelle imposent, parallèlement à l'*Histoire de France*, l'image d'une histoire positive, qui ne soit pas soumise au mal et à l'injustice, mais constitue un modèle, en représentant un monde en harmonie avec lui-même, soumis aux principes et aux lois l'organisant. Motivation politique, liée étroitement à la précédente : le monde de la nature est exemplaire, même s'il peut être brutal et violent, ignore les horreurs de l'histoire humaine. La référence à la nature permettra de ce point de vue de dépasser les misères de l'histoire.

Michelet s'explique sur son projet dans la préface du premier livre d'histoire naturelle qu'il ait écrit, *L'Oiseau* ; y est raconté « comment l'auteur fut conduit à l'étude de la nature » (titre de l'Introduction) :

> L'histoire ne lâche point son homme. Qui a bu une seule fois à ce vin fort et amer y boira jusqu'à la mort. Jamais je ne m'en détournai même en de pénibles jours ; quand la tristesse du passé et la tristesse du présent se mêlèrent et que, sur nos propres ruines, j'écrivais 93, ma santé put défaillir, non mon âme, ni ma volonté. Tout le jour je m'attachais à ce dernier devoir, et je marchais dans les ronces. Le soir, j'écoutais (non d'abord sans effort) quelque récit pacifique des naturalistes ou des voyageurs. J'écoutais et j'admirais, ni pouvant m'adoucir encore, ni sortir de mes pensées, mais les contenant du moins et me gardant bien de mêler à cette paix innocente mes soucis et mon orage[3].

La conversion vers la nature n'est pas qu'une distraction ou un divertissement, ni non plus un délassement des fatigues de l'historien marchant dans les ronces ; elle est un ressourcement, qui, en éloignant apparemment de l'histoire l'historien, rend paradoxalement possible la poursuite

---

2 Sur cette notion d'alibi voir les travaux de Linda Orr, « Séjour dans les profondeurs », *L'Arc*, n° 52, 1973, et « L'éternel entracte : le temps de l'histoire naturelle », *RHLF*, sept-oct. 1974, et de Jacques Seebacher, « Michelet, l'histoire naturelle et la nature de l'histoire », in *Histoire littéraire de la France*, t. V, Éditions sociales, 1977.

3 Michelet, *L'Oiseau*, p. 46.

de son travail d'historien. La nature, si étrangère à ses préoccupations historiques, lui permet de les *contenir*. Ce verbe employé par Michelet est ambivalent : il dit le moyen de se garder, de se préserver des dangers qu'il éprouve en racontant l'histoire humaine, la nature l'aide à tenir cette histoire en lisière, mais le mot implique également que l'histoire humaine est englobée dans une configuration historique plus vaste, qui la dépasse et la transcende. Une dialectique entre histoire naturelle et histoire humaine se trouve ainsi fondée dans la personne même de l'historien, qui rassemble en lui ces deux postulations historiques.

Présentant ensuite son livre sur l'oiseau, il introduit alors l'idée d'*alibi* et la présente en ces termes :

> Celui-ci, autant que possible, ne cherchant que l'oiseau dans l'oiseau, évite l'analogie humaine. Sauf deux chapitres, il est écrit comme si l'oiseau était seul, comme si l'homme n'eût existé jamais.
>
> L'homme ! nous le rencontrions suffisamment déjà ailleurs. Ici, au contraire, nous voulions un *alibi* au monde humain, la profonde solitude et le désert des anciens jours[4].

La nature problématique de cette notion d'*alibi* s'aperçoit immédiatement dans la formulation assez complexe de Michelet. La notion apparaît deux fois, une fois en français, une fois en latin : même sens, mais les deux mots employés, ailleurs et *alibi*, ne renvoient pas à la même chose ; dans un cas, « ailleurs » renvoie au monde des hommes, dans l'autre « *alibi* » renvoie au monde des oiseaux. En outre, entre les deux se glisse un intempestif ici qui, en français, se trouve dans la phrase désigner l'*alibi*, l'ailleurs naturel et animal. De la sorte l'ici joue sur deux plans différents, un plan linguistique où, comme mot français, il va avec ailleurs, et un plan sémantique, où il est identifié à l'*alibi*. C'est très rusé de la part de Michelet, cela a pour effet de suggérer la réversibilité de l'*alibi* et aboutit à une remise en question de l'ici ; par un retournement, l'*alibi*, le monde de la nature, cet autre de l'histoire humaine, finit par se constituer en véritable essence de l'histoire, dans son altérité. Du même coup, l'histoire humaine est renvoyée dans on ne sait quelles marges. L'*alibi* est de ce fait un lieu hors du lieu, et qui est le vrai lieu : « le désert des anciens jours », celui des prophètes qui énoncent dans la solitude la vérité qui, ici-bas, ne peut être entendue.

4 Michelet, *L'Oiseau*, p. 47.

En s'installant dans ce lieu singulier qu'est l'*alibi*, Michelet sera donc la *vox clamans in deserto*. En conclusion de quoi, grâce à l'introduction de la notion d'*alibi*, Michelet parvient à instaurer un régime d'historicité prophétique, qui a pour effet d'arracher l'histoire à son être-là historique.

La poétique de l'*alibi* sera mise en œuvre pour la première fois dans *L'Oiseau* en 1856, Michelet alors inventera une histoire non historique, si on peut dire, mais ayant une historicité quand même. Comment ? Michelet en la circonstance élabore une espèce de gradation évolutionniste qui va de l'oiseau sans ailes, le manchot, à l'oiseau qui n'est qu'une aile, la frégate, gradation se doublant elle-même d'une promotion esthétique qui voit l'avènement de l'oiseau-artiste, le rossignol. Avec ce livre Michelet imposait l'image d'un monde proprement aérien, tout de liberté et d'amour. Efficace et beau contrepoint à la laideur du monde de l'histoire humaine, asservi à la pesanteur, connaissant l'oppression et ignorant les valeurs essentielles. L'*alibi* micheletiste est naturellement une utopie, au moins un modèle que les hommes feraient bien d'imiter moralement, et politiquement, comme le suggère le chapitre consacré aux républiques des oiseaux, encore que cet aspect soit infiniment moins développé qu'il ne le sera dans *L'Insecte*, nous y arrivons. Avec ce deuxième livre d'histoire naturelle Michelet donne toute son efficacité à la pensée de l'*alibi*.

## RÉPUBLIQUES D'INSECTES

*L'Insecte* est plus ambitieux que *L'Oiseau*, sa structure en particulier vise à une totalisation philosophique, ce qui n'était pas le cas dans l'ouvrage précédent, qui cherchait plutôt à extraire du sujet traité toute la poésie possible. Dans *L'Insecte* la pensée de Michelet s'organise en trois parties argumentatives, de nature respectivement philosophique (« La métamorphose »), esthétique (« De la mission et des arts de l'insecte ») et politique (« Sociétés des insectes »). Ces trois parties, distinctes, sont reliées entre elles par la puissante définition de l'insecte : « l'infini vivant », sur laquelle s'ouvre le livre. Cet infini qu'est l'insecte est en soi un mystère presque métaphysique :

> Il nous échappe ; la nature lui crée, à l'égard de l'homme, un alibi continuel. Si elle le montre un moment dans un seul éclair d'amour, elle le cache des années au fond de la terre ténébreuse ou dans le sein discret des chênes. Trouvé, pris, ouvert, disséqué, vu au microscope et de part en part, il nous reste encore une énigme (*I*, 286).

Cette énigme tient à la nature de l'insecte : infiniment petit, infiniment nombreux ; il est insaisissable, parce qu'il est nulle part et partout, en cela il est la figure même de l'*alibi*, car il n'est jamais ici, mais dissimulé, dérobé ; il dit en lui-même l'altérité de l'être. Aux yeux des hommes, bien sûr. L'altérité de l'insecte tient avant tout à sa faculté d'amour qui lui « donne des ailes » (*I*, 286), lui fait accepter « la mort instantanée ou prochaine, avec une *seconde vue* étonnante de la maternité pour continuer sur l'orphelin une protection ingénieuse » (*I*, 286-287). Cet amour absolu, infini que Michelet voit à l'œuvre chez l'insecte transcende l'individu et n'existe que dans un projet qui le dépasse : la cité. C'est ce point qui a le plus intéressé Michelet dans cette étude de l'insecte, le fait que ce soit un animal, pour certaines espèces en tout cas, qui vit en société ; son « génie maternel va si loin que, dépassant, éclipsant les rares associations d'oiseaux et de quadrupèdes, il a fait créer à l'insecte des républiques et des cités » (*I*, 287), explique Michelet. Non pas des associations, mais des sociétés. Ce que Michelet appelait dans *L'Oiseau* des républiques[5], n'était en fait que des « essais[6] », des tentatives n'ayant guère la forme que de colonies. Sociétés imparfaites. Rien de semblable avec l'insecte, qui crée non des associations, mais de vraies sociétés. Toute la troisième partie du livre leur est consacrée, et compte tenu de l'objet de notre ouvrage c'est principalement à ces chapitres de *L'Insecte* que nous nous attacherons. C'est ici en effet que se manifeste le plus nettement l'enjeu politique des monographies d'histoire naturelle de Michelet : offrir le modèle d'un monde qui fonctionne, à la différence du monde humain, caractérisé par la violence, l'absurdité, le mal. Et nulle part ailleurs ce modèle n'est davantage visible dans le monde animal que dans les sociétés d'insectes.

La société des insectes en fait, et non les sociétés des insectes, car ces différentes sociétés ne sont que les modalités particulière d'un phénomène politique unique. Toutes les formes de sociétés décrites dans cette

5 Voir Michelet, *L'Oiseau*, p. 145-148.
6 Michelet, *L'Oiseau*, p. 145.

troisième partie du livre, société des termites, société des fourmis, société des guêpes, société des abeilles, se rapportent chacune à une même finalité collective et sont comparables entre elles par la même philosophie politique qui les anime, celle d'un corps social auquel tous les individus se dévouent, jusqu'au sacrifice, pour en perpétuer l'être de génération en génération. Le mot lui-même d'individu n'a d'ailleurs pas de sens, étant donné que chacun de ces insectes n'existe que comme élément d'un tout dans lequel il est pris. Ce ne sont pas des individus, mais des citoyens. Car cette société des insectes est pensée par Michelet en termes de politique. Le livre lui-même appartient à la plus classique littérature de philosophie politique, ce n'est pas, au moins dans cette troisième partie, un livre d'entomologie. Si Michelet tire sa documentation et son information des entomologistes, c'est avec Platon et Aristote qu'il écrit, *La République* et *La Politique. La Politique*, pour ses catégorisations des différents régimes et sa conception téléologique de la cité, *La République* pour l'utopie de la cité idéale, en particulier le collectivisme qui est exposé au livre VII de l'ouvrage. Réflexion sur les cités des insectes et sur les constitutions, si on peut dire, de ces cités, *L'Insecte* se réclame pareillement dans sa troisième partie de la philosophie politique. Avant d'en venir à la signification de cette entreprise, nous procéderons à une analyse des neuf chapitres qui forment cette troisième partie.

Quatre collectivités d'insectes sont envisagées : les termites, les fourmis, les guêpes et les abeilles. Un même point commun : ces collectivités ne sont pas des regroupements numériques, mais des sociétés organiques. En tant que sociétés elles ne sont pas, dans leur principe collectif d'association, différentes par nature ; elles présentent la même caractéristique, celle de mettre tout au service de la société : travail et reproduction, dans le cadre d'une cité, laquelle prend la forme d'une maison commune (termitière, fourmilière, guêpier, ruche). Cependant, ces sociétés sont hiérarchisées par Michelet, selon des critères non pas politiques, mais philosophiques et esthétiques qui dessinent une gradation dans ces quatre espèces d'insectes. Cela va de la plus primitive, les termites, qui vivent dans les ténèbres et dont la vie est pour ainsi dire élémentaire, à la plus élaborée, les abeilles, êtres de vie et de lumière, qui rappellent le souvenir des *Géorgiques* de Virgile, en passant par les deux espèces présentées comme des sociétés militaires, les fourmis et surtout les guêpes. Ce qui régit cette gradation, c'est la forme de plus en plus élaborée de l'organisation sociale, de son stade primitif à son stade poétique et philosophique. Sont ainsi pris en compte les éléments qui donnent à ces différentes espèces une propension à se tourner vers la vie, la lumière et l'amour. Les termites sont dans la nuit, leur seul souci est la reproduction, et ce n'est évidemment pas un hasard si elles sont exclues de la référence culturelle à la Grèce, mais observées principalement en Afrique. Elles n'ont donc droit qu'à un seul chapitre. Michelet, de manière révélatrice, le termine sur une évocation apocalyptique du travail de destruction de ces insectes souterrains, qui, capables de construire des édifices prométhéens, sont aussi de redoutables sapeurs, menaçant de transformer des villes entières en Herculanum ou en Pompéi (*I*, 390-391), en rongeant et en dévorant tout ce qui est en bois. Les fourmis, au contraire, suscitent un bien plus grand intérêt de la part de Michelet, qui leur consacre trois chapitres, et décrit très scrupuleusement et précisément leur société. Stade d'évolution plus avancé : quand les termites ne vivaient que sous terre, les fourmis, elles, sont « dessus et dessous » (*I*, 392). Êtres de destruction pareillement, il leur arrive de former des sortes de colonnes infernales anéantissant tout sur leur passage, mais ce n'est pas une de leurs caractéristiques fondamentales, ce n'est le fait que des fourmis des pays tropicaux. Elles peuvent être terriblement agressives, mais c'est alors contre leurs ennemis, et Michelet fait alors des récits épiques des combats que les fourmis se livrent entre elles : ce sont des soldats, organisés en armée, mettant en œuvre une stratégie et conduisant des campagnes militaires. Mais ce côté soldatesque des fourmis n'est qu'un aspect de leur société. Celle-ci est très organisée, pensée ; elle doit être défendue, mais perpétuée également, le soin des enfants, leur éducation sont pareillement importants. Une véritable « *division du travail* » (I, 402), se traduisant par une « *spécialisation des fonctions* », structure le corps social, en « vierges laborieuses », « femelles fécondes » et « petits mâles chétifs qui ne naissent que pour mourir ». Dans cette société tout est fait en vue des enfants, objet de tous les soins, et de toutes les envies de fourmis d'autres espèces, jusqu'au rapt des nourrissons, avec affrontements guerriers à la suite. En somme, c'est une république (le mot revient constamment) ; les fourmis sont toujours sous les armes, cuirassées dans leur corset. Comparable en cela, les guêpes. Michelet ne leur consacre qu'un seul chapitre, mais il est intense, tout de feu et d'énergie, à l'image de ces nobles insectes. Elles aussi n'ont souci que des enfants, au point de les tuer, par amour, lorsque vient la saison froide. Républicaines comme les fourmis, l'austère Lacédémone est leur modèle (*I*, 415). Les choses changent avec les abeilles : « Si le guêpier tenait de Sparte, la ruche est, dans le monde insecte, la véritable Athènes » (*I*, 425). Ce sont des artistes, des poètes, des esprits ayant le culte de la beauté florale : « Ici, tout est art ». Comme les autres insectes vivant en société, elles construisent leur édifice et l'entretiennent, comme des architectes artistes :

> Comme les francs-maçons du Moyen Âge, cette respectable corporation d'architectes travaille et bâtit sur les principes d'une profonde géométrie. Ce sont, comme ceux de nos vieux temps, *les maîtres des pierres vives*. Mais combien ces dignes abeilles méritent mieux encore ce nom ! Les matériaux qu'elles emploient ont passé par elles, ont été élaborés par leur action vitale, vivifiés de leurs sucs intérieurs (*I*, 425-426).

Dans les mêmes lignes se rencontrent Rabelais (« Je ne bastis que pierres vives, ce sont hommes ») et Platon (« Nul n'entre ici s'il n'est géomètre »), selon une conception typiquement romantique du symbole, celui d'un sens enclos dans la métaphore ; c'est le cas ici avec la ruche qui est expression concrète de la vie et de la vitalité. Les abeilles arrivent de cette façon à donner symboliquement corps à une pensée. Quand on sait l'importance du symbole chez Michelet, il n'est pas étonnant qu'il mette les abeilles au sommet de son livre et qu'il leur alloue quatre chapitres, près de la moitié de cette troisième partie. C'est qu'elles mettent au jour la structure symbolique de la réalité, celle qui donne sens à cette réalité et la fait accéder à l'ordre de la poésie. Ces charmantes abeilles architectes et philosophes (« ceci » et « cela », en termes hugoliens) ne sont donc aucunement décollées de la réalité ; au contraire, elles la façonnent. Chez elles aussi, la répartition des fonctions et des tâches existe, et bien entendu, comme pour les autres espèces, l'enfant est au centre. Seulement, à la différence des termites, des fourmis et des guêpes, pour les abeilles, c'est moins le souci de perpétuer la race qui importe que l'amour même pour les enfants, le miel est son expression. Les guêpes et les fourmis aussi aiment leurs petits, mais leur attachement à eux n'est pas conscient de lui-même, il fait partie de leur programme génétique. L'amour des abeilles, lui, pour leurs enfants est un accomplissement et le livre se termine sur une véritable Nativité (*I*, 434).

Dans l'esquisse que nous venons de faire de ces quatre sociétés d'insectes, nous avons délibérément laissé de côté, par souci de clarté analytique, un élément capital de ces sociétés telles que Michelet les décrit, leur dimension politique : chacune d'entre elles est une *polis*. Les mots du vocabulaire politique sont d'une fréquence très élevée, reviennent sans cesse les termes de « citoyens », de « république », de « roi » ou de « reine ». En miniature cette monographie sur l'insecte, dans sa troisième partie, est un petit traité de philosophie politique. Que la sociologie et la politique aillent ensemble, ce n'est pas d'une absolue nouveauté, mais l'intéressant chez Michelet est le lien consubstantiel qu'il établit entre pouvoir et société, en créant une interdépendance symbolique entre les deux. Contrairement à ce qu'il est dans la plupart des sociétés, où il est avant tout l'expression d'une autorité arbitraire et ne s'exerçant que par la contrainte, le pouvoir dans ces sociétés d'insectes est légitime, en ce sens qu'il est l'expression organique de la société. L'insecte qui est désigné du nom de reine dans ces sociétés n'exercera aucun pouvoir, elle n'aura pas de souveraineté qui lui ferait gouverner ses congénères ; sa royauté n'est qu'une fonction au sein de l'organisation sociale, rien de moins, rien de plus ; c'est à la reine qu'il revient, physiquement, d'enfanter. Si une reine chez les abeilles a des velléités d'indépendance, si elle veut visiter le vaste monde, car quelquefois ces reines ont la « *tête légère* » (*I*, 432, 433), elle est vite remplacée par une autre reine, dont on espère qu'elle sera plus consciente de ses devoirs. Ce n'est pas en la circonstance une révolution de ruche, mais la nécessité de restaurer le bon fonctionnement de cette ruche, compromis par une irresponsable reine. D'ailleurs, la reine qui remplace la reine ayant failli à sa charge, les abeilles ont eu la prévoyance de l'élever pour prendre la place de la reine régnante, lorsque, au bout de quatre ans, elle ne pourra plus remplir sa fonction. Cette royauté chez les abeilles obéit donc à une nécessité organique, comme c'est le cas des autres reines du monde insecte.

Nous nous tournerons ici vers la reine des termites, son exemple est très parlant, plus encore que celui de la reine des abeilles. Dans la société des termites rien physiquement, à la différence de ce qui se passe chez les abeilles, ne prédestine un individu à exercer la fonction royale. Lors de leurs amours les termites perdent leurs ailes, c'est alors que sont choisis parmi ces éclopés ceux qui deviendront roi et reine et assureront la perpétuation de l'espèce ; ce sont donc n'importe qui, les premiers venus qui sont élus à cette fonction :

> Les termites ouvriers, qui n'ont eu ni amour ni ailes, tâchent de sauver un couple de ces victimes, les accueillent, faibles, déchus, misérables, et ils les font rois.
>
> On les porte, on les établit au centre de la cité, dans la salle où aboutissent toutes les salles et tous les passages. Là on les ravive, on les refait, on les nourrit jour et nuit, et la femelle peu à peu prend une énorme grosseur, jusqu'à devenir deux mille fois plus grosse de corps et de ventre ; par un contraste hideux, la tête ne grossit pas. Du reste immobile, et dès lors captive, les portes où elle passe sont devenues infiniment trop étroites pour un tel monstre. Donc, elle restera là, versant, jusqu'à ce qu'elle crève, ce torrent de matière vive qu'on recueille nuit et jour, et qui demain sera le peuple.
>
> Cette bête molle et blanchâtre, un ventre plutôt qu'un être, est grosse au moins comme le pouce ; un voyageur prétend en avoir vu une de la taille de l'écrevisse. Plus grosse, elle est plus féconde, plus intarissable ; cette terrible mère des poux semble d'autant plus adorée de sa vermine fanatique. Elle paraît leur idéal, leur poésie, leur enthousiasme. Si vous l'emportez avec un débris, une ruine de la cité, vous les voyez sous le bocal se mettre à l'instant au travail, bâtir une arche qui protège la tête vénérée de la mère, lui refaire sa salle royale, qui deviendrait, si les matériaux le permettaient, le centre, la base de la cité ressuscitée[7].

Singulière royauté. D'abord, elle résulte d'une élection, ensuite le roi et la reine sont pour ainsi dire sacrés, reclus dans le saint des saints de la termitière et préparés physiquement à la reproduction. Sous de tels auspices celle-ci ne peut être que la plus avantageuse, elle prend des proportions folles ; de la reine des termites « sort non interrompu un flux d'environ soixante œufs par minute, ou quatre-vingt mille œufs par jour » (*I*, 389), consigne Michelet avec effarement. Deux commentaires doivent être faits sur ce passage : le premier est que cette royauté n'est pas politique, mais biologique, et ce qui est l'objet d'une vénération de la part de la termitière c'est moins la royauté de la reine que la fécondité de sa royale personne ; le second commentaire fera remarquer que cette reine devenue ventre entretient métonymiquement avec son peuple un lien physiologique. C'est là une des grandes questions qui occupent les romantiques : la perte du lien organique à l'intérieur du corps social ; la société, depuis que la Révolution a mis fin à l'organisation selon des

---

7 *L'Insecte*, Hachette, 1867. p. 237-238. Dans l'édition Flammarion, p. 389-390.

ordres (noblesse, clergé, tiers-état), n'est plus composée que d'individus cultivant chacun leur individualité et leur intérêt personnel, sans souci de la collectivité ; le lien qui pouvait exister entre eux, spécialement aux époques dites justement organiques (Athènes de Périclès, Rome de Jules II, grand siècle de Louis XIV, etc.) a disparu, ce qui empêche la société d'être véritablement une société ; au lieu d'une collectivité de sujets, elle n'est qu'une collection d'individus. La reine des termites, elle, donne une image, assez répugnante, il est vrai, de ce que peut être une société dont tous les membres sont unis organiquement entre eux, ne vivant que pour le bien commun et vénérant dans la reine la fécondité sans limite, infinie, qui assure à tous la cohésion d'un corps collectif.

Cette royauté n'est pas une souveraineté, elle est une maternité. C'est pourquoi la reine est désignée aussi du nom de mère, et même de Mère, avec majuscule. Michelet l'explique à propos dans le chapitre sur la cité des abeilles, à propos de leur reine : « C'est plus et moins qu'une reine. C'est un objet d'adoration publique et légale ; je dis légale et constitutionnelle, car cette adoration n'est pas tellement aveugle qu'en tels cas l'idole ne soit, comme on verra, traitée très sévèrement » (*I*, 425). Pas de monarchie absolue ni de monarchie de droit divin, mais une royauté littéralement populaire. Michelet l'explique, sous un angle un peu différent, en évoquant les cas où un conflit oppose la reine des abeilles en titre et celle qui est appelée à la remplacer ; ce conflit est arbitré par le peuple, qui ne peut pas se payer le luxe d'avoir deux reines à entretenir, et s'achève par la mort de l'une des deux : « L'unité est ainsi gagnée. La survivante qui, vaincue, eût été jetée sans regret, victorieuse devient l'idole, le dieu vivant de la Cité ; mais, qu'elle y songe, à cette expresse condition de perpétuer le peuple et de rester toujours féconde » (*I*, 434). Une espèce de cérémonie du sacre intervient alors :

> On va, on vient, on s'agite, on suspend le travail : on néglige même un moment les nourrissons. Mais ce peuple, essentiellement sérieux, revient à sa dignité, se ressouvient de lui-même. La Mère est morte ? Vive la Mère ! nous saurons en refaire une autre. Ce que nous fûmes hier, nous le sommes encore aujourd'hui (*I*, 434).

La formule bien connue : « Le roi est mort ? Vive le Roi ! » est reprise, mais dans une formulation qui en modifie complètement la signification politique, puisqu'à la royauté se substitue la maternité. Royauté maternelle, royauté femelle, qui suffit à altérer du tout au tout la conception politique qu'on se fait ordinairement du pouvoir royal. Michelet en avait avancé l'idée au début de ce chapitre et l'épisode final du combat des deux reines aura donné une illustration de cette idée :

> Tout cela a été longtemps méconnu. On croyait d'abord que cet État était une monarchie, *qu'il avait un roi.* Point du tout : ce roi est une femelle. Alors, on s'est rabattu à dire : *Cette femelle est une reine.* Erreur encore. Non seulement elle ne règne pas, ne gouverne pas, ne dirige rien, mais elle est gouvernée en certaines choses, parfois mise en chartre privée. (*I*, 425).

D'ordinaire, quand le pouvoir est détenu par une femme, son exercice est représenté comme une aberration, il suffit de penser à l'Athalie de Racine ou à la Marie Tudor de Hugo. Rien de semblable ici. La royauté au féminin de la reine des abeilles, comme de la reine des termites, mais celle-ci de manière moins philosophiquement et poétiquement aboutie, constitue une inflexion essentielle de la pensée traditionnelle. Avec l'insecte en général, les abeilles en particulier, le féminin s'impose comme référence sociale et politique, et avec lui ses valeurs d'amour, de désintéressement, etc. Michelet s'en explique plus longuement dans les « Éclaircissements » qui suivent l'essai. Il y fait part d'une « découverte importante, capitale » (*I*, 450) :

> [...] les ouvrières des abeilles qu'on croyait *neutres* (n'ayant ni l'un ni l'autre sexe), *étaient des femelles*, atrophiées par leurs berceaux plus étroits et leur nourriture inférieure. Or, comme ces ouvrières forment à peu près tout le peuple (moins cinq ou six élevées pour devenir mères, et quelques centaines de mâles), il en résulte que *la ruche de vingt ou de trente mille abeilles est femelle.* La prédominance du sexe féminin, loi générale de la vie des insectes, a trouvé là sa plus haute confirmation. *Point de neutres*, ni dans les abeilles, ni dans les fourmis, ni dans toutes les tribus supérieures des insectes. Les mâles sont une petite exception, un accident secondaire. J'ai cru pouvoir dire : Au total, *l'insecte est femelle.*

Une société dont l'être est féminin, cela bouleverse entièrement les représentations ordinaires, où le masculin domine, faisant régner ses valeurs, lesquelles sont brutales, violentes. De là cette fascination chez le Michelet des années 1850 pour le féminin. Contre une histoire au masculin, il promeut le féminin en se tournant vers la nature et en y découvrant une altérité et une positivité. Exactement à la même période,

Hugo dans *La Légende des Siècles* fait la même expérience, en envisageant l'histoire et la politique sous l'angle du féminin, avec l'Ève du « Sacre de la femme », par exemple, ou la marquise Mahaud d'« Éviradnus ».)

Le passage au féminin a une incidence immédiate sur la conception même du politique, celui-ci cesse d'être l'exercice de la tyrannie. En particulier la royauté connaît une mutation radicale. Elle n'est pas monarchique, elle n'est pas l'exercice d'un pouvoir régalien, cela tient à ce qu'elle conjoint en elle-même maternité et féminité. Michelet va plus loin encore en montrant que cette royauté est de nature démocratique. Son raisonnement est d'une parfaite clarté : comme la reine est la mère du peuple et qu'elle n'exerce pas un pouvoir politique, mais qu'elle a pour seule fonction de créer son peuple, littéralement de l'enfanter, la finalité de sa royauté, c'est le peuple lui-même, aussi celui-ci est-il légitimé à remplacer sa reine si elle contrevient à la mission qui est la sienne, en l'occurrence être la mère. Le titre du dernier chapitre consacré aux abeilles est à cet égard très clair : « Comment les abeilles créent le peuple et la mère commune ». En somme, si la mère des abeilles par l'enfantement donne naissance au peuple, celui-ci de son côté fonde en légitimité la royauté de sa propre mère, et c'est en cela qu'il la crée. La chaîne argumentative est en place : royauté-reine-mère-peuple. Ce qui relie ces termes entre eux, c'est le lien organique qui s'établit de la mère vers le peuple, et qui, par effet de retour, connaît la réciproque, du peuple vers la reine. Dans cette configuration il est tout à fait compréhensible que les mots de reine et de peuple ne soient pas en opposition, pas davantage que ne le sont la royauté et la démocratie. Précisons que le modèle politique inventé par Michelet n'a absolument rien à voir avec une monarchie de type constitutionnel comme il y en a eu en France, à des degrés divers, sous la Restauration et la monarchie de Juillet. Nulle charte ne régit la relation de la reine et du peuple, mais une relation organique mutuelle et réciproque, celle d'un corps entre ses membres et sa tête. Rien d'étonnant si dans ces chapitres les mots de royauté et de république sont interchangeables entre eux, ils sont même synonymes et aucune différence ne les oppose. Cette république a une reine, cette royauté est républicaine. Pourrait-il en être autrement ? La république pourrait-elle se constituer en dehors de cette référence royale ? Deux cas méritent d'être examinés, celui des termites et celui des guêpes.

Les termites, tout d'abord. Comme les abeilles, elles ont aussi à leur tête une reine, mais cette tête, d'une part, n'est qu'un ventre, délivrant un flot d'œufs dans un épanchement purement physiologique, et dans ce cas le lien organique entre la mère et son peuple est réduit à une pure matérialité ; d'autre part, ce peuple n'est pas un peuple, il n'est que l'expression abject de cet écoulement matériel. De manière révélatrice, les termites ont pour leur mère une relation d'idolâtrie, alors que si les abeilles font de leur reine une idole également (le terme est employé, nous l'avons rencontré), elles sont capables de ne pas être idolâtres et de changer, si besoin, d'idole : leur vénération pour la reine est l'expression de leur conscience républicaine ; les termites, au contraire, qui vivent dans les ténèbres de leur termitière, « n'ont point d'yeux » (*I*, 389), au propre et au figuré, et leur idolâtrie pour la mère est l'expression d'un aveuglement. Les guêpes, ensuite. Elles ont l'air, au moins par leur ressemblance physique, d'être proches des abeilles, en plus énergiques. Ce n'est pas le cas, elles sont fondamentalement différentes, sur un point essentiel : elles vivent en république, il n'y a pas de reine chez elles. En réalité, les guêpes qui vivent en société ont une reine qui a la fonction d'une mère, comme chez les termites ou les abeilles, mais de manière révélatrice Michelet n'évoque nulle part ce fait dans le chapitre qu'il leur consacre. Ce n'est pas oubli de sa part, mais volonté délibérée. Il veut ne voir dans les guêpes qu'une société militaire et républicaine, spartiate. Dans le même ordre d'idées, s'il mentionne bien leur travail d'architecture, il ne se livre à aucun développement sur le guêpier : c'est compréhensible, puisque les guêpes qui fabriquent des nids sont des solitaires, de l'espèce fouisseuse, mais Michelet fait comme si toutes les guêpes vivaient en société ; dans son optique politique, il est donc indispensable que toutes les guêpes forment une collectivité, même si ce n'est pas le cas. Manifestement avec les guêpes il entend fabriquer une société qui se différencie de celle des abeilles, pour envisager un cas d'espèce – imaginaire ou non, peu importe –, celui d'une société animale qui serait exclusivement républicaine. Il y réussit magnifiquement, et ce court chapitre crispé et tendu vise à donner la vision énergique d'une république de combat. La contrepartie, c'est que les guêpes de Michelet sont des créatures terrifiantes, terroristes, dans le sens robespierriste de la Terreur ; ces « vierges de Tauride » (*I*, 415) vivent dans l'absolu d'une république idéale, intransigeante et fanatique, allant jusqu'à l'anéantissement des individus composant la collectivité pour que survive dans sa pureté cette république idéale. Au nom de quoi, à la fin de l'été, elles procèdent à un massacre des innocents, afin de préserver la république dans son idéalité incandescente :

> Qu'il ne soit pas dit qu'on voie la race héroïque chercher l'humiliante hospitalité des toits enfumés de l'homme, et, pour vouloir vivre un peu plus, étaler sa triste dépouille aux charniers d'une araignée ! Non, enfants ! non, sœurs ! mourez. La république est immortelle. Telle de nous, favorisée par le miracle annuel et la loterie de la nature, pourra tout recommencer. Qu'il en reste une, c'est assez. Dût périr le monde, un grand cœur suffirait pour refaire un monde.

« La république est immortelle », sans doute, mais son immortalité passe par la mort du corps social tout entier, c'est un lourd tribut à payer. Soulignons surtout que, dans la perspective de Michelet, cet anéantissement final relève aussi d'une nécessité interne : ces farouches guêpes forment une société presque exclusivement féminine, ce sont des amazones. Il y a bien des mâles, mais le tableau qui est fait d'eux n'est pas vraiment à leur avantage :

> Chez les guêpes, la vie est tellement tendue, brûlante, âpre, que les mâles eux-mêmes, quelque fainéants qu'ils soient, n'osent rester à rien faire. Ces dames, qui ne plaisantent pas et qui ont des aiguillons dont les mâles sont dépourvus, pourraient le trouver mauvais, et les relancer à coups de poignard. Aussi ils ont imaginé de travailler sans travailler ; ils ont l'air de faire quelque chose, un peu de ménage intérieur, de propreté, de balayage. Si quelqu'un meurt, l'enterrement leur sert de prétexte ; pour enlever un léger poids, ils suent, ils se mettent à plusieurs. Bref, ils sont très ridicules. Et leurs terribles compagnes, j'en suis sûr, en rient elles-mêmes (*I*, 414-415).

Cette amusante saynète est intéressante à plus d'un titre. Elle montre une inversion des rôles entre mâles et femelles, ce qui aboutit à une exclusion des petits mâles ridicules de la sphère de la reproduction : sans tomber dans un freudisme simpliste, on ne peut manquer de remarquer qu'ils sont dépourvus d'aiguillons. La virilité est du côté des dames guêpes, qui ensemble forment une société de sœurs, où les mâles ne paraissent jouer aucun rôle, comme si la reproduction se faisait chez les guêpes par parthénogénèse. C'est ce qui explique finalement la destruction finale de toutes les guêpes à la fin de l'été ; il n'y a pas de lien organique, du moins dans la représentation que Michelet donne de la société des guêpes, entre une reine, une mère, et le peuple, cette société des guêpes n'existe au bout du compte que comme une configuration idéale et parfaite dans son idéalité, en contrepartie de quoi elle se défait d'elle-même dans la réalité, lorsqu'elle est parvenue au terme de son processus social.

Comparables dans cette optique les fourmis. Nulle mention d'une reine, d'une mère. Le modèle n'est pas celui de la royauté, mais de la république. L'activité politique chez elles est intense, ce sont « des citoyens affairés, qui [...] paraissent se communiquer les nouvelles, se donner des avis ou des directions mutuelles. C'est une espèce de forum » (*I*, 393). La référence à l'histoire romaine est constante dans ces pages, et tout particulièrement la *res militaria* occupe une place centrale. Car si les fourmis sont sans cesse en activité et sont d'infatigables travailleuses, elles passent beaucoup de temps aussi sous les armes et se livrent, entre différentes espèces, à des campagnes militaires terribles, qui vont jusqu'à « l'extermination de la cité » (I, 405) de l'adversaire, avec mort des combattants et de leur progéniture. L'objet de ces guerres le plus souvent, ce sont les enfants. Une espèce par exemple, que les entomologistes appellent fourmis esclavagistes, s'empare des enfants d'une autre espèce et se les approprie ; ou bien, lors d'un conflit, l'un des deux belligérants s'empare des enfants de l'ennemi pour les tuer ou les manger. Luttes abominables, qui s'expliquent, comme dans le cas des guêpes, par le rapport singulier des fourmis à la génération. Dans le cas des fourmis également, les enfants semblent tomber du ciel, venus à l'existence on ne sait comment. Le résultat, qu'il s'agisse des fourmis ou des guêpes, est le même : la fin de la cité, et c'est sur le tableau d'une extermination que les deux monographies se terminent.

La conclusion est que les deux espèces, fourmis et guêpes, qui représentent dans l'imaginaire politique de *L'Insecte* la république n'ont pas d'avenir, et si elles sont porteuses d'une image de ce que peut être idéalement ce régime politique, elles sont condamnées à ne pas pouvoir le mener à bien dans la réalité. Nous ne forçons pas le texte : ces deux monographies des fourmis et des guêpes sont encadrées de part et d'autre par les deux monographies des termites et des abeilles, où la royauté maternelle est au centre de l'organisation de la cité. Faut-il penser que Michelet ne peut pas appréhender la cité en dehors de la référence royale et que la république apparaît comme une utopie irréalisable ? Pour le coup ce serait forcer le texte, parce que cela reviendrait à opposer royauté et république, selon une antithèse qui n'est pas présente dans l'ouvrage. Le propos de Michelet est différent, il s'agit pour lui d'inventer une socialité sur un modèle organique, où le lien entre les individus, les citoyens plutôt soit consubstantiel au politique, qu'il y ait à l'intérieur de ces regroupements collectifs une harmonie fondée sur l'amour qui fasse de tous les éléments d'un grand corps. Faute de quoi, si ce lien organique est absent, les rapports entre les membres de ces sociétés seront inaboutis. Ou bien, dans le cas des guêpes, la réalisation politique de leur société sera vouée à disparaître, parce que, politiquement parfait, leur idéal républicain ignore la substance sociale qui les réunit entre elles, en ne leur faisant rien réaliser : chez Michelet, les guêpes construisent moins une maison commune architecturalement élaborée que ce qui ressemble plutôt à un abri, le guêpier, et, si le mot n'est d'ailleurs pas employé, ce n'est à l'évidence pas une ruche ; ou bien, dans le cas des fourmis, l'organisation de cette autre république accepte le scandale de l'esclavage (*I*, 398-404), et le pire qui soit, l'esclavage racial. Sans doute la dialectique du maître et de l'esclave à l'œuvre renverse-t-elle la relation de domination, mais elle ne la détruit pas, elle ne fait que l'inverser ; à cette relation d'esclavage sont en outre à imputer les guerres entre fourmis qui se soldent par la guerre civile et l'extermination de la cité (*I*, 405).

Les abeilles, au contraire, forment politiquement et socialement un ensemble qui a sa cohérence. Cela tient à la présence d'une reine au sein de cette collectivité républicaine ; la reine en tant que mère donne à son peuple une unité organique. En la circonstance il ne s'agit pas du tout de l'amalgame de deux systèmes politiques entre eux, la royauté et la république, du genre de la royauté républicaine, comme elle a existé au début de la Révolution française, mais bien plutôt d'une configuration sociale, appelée république, qui trouve dans un principe organique, assimilé à l'instance d'une reine, sa raison d'être. Rien d'autre. Les termes de république et de reine ne sont de ce point de vue que des métaphores plus ou moins abusives. L'essentiel est que la société qui résulte de la conjugaison de cette royauté et de cette république constitue un organisme remplissant sa fonction. Cette fonction est très précisément de se perpétuer lui-même, contrairement à ce qui se passe chez les fourmis et les guêpes, dont les sociétés sont chaque année condamnées à terme à la disparition.

## PROLÉTARIAT

Nous venons de voir comment les représentations du politique dans *L'Insecte* étaient finalement difficiles à concevoir de manière totalement cohérente. Cela tient peut-être à ce que le politique en lui-même n'est pas satisfaisant de bout en bout pour penser de telles organisations. Si elles sont, chacune à leur façon, des cités, le mot revient régulièrement, elles sont aussi des sociétés. Cela n'a pas échappé à Michelet qui montre minutieusement comment les individus formant ces sociétés les font vivre par leurs activités, leurs travaux strictement définis et qui visent au bon fonctionnement de toute la machinerie commune. Reste que social et politique ne se confondent pas, même dans le monde des insectes où le modèle politique, celui de la royauté ou de la république, paraît déterminer l'organisation du corps social ; mais il peut se présenter des distorsions, comme dans la société des guêpes qui exclut de fait toute la partie masculine de la société, comme dans la société des fourmis, qui est minée par l'esclavage.

Peut-être la question des sociétés d'insectes envisagées sous l'angle exclusivement politique comme le fait Michelet dans son livre conduit-elle à ces difficultés ; celles-ci tiennent en grande partie à l'idée que politique et social ne sont pas de même nature. Michelet a eu conscience des limites de sa conception politico-sociale, ainsi que le montrent les pages qu'il consacre à un insecte qui ne vit pas en société, l'araignée, ou plus exactement, qui est à lui-même sa seule société. Avec l'araignée, le tableau des sociétés d'insectes fait par Michelet rencontre ses limites. Deux chapitres (II, 16-17) lui sont consacrés, en dehors du livre III, décrivant les sociétés d'insectes. Il ne s'agit plus ici de politique, de république, de royauté, mais d'un individu qui est réduit à lui seul, sans qu'il s'inscrive de quelque façon dans un ensemble. La société de l'araignée en soi est parfaite, puisque son seul et unique représentant entretient avec lui-même une relation organique parfaite, étant donné que le corps social en ce qui concerne l'araignée, c'est son propre corps. Voici la description qui en est faite :

> La spécialité trop forte du métier, nous le voyons chez les hommes, atrophie tel membre, exagère tel autre, exclut l'harmonie ; le forgeron est souvent bossu.

> De même l'araignée est ventrue. En elle la nature a tout sacrifié au métier, au besoin, à l'appareil industriel qui satisfera le besoin. C'est un ouvrier, un cordier, un fileur et un tisseur. Ne regardez pas sa figure, mais le produit de son art. Elle n'est pas seulement un fileur, elle est une filature. Concentrée et circulaire, avec huit pattes autour du corps, huit yeux vigilants sur la tête, elle étonne par la proéminence excentrique d'un ventre énorme. Trait ignoble, où l'observateur inattentif et léger ne verrait que gourmandise. Hélas ! c'est tout le contraire ; ce ventre, c'est son atelier, son magasin, c'est la poche où le cordier tient devant lui la matière du fil qu'il dévide ; mais, comme elle n'emplit cette poche de rien que de sa substance, elle ne grossit qu'aux dépens d'elle-même, à force de sobriété. Et vous la verrez souvent, étique pour tout le reste, conserver toujours gonflé ce trésor où est l'élément indispensable du travail, l'espérance de son industrie, et sa seule chance d'avenir. Vrai type de l'industriel. « Si je jeûne aujourd'hui, dit-elle, je mangerai peut-être demain ; mais si ma fabrique chôme, tout est fini, mon estomac doit chômer, jeûner à jamais[8] ».

Pauvre araignée. Elle est physiquement le parangon de la laideur, sa condition est même insupportable, du fait qu'elle a un corps repoussant, mais surtout parce qu'elle *est* elle-même ce corps repoussant et qu'elle n'est que lui : cette pauvre bête subit le sort le plus affreux possible en étant en quelque sorte dépossédée d'elle-même, aliénée dans sa propre identité. Mais il est évident que l'enjeu de cette description de l'araignée n'est pas esthétique : les termites sont-elles moins répugnantes ? L'enjeu de ces lignes est de dire métaphoriquement l'état d'aliénation socio-critique qui est le sien, la contradiction insupportable dans laquelle elle vit, si on peut dire, aux dépens d'elle-même. Car c'est la condition ouvrière des années 1850 qui à travers l'araignée est représentée. Elle est un prolétaire, un de ces ouvriers qui sont employés en grand nombre dans les filatures. Elle fait l'expérience de cette condition prolétarienne, d'abord en connaissant dans sa propre personne cette dépossession de soi, physique et morale, qui est au bout du compte une dénaturation. Celle-ci est figurée par la déformation de cet insecte, laid, mais surtout rendu difforme par le sort auquel il est condamné : vivre de sa propre substance en s'épuisant lui-même. Pas d'image plus exacte des conditions de vie des ouvriers d'industrie au XIX^e^ siècle. Mais d'un autre côté, l'araignée n'est pas qu'un ouvrier, elle est aussi en même temps un industriel, un entrepreneur, exactement un auto-entrepreneur. De

8 *L'insecte*, Hachette, 1867, p. 202-203. Dans l'édition Flammarion, p. 373-374.

cette façon, avec ce statut social contradictoire, ouvrier et entrepreneur, prolétaire et industriel, l'araignée résume en elle-même toute cette partie du corps social attachée à la production, en même temps qu'elle montre l'indétermination structurelle de cette partie du corps social, étant donné qu'un seul individu la représente dans son double statut d'ouvrier et d'entrepreneur tout à la fois. Conjointement, ladite partie du corps social n'existe pas comme l'expression d'une socialité, elle ne se rattache à la société que de manière marginale, derechef en n'étant représentée que par un seul individu. Situation sociocritique un peu déconcertante. Comment l'interpréter ?

La solitude de l'araignée a valeur de symbole, elle dit l'exclusion politique d'une catégorie sociale, et elle le dit avec d'autant plus de force que le texte montre que cette société de l'araignée réduite à elle-même offre une parfaite représentation de la société du XIX^e^ siècle si caractéristique, celle d'une société qui connaît une industrialisation profonde et rapide modifiant complètement les rapports humains. Le titre du premier des deux chapitres occupés par l'araignée est très significatif à cet égard : « L'araignée, l'industrie, le chômage ». On est là au cœur des problèmes sociaux, de ce qu'on appelait dans les années 1840 « la question sociale » et qui en l'espace d'une quinzaine d'années a connu une très rapide accélération avec le développement sous le Second Empire de la grande industrie. Même si l'industrie incarnée dans l'araignée est de type très artisanal, cet animal de l'araignée offre une image en réduction de cette nouvelle société qui émerge au mitan du XIX^e^ siècle et que Michelet s'efforce de penser, au moins depuis *Le Peuple*, où il en proposait une sociologie. L'araignée, difforme et déformée par le travail, est une image des nouveaux Calibans de l'industrie. Ce qui caractérise ceux-ci, c'est l'abrutissement (*Le Peuple* le disait en 1846), l'asservissement au travail, la dépossession de soi. Michelet, une dizaine d'années après *Le Peuple*, se place ici toujours sur ce plan sociologique, mais adopte une perspective d'ordre imaginaire et presque mythique, en faisant le portrait de l'araignée.

Dans l'économie d'ensemble de *L'Insecte*, ces chapitres sur l'araignée sont l'expression de l'impensé social dans un ouvrage dont la visée est presque exclusivement politique. Ils montrent les insuffisances philosophiques de la conception qui est faite de la société pensée comme république, comme collectivité régie par des critères politiques. Nous avancerons l'hypothèse que cette société industrielle qui n'est pas pensée comme une société, Michelet contradictoirement l'appréhende dans son activité au sein de la société : de toute évidence l'araignée a les traits immédiatement identifiables de l'ouvrier, du prolétaire, du petit entrepreneur ou du petit commerçant-artisan ; mais l'ordre politique ne lui accorde aucune place dans la *res publica*, à laquelle elle semble étrangère, ou du moins marginale. La raison en est textuelle : tout l'ouvrage est animé par une conception politique de la socialité des insectes, et c'est selon des critères politiques que ces sociétés d'insectes sont distribuées (monarchie, aristocratie, démocratie, etc.). Il est donc logique que des insectes qui ne forment pas politiquement une société soient exclus de cette structure… politique. Il n'empêche cependant qu'il y a un clivage entre le domaine du politique et celui du social, caractéristique de la difficulté que beaucoup d'écrivains du XIX^e^ siècle éprouvent à penser le social en lui-même. Leur approche est avant tout politique, et c'est selon des critères politiques qu'ils appréhendent la réalité. Le social dès lors échappe à une saisie spécifique. De là des confusions, comme c'est le cas ici, ou, plus grave, une ignorance qui conduit à ne pas prendre en compte l'état réel de la société. La conséquence inévitable, ce sont des conflits sociaux extrêmement violents, comme celui de juin 1848, où les hommes politiques se révèlent incapables de comprendre ce qui est en jeu et s'engluent dans des raisonnements non pertinents ou conduisant à des confusions meurtrières. Qu'il suffise de penser aux amalgames que suscite le mot de peuple, la plupart du temps, conçu idéalement comme une catégorie politique, sans que jamais soit compris que ce mot désigne aussi le prolétariat. Ainsi dans les considérations sur 1848 qui ouvrent la cinquième partie des *Misérables*, Hugo a cette phrase significative : « Les gueux attaquent le droit commun ; l'ochlocratie s'insurge contre le démos[9] », ne comprenant absolument pas qu'il s'agissait non d'un conflit politique, mais social.

Avec la solitaire araignée, étrangère à la socialité des autres insectes, Michelet dit implicitement à la fois ce qui échappe à sa conception politique de la société, et inscrit marginalement dans son ouvrage le fait essentiel de cette seconde moitié du XIX^e^ siècle : l'apparition d'un nouvel agent social, le travailleur industriel. Est-ce une stratégie ? ce

9 Hugo, *Les Misérables*, V, I, 1 (II, 576).

n'est pas certain ; tout se passe plutôt comme si, presque à l'insu de son auteur, le texte inventait tant bien que mal un objet dont la présence n'était pas nécessaire à l'argumentation politique développée, laquelle se focalisait sur les sociétés d'insectes, mais dont l'absence, cependant, empêchait cette problématique autour de ces sociétés d'insectes d'être vraiment pertinente. Selon un paradoxe tordu, la place ménagée dans le texte à l'araignée, insecte qui ne vit pas en société, met en évidence la dimension sociale essentielle de ces collectivités, que pourtant Michelet s'obstine à ne penser que politiquement. De cette façon, le texte à l'intérieur de lui-même invente un *alibi*, au second degré, un *alibi* de l'*alibi*, qui ramène à la réalité historique la plus présente un livre qui se proposait de s'en écarter. Par un retour du refoulé social, ce livre à l'orientation principalement politique parvient comme malgré lui à énoncer ce qui excède toute politique, le social dans sa forme la plus aliénante : le travail.

## UTOPIE/RÉALITÉ

Dans ces tristes années du Second Empire, un livre comme *L'Insecte* a une indéniable valeur oppositionnelle[10]. À un régime autoritaire, à la limite de la dictature, Michelet oppose avec ce « monde insecte » (*I*, 425) – l'expression est beaucoup plus forte que ne le serait « le monde des insectes » – des utopies républicaines, qui toutes partagent le même souci de la part de ses « citoyens », le bien commun. La représentation de sociétés politiques, au sens étymologique de l'adjectif, est offerte à l'admiration et fait évidemment contraste avec la société haïssable sous Napoléon III, brutale, affairiste, inégalitaire. Michelet aurait-il cédé au communisme de la seconde moitié du XIXe siècle ? Nous ne le pensons pas ; sa conception de la société dans *L'Insecte* se fonde sur la référence à la Révolution française. Non pas celle dont il vient de terminer l'histoire et qui n'a pas tenu toutes les belles promesses de son événement capital, la fête de la Fédération, lequel aurait dû être inaugural, fondateur, mais une Révolution française idéale qui aurait mis en pratique sa devise

10 Pour cette idée de littérature oppositionnelle, voir *infra* p. 164, n. 27.

républicaine : Liberté, Égalité, Fraternité, et inventer une vraie société, une *res publica* mettant l'intérêt de tous *in medio*. Cette lecture de *L'Insecte* s'impose d'elle-même, elle est d'autant plus forte que les utopies qu'y décrit Michelet ne sont pas… des utopies, avec ce que le mot suppose ordinairement de rêverie et de fantaisie, elles sont des réalités, et pas le produit de l'imagination d'un poète. Elles sont des réalités venues d'un ailleurs de la réalité.

# LA ROYAUTÉ DU POÈTE AU TEMPS DU SPLEEN

## Baudelaire, la mélancolie et la révolution

### LA ROYAUTÉ DU POÈTE

Dans le grand article qu'il publie dans la *Revue fantaisiste* sur Hugo le 15 juin 1861, Baudelaire se livre à une évocation du romantisme des années 1840, et il consigne en tête de la deuxième partie de son étude, après avoir rappelé le souvenir de celui qui est devenu « la statue de la Méditation qui marche[1] » :

> Dans les temps, déjà si lointains, dont je parlais, temps heureux où les littérateurs étaient, les uns pour les autres, une société que les survivants regrettent et dont ils ne trouveront plus l'analogue, Victor Hugo représentait celui vers qui chacun se tourne pour demander le mot d'ordre. Jamais royauté ne fut plus légitime, plus naturelle, plus acclamée par la reconnaissance, plus confirmée par l'impuissance de la rébellion[2].

Hugo était le roi de cette société littéraire ; il est aujourd'hui en exil et cette société a disparu. C'est sur cet exil et cette disparition que maintenant, faut-il comprendre, se fonde la socialité des années 1850-1860. Dans cette analyse entrent de la part de Baudelaire toutes sortes de considérations, assez complexes, et qui ne nous retiendront pas[3] ; seule nous arrêtera une métaphore, celle de la royauté de Hugo. Elle a

---

1 « Victor Hugo », in *Œuvres complètes*, texte établi, présenté et annoté par Claude Pichois, 2 vol., Gallimard, « Bibliothèque de la Pléiade », 1975-1976, t. II, p. 130. (Cette édition sera désormais désignée par le signe *OC*, suivi de la tomaison et de la pagination.)

2 « Victor Hugo », *OC*, II, 131.

3 Sur cet article voir notre étude, « Baudelaire, Hugo et la royauté du poète : le romantisme en 1860 », *RHLF*, n° 5, 1996.

des implications aussi bien politiques que poétiques. Elle désigne, en particulier, un état des choses qui est révolu, quelque chose comme un ancien régime de la socialité littéraire. Avec le Deux-Décembre, et subséquemment avec l'exil de Hugo, il n'y a plus de royauté littéraire en France ni de poète souverain pour exercer cette royauté. Cette double disparition crée une situation nouvelle pour les écrivains ; leur fait défaut, et ils le regrettent, dit Baudelaire, celui qui était l'âme de la société qu'ils formaient et qui la légitimait ; plus profondément, le défaut de cette référence littéraire désormais ôte son sens politique et social à leur pratique d'écrivains. L'une des conséquences est qu'ils se trouvent dans la situation qu'avait connue la génération précédente avant 1830, quand cette royauté poétique n'était pas encore constituée, et que, par exemple, un Musset dans « Les Vœux stériles » en déplorait l'absence. Une autre conséquence, liée à la précédente, est que, dans ces temps du Second Empire, alors que le romantisme de 1830 est mort, aussi bien historiquement que symboliquement, les écrivains et les poètes de 1850 sont condamnés à faire l'expérience décevante de l'insignifiance de leur propre activité. Insignifiance sociale : ils ne sont plus rien ; ce qui avait fait avancer à Baudelaire lui-même l'idée suivante : « Peut-être l'avenir appartient-il aux hommes *déclassés*[4] ? » Quel avenir en tout cas pour les écrivains et les poètes ? Seront-ils ces hommes déclassés, seront-ils des déclassés ? Insignifiance politique aussi, et c'est ce dernier aspect qui nous retiendra, tant les enjeux en la matière sont importants pour comprendre la signification poétique et littéraire d'une œuvre comme celle de Baudelaire.

Notre hypothèse, en effet, est que la disparition de la figure métaphorique du poète comme roi – qu'il s'agisse de Hugo ou de tout autre, peu importe – a une incidence symbolique, où se joue le rapport principalement politique que la poésie entretient à la réalité. Nous essaierons de vérifier cette hypothèse en examinant dans *Les Fleurs du Mal* la textualisation de cette métaphore du poète comme roi, où elle est bien présente, et en envisageant dans un appendice conclusif *Le Spleen de Paris* pour boucler le cercle démonstratif. Deux précisions à ce propos. D'une part, nous nous appuierons presque exclusivement

4 Lettre du 5 mars 1852 à Ancelle, in *Correspondance*, texte établi, présenté et annoté par Claude Pichois, avec la collaboration de Jean Ziegler, 2 vol., Paris, Gallimard, « Bibliothèque de la Pléiade », 1973, t. I, p. 188.

sur l'édition de 1857 des *Fleurs du Mal*, qui a une cohérence que ne saurait avoir l'édition de 1861, du fait de la mutilation qui a irrémédiablement désorganisé le texte. (Au passage, le fait que Baudelaire ait réorganisé son livre à l'occasion de la seconde édition n'implique pas que celui-ci, même s'il n'est pas en désordre, ait retrouvé sa cohérence initiale ; la réorganisation de 1861 est un somptueux palliatif – un palliatif quand même.) D'autre part, nous ne prenons en compte que les métaphores qui concernent directement le poète, laissant de côté celles qui assimilent la femme à une reine. Ces dernières métaphores relèvent de la rhétorique amoureuse la plus traditionnelle, comme en témoigne la plupart du temps le recours à un syntagme figé, du genre : « ô mon unique reine[5] », ou : « ô reine des cruelles[6] », etc.[7], mais nous avons naturellement excepté le cas où la femme désignée comme une reine est associée au poète désigné lui-même comme un roi. Dans le même ordre d'idées, nous n'avons pas pris non plus en compte les occurrences qui, selon la même rhétorique amoureuse, célèbrent la femme en la couronnant[8] ou la dotent d'attributs royaux[9]. Dans l'approche qui est la nôtre, ces emplois ne méritent pas en eux-mêmes d'être examinés, la seule remarque que nous ferons pour finir à leur propos est qu'ils concurrencent à leur façon la métaphore du poète comme roi, tout se passant comme si deux systèmes métaphoriques, l'un de nature poétique, rhétorique et littéraire (la femme reine), l'autre de nature politique et historique (le poète roi), se rencontraient et que, significativement, le premier l'emportait, au moins par la fréquence de ses occurrences sur le second : preuve dans ces conditions que la seule royauté qui demeure aujourd'hui comme toujours, et dans le seul ordre littéraire, est celle de la femme, la royauté du poète, elle, n'étant plus qu'un lointain souvenir en passe de se perdre. Mais nous ne continuerons pas davantage sur cette voie, ce serait anticiper sur la conclusion et orienter d'entrée de jeu notre propos dans une direction trop imprévue pour être parfaitement respectueuse de la complexité du texte de Baudelaire.

5 « Hymne à la beauté », v. 27, *OC*, I, 25.

6 « Une nuit que j'étais… », v. 13, *OC*, I, 34.

7 *Cf.* « Tu mettrais l'univers entier… », v. 16, « Une charogne », v. 41 et « Lesbos », v. 23, *OC*, I, 28, 32 et 150 ; *cf.* également « Allégorie », v. 9, *OC*, I, 116, où la femme est une sultane.

8 *Cf.* « À une madone », v. 9 et « L'Amour du mensonge », v. 10-11, *OC*, I, 58 et 99.

9 *Cf.* « Le Chat », v. 19, « À une mendiante rousse », v. 10 et « Danse macabre », v. 6, *OC*, I, 50, 84 et 97.

## ROYAUTÉS SPLEENÉTIQUES

Le royaume du poète n'est pas de ce monde, dit Baudelaire dans le premier poème de *Spleen et idéal*, « Bénédiction ». Le poète est bien un roi, mais sa royauté ici-bas est purement et simplement niée. Maudit par sa mère, martyrisé par les hommes, en proie à toutes les avanies, il ne peut que s'en remettre à la justice de Dieu qui le récompensera comme il le mérite. Cette récompense sera la royauté céleste qui doit lui échoir :

> Je sais que la douleur est la noblesse unique
> Où ne mordront jamais la terre et les enfers,
> Et qu'il faut pour tresser ma couronne mystique
> Imposer tous les temps et tous les univers[10].

Les deux premiers vers de cette strophe sont souvent cités, mais les deux derniers sont généralement passés sous silence, alors qu'ils donnent une bonne partie de son sens au mot de « noblesse », celle-ci n'étant pas que morale, et qu'ils confèrent au poète, à l'orée du recueil, le statut d'un roi pourvu d'une royauté mystique. Véritable roi qui a une couronne, un « beau diadème éblouissant et clair », dont la description occupe les deux derniers quatrains du poème. Sur cette royauté du poète se sera ouvert le recueil, mais il semble que ce soit pour mieux être éliminée par la suite. De fait, *Les Fleurs du Mal* tout entières travaillent à l'éviction de la royauté du poète, qu'il s'agisse de la première édition ou de la seconde. Dans la première édition, le poème qui suit « Bénédiction », « Le Soleil », évoque de nouveau la figure du poète, en train de « flair[er] dans tous les coins les hasards de la rime[11] » et « Heurtant parfois des vers longtemps rêvés ». Son activité, doit-on comprendre, est favorisée par l'action bienfaisante et paternelle du soleil. Mais en fait, sitôt que le soleil est introduit au centre du texte, il prend la place qu'occupait le poète, sa place comme poète : non seulement il « Éveille dans les champs les vers comme les roses » (v. 10), mais c'est lui désormais qui est désigné comme poète (*cf.* v. 17), à la faveur d'une comparaison, et aussitôt après il est dit qu'il « s'introduit en roi, sans bruit et sans valets, / Dans tous

10 « Bénédiction », v. 65-68, *OC*, I, 9.
11 « Le Soleil », v. 6 et v. 8, *OC*, I, 83.

les hôpitaux et dans tous les palais » (v. 19-20). Il s'est donc produit un transfert de la royauté du poète dans « Bénédiction » à la royauté du soleil dans ce deuxième poème. Manière de répéter que le poète ici-bas n'est pas, ou n'est plus, un roi.

Cela est dit de façon encore plus manifeste dans la seconde édition, où « Bénédiction » est suivie par « L'Albatros ». Ce poème, le plus lu – malheureusement… – de Baudelaire dans les classes, prend la forme d'une allégorie, qu'il est inutile de commenter, sauf sur ce point précis, à savoir qu'elle est portée par une métaphore qui assimile les albatros à des rois. Ce sont des « rois de l'azur », mais ils subissent une détronisation – ils sont « déposés », et non pas posés, sur le pont du bateau – qui les rend grotesques. Dans la dernière strophe l'allégorie trouve sa conclusion, au moyen d'une nouvelle métaphore, qui assimile cette fois le poète au « prince des nuées ». Ainsi, grâce à ces deux métaphores conjuguées entre elles, est suggérée l'idée que le poète est symboliquement un roi en exil, un roi sans royaume.

Cette idée sera mise en œuvre dans toute la suite du recueil. Le roi qu'est le poète ne sera sur terre qu'un roi que personne ne reconnaît comme tel, dont on se moque, comme dans « L'Albatros », et qui n'est qu'une caricature de roi, et en particulier un tel roi risque de n'être qu'un roi de carnaval, comme celui représenté sur la gravure de Mortimer dont est faite la description suivante :

> Ce spectre singulier n'a pour toute toilette,
> Grotesquement campé sur son front de squelette,
> Qu'un diadème affreux sentant le carnaval[12].

Grotesque et carnaval sont naturellement associés et de leur association résulte concrètement un « diadème affreux », qui est l'exact opposé du « diadème éblouissant et clair » de « Bénédiction ». Le carnaval est sans doute la forme la plus extrême que prend la dénaturation du roi dans *Les Fleurs du Mal*, mais la caricature du roi peut prendre d'autres aspects. La parodie, par exemple, dont le poème de « La Béatrice » offre une triste illustration. Le poète en personne est mis en scène, raillé par les philistins ; voici ce qu'ils disent :

> – « Contemplons à loisir cette caricature
> Et cette ombre d'Hamlet imitant sa posture,

12 « Une gravure fantastique », v. 1-3, *OC*, I, 69.

Le regard indécis et les cheveux au vent.
N'est-ce pas grand-pitié de voir ce bon vivant,
Ce gueux, cet histrion en vacances, ce drôle,
Parce qu'il sait jouer artistement son rôle,
Vouloir intéresser au chant de ses douleurs
Les aigles, les grillons, les ruisseaux et les fleurs,
Et même à nous, auteurs de ces vieilles rubriques,
Réciter en hurlant ses tirades publiques[13] ? »

L'art du poète est ridiculisé, et l'intéressant est que c'est à travers la personne même du poète qu'il est tourné en dérision. Tout est prétexte à raillerie, sa posture autant que son allure, et il n'est pas étonnant que se multiplient des mots tels « caricature », « histrion », « rôle », etc. Or cette parodie de poète a pour modèle, qu'il est accusé de parodier, Hamlet. Hamlet, le héros romantique par excellence, mais également Hamlet le prince déshérité, qui a été privé de l'héritage royal de son père, et avec qui commence la moderne lignée des rois ou des princes mélancoliques, nous y reviendrons. Hamlet dans ce poème est tout ensemble un poète – un poète romantique – et un roi sans royaume. Un minime détail à ce propos a son importance : parmi les railleurs du poète, il y a « La reine de mon cœur au regard nonpareil » (v. 28). Cette présence de la maîtresse du poète, que l'on supposera être sa muse, est une présence littéraire, ainsi que l'indique la tournure hyperbolique et archaïsante ; elle n'en est que plus chargée de sens, dans la mesure où sa royauté, figée dans la tradition du XVI^e^ siècle, vient s'opposer à la royauté du poète, lui aussi inscrit dans une autre tradition, celle du XIX^e^ siècle, et qui est poétique autant que politique. En cette occasion, on peut vérifier que la dimension politique de la royauté du poète est niée et que, n'existant que sur le mode poétique, il est condamné à n'être que sa propre parodie. Nous ne surinterprétons pas. À preuve, le dernier poème des *Fleurs du Mal* dans leur édition de 1857, « La Mort des artistes ». Il fait très exactement pendant au premier, « Bénédiction », qui évoquait la naissance du poète et célébrait sa royauté mystique. Dans ce dernier poème, il n'y a plus qu'un espoir pour les artistes maudits comme lui,

C'est que la Mort, planant comme un Soleil nouveau,

---

13 « La Béatrice », v. 13-22, *OC*, I, 117.

> Fera s'épanouir les fleurs de leur cerveau[14] !

La réalisation de l'œuvre ne pourra donc s'accomplir que dans la mort, au-delà de la vie. Car dans la vie, rien à attendre pour le poète, il ne peut que se désespérer, comme il le fait dans les deux premiers vers du texte :

> Combien faut-il de fois secouer mes grelots
> Et baiser ton front bas, morne caricature ?

Cette morne caricature est vraisemblablement la réalité, que ne peut atteindre le poète ; et il ne peut l'atteindre, parce que son statut présent de poète le lui interdit. Il est, en effet, non pas un poète, mais une parodie de poète. Précisément, il est un bouffon, qui secoue les grelots d'une marotte. On retrouve donc dans cet ultime poème des *Fleurs du Mal* la métaphore de la royauté du poète. Et se vérifie une nouvelle fois que le royaume du poète n'est pas de ce monde. Le poète sera bien roi, mais dans un autre monde, dans l'autre monde, le monde mystique[15], chanté par le poète lui-même dans les cinq strophes finales de « Bénédiction ». Une courbe dynamique se dessine de la sorte entre les deux extrémités du recueil, dont le dynamisme tient à l'évolution de la figure du poète, roi et finalement bouffon de lui-même.

## LE ROI ET LE BOUFFON

Une royauté en défaut, telle est la royauté du poète dans *Les Fleurs du Mal*. Jusqu'à présent nous nous sommes attaché à la seule personne du poète, et ce sont les représentations de lui-même comme roi ne pouvant être roi qui nous ont retenu. Ces représentations se cristallisent

---

14 « La Mort des artistes », v. 13-14, *OC*, I, 127. – À noter que dans l'édition de 1861 Baudelaire enlève sa majuscule à Soleil, et ôte, partiellement, à celui-ci la personnification qui l'affectait en 1857. Là-dessus voir notre étude, « Une traversée de l'œdipe », in *Œdipe à Lesbos. Baudelaire, la femme, la poésie*, Cazaubon, Eurédit, 2002.

15 À souligner que les trois sonnets composant la section de *La Mort* dans l'édition originale des *Fleurs du Mal* contiennent chacun une occurrence de l'adjectif « mystique » et que le poème lui-même de « Bénédiction » en contenait aussi une, où cet adjectif qualifiait la couronne du poète.

dans l'image du bouffon[16]. Ce statut de bouffon affecte sa personne, mais aussi, ce n'est guère étonnant, sa poésie. Son inspiratrice est une muse saltimbanque, qui, pleurant et riant, « étale [s]es appas », « Pour faire épanouir la rate du vulgaire[17] ». Cet aspect-là est important, il l'est même trop, et demanderait à soi seul toute une étude, aussi ne l'envisagerons-nous pas. Nous continuerons à interroger la royauté en défaut du poète dans les *Fleurs*, en essayant d'en pénétrer la nature, l'essence. Car le fait que le poète soit un bouffon n'est qu'une caractéristique pour ainsi dire extérieure ; ainsi il est perçu par les autres, et ainsi il se perçoit lui-même, mais, au fond de lui-même qui est-il ? Cette question, qui concerne l'identité même du poète, n'est pas psychologique ni existentielle, elle est métaphysique, et son enjeu est politique. Nous sommes ici au cœur de la problématique que nous avons élaborée, et nous allons maintenant pouvoir en examiner toutes les implications. Un poème nous le permettra, le troisième « Spleen ».

Ce poème, qui n'a guère retenu l'attention des critiques, c'est le moins qu'on puisse dire, n'a généralement suscité que des interrogations sur le modèle historique du roi mis en scène, et on a pensé à Louis XIII, le roi neurasthénique de *Marion de Lorme*, à Philippe II d'Espagne[18], etc., mais on pourrait aussi penser au Richard II de Shakespeare ou au roi sans divertissement de Pascal, – et à bien d'autres encore. L'essentiel à nos yeux n'est pas là, et il est vain de chercher un référent à ce roi, étant donné que dès le premier vers l'identité de ce roi est donnée comme fictive ; ou, pour être plus précis, le Je de celui qui parle ou écrit, et qu'on identifiera au poète, reçoit l'identité d'un roi de fiction. C'est l'une des rares fois dans le recueil où le Je s'affirme comme sujet, et en chacune de ces occasions il serait possible de montrer que toujours cette affirmation d'identité soulève des difficultés liées à la quasi-impossibilité

16 Sur ce sujet se reporter à l'essai suggestif de Jean Starobinski, *Portrait de l'artiste en saltimbanque*, Flammarion, « Champs », 1983 (1re éd., 1970). *A contrario*, se rappeler le couple, constitutif d'une bonne partie de l'imaginaire romantique, du roi et du bouffon, et se reporter à l'ouvrage classique d'Annie Ubersfeld, *Le Roi et le bouffon*, José Corti, 1974.

17 « La Muse vénale », v. 12 et 14, *OC*, I, 15. – On se souvient que le mot de rate se dit en anglais *spleen*.

18 Sur les identifications proposées, voir la liste proposée par Claude Pichois dans son édition (*OC*, I, 976-977). – « Le Roi solitaire » de Gautier a pour héros le roi Philippe II, et non Philippe IV comme indiqué. Ce poème d'*España* peut se lire dans l'édition de Patrick Berthier du *Voyage en Espagne*, suivi d'*España*, Gallimard, « Folio », 1981, p. 475-476. La tonalité prébaudelairienne est remarquable.

pour le Je de se définir comme un Moi, comme c'était le cas à l'époque du romantisme de 1830. Ces difficultés se traduisent chez Baudelaire par une stratégie énonciative, dont portent témoignage des poèmes comme le deuxième « Spleen » ou « Le Flacon[19] », qui procèdent à une scénographie complexe. Dans le troisième « Spleen » la stratégie est assez simple, elle se réduit au recours à une comparaison, mais cette comparaison est développée tout au long du poème, et prend une forme narrative qui occupe l'ensemble du texte, ce qui est tout à fait unique dans *Les Fleurs du Mal*[20]. D'autre part, et dans notre perspective c'est de première importance, c'est la seule fois aussi où la métaphore du poète roi connaît dans le recueil sa plus grande extension et fait même l'objet d'un poème entier. Nous gagerons donc que s'y joue quelque chose de capital et que s'y problématise une interrogation politique sur l'identité du sujet lyrique.

Au premier abord, c'est sous l'angle métaphysique qu'est appréhendée cette identité du Je. Celui-ci comme roi réunit en lui-même toutes sortes de contradictions oxymoriques :

> Je suis comme le roi d'un pays pluvieux,
> Riche, mais impuissant, jeune et pourtant très vieux,
> Qui, de ses précepteurs méprisant les courbettes,
> S'ennuie avec ses chiens comme avec d'autres bêtes[21].

Sauf que ces contradictions n'importent pas en elles-mêmes, puisque ce qui donne le sens, si l'on peut dire, ce n'est pas elles, mais l'ennui qui mine ce roi, les contradictions n'étant que la conséquence de cet ennui. L'ennui baudelairien, on le sait, n'est pas un état d'âme, il est un vice, le pire de tous, dit l'épître « Au lecteur » ; il est la substance vaporisée de la volonté des hommes[22]. En quoi il empêche les hommes d'agir sur la réalité et les condamne à une rêverie sans objet, et il les empêche en

---

19 Sur ce dernier poème et pour les difficultés d'énonciation lyrique qu'il rencontre, voir notre article, « Sur la rhétorique du lyrisme en 1850. *Le Flacon* de Baudelaire », *Poétique*, n° 126, 2001.

20 Dans « L'Héautontimoroumenos » (*OC*, I, 78-79), les affirmations d'identité sont très nombreuses, mais elles sont comme atomisées les unes par rapport aux autres : Je suis le sinistre miroir ; Je suis la plaie et le couteau ; Je suis le soufflet et la joue ; etc., ce qui empêche donc le Je d'avoir l'unité d'un sujet, celui-ci ne pouvant être que le lieu où se réunissent toutes les contradictions qui l'affectent.

21 « Spleen » (« Je suis comme le roi… »), v. 1-4, *OC*, I, 74.

22 Voir « Au lecteur », v. 11-12, *OC*, I, 5.

particulier de faire en sorte que l'action soit la sœur du rêve[23]. Le roi ennuyé du troisième « Spleen » est de ce fait condamné au désœuvrement, à l'incapacité d'agir sur le réel. Incapacité philosophique, qui touche à son être même, suggèrent les tout derniers vers du poème :

Le savant qui lui fait de l'or n'a jamais pu
De son être extirper l'élément corrompu,
Et dans ces bains de sang qui des Romains nous viennent,
Et dont sur leurs vieux jours les puissants se souviennent,
Il n'a su réchauffer ce cadavre hébété
Où coule au lieu de sang l'eau verte du Léthé[24].

Ce jeune roi n'est plus qu'un squelette (*cf.* v. 12), qu'un cadavre, et l'eau verte du Léthé, c'est-à-dire de l'oubli de soi et de la léthargie[25], s'est substituée au sang. À ceci près que le prince a accepté, en pure perte d'ailleurs, de prendre des bains de sang pour revigorer son propre sang anémié. Notation qui prend son plein sens, quand elle est rapprochée du vers 6, qui évoquait le peuple « mourant en face du balcon », et dont on peut supposer que c'est le prince lui-même qui l'a fait massacrer. Le motif sanglant est donc un motif sanguinaire et révèle un arrière-plan historique et politique, celui des Romains de la décadence ou celui de la Saint-Barthélemy, à laquelle prit part Charles IX en personne en *giboyant* à ses sujets huguenots[26], mais aussi celui de juin 1848, lorsque furent commis des actes de répression d'une sauvagerie inouïe se terminant dans des… bains de sang.

Le sang dans lequel se baigne ce roi et l'eau verte du Léthé qui coule dans ses veines contribuent à dessiner son portrait. Les deux ne sont pas séparables, et l'on écartera en passant l'objection, possible, selon laquelle s'imposerait au dernier vers l'eau du Léthé à la place du sang, étant donné que juste auparavant est bien présent un autre sang, celui des victimes du roi. Il vaut donc mieux considérer que l'eau du Léthé et le sang sont des éléments constitutifs de l'être du roi, nous les examinerons successivement. L'eau du Léthé, avancerons-nous, est de nature mélancolique ; c'est elle qui rend ce roi spleenétique. Le sang, quant à lui, est le remède auquel il recourt pour tenter de guérir son

23 *Cf.* « Le Reniement de saint Pierre », v. 30, *OC*, I, 122.
24 « Spleen » (« Je suis comme le roi… »), v. 13-18, *OC*, I, 74.
25 *Cf.* la note 3 de Cl. Pichois à la p. 74 de son édition (*OC*, I, 977).
26 *Cf.* Mérimée, *Chronique du règne de Charles IX*, ch. XXII.

spleen mélancolique. Remède moins allopathique qu'homéopathique, le vert de l'eau du Léthé et le rouge du sang étant, en leur qualité de couleurs complémentaires, moins en relation d'opposition qu'en relation de similitude (*similia similibus*, selon le principe de l'homéopathie). Pour autrement dire, il importe de les associer symboliquement et de les penser ensemble, pour comprendre la singulière royauté de ce roi qui s'ennuie. Le caractère sanguinaire de son pouvoir est la contrepartie de sa mélancolie, celle-ci l'amenant à se baigner dans le sang de ses sujets, afin de soigner par un tel remède autant son corps débile que son âme énervée. Une équivalence se produit dès lors entre métaphysique et politique, d'une part, mélancolie et violence, d'autre part.

Quelles conclusions tirer de cela s'agissant du motif qui nous occupe, celui de la royauté du poète ? Le poète, avons-nous vu, ne peut pas, ou ne peut plus être un roi ; sa royauté, de ce fait, est en défaut, et n'existe que sur le mode parodique ou carnavalesque, c'est-à-dire comme non-royauté, comme bouffonnerie. Quand il arrive par extraordinaire à cette royauté, dans le troisième « Spleen » tout spécialement, d'exister vraiment, comme étant le pouvoir exercé par un roi, la mélancolie et la violence sanguinaire en font une monstruosité morale et politique. Une telle royauté, où s'expriment conjointement un pouvoir absolu et une impuissance absolue, n'est assurément pas celle que Baudelaire idéalisera dans son évocation de la royauté de Hugo, et nous verrons dans ce troisième « Spleen » comme la limite fantasmatique et idéologique qui est atteinte, lorsqu'est mise en œuvre la conception du poète comme roi. Mais il n'empêche qu'une pareille conception, en dépit de cette limite ou à cause de cette limite même, ne cesse de travailler le texte des *Fleurs du Mal* et que Baudelaire le premier a fait reposer sur elle une grande partie de son projet : en elle il problématise la poétique difficile en ces années 1850 du Je comme sujet lyrique, et dont la difficulté se résume dans la question : Qu'est-ce qu'un Moi qui n'est qu'un Moi, rendu à sa pure solitude lyrique, et qui n'a aucune prise sur la réalité ? Ou encore : Qu'est-ce que le Je d'un poète, si, ce poète étant désormais dans l'incapacité d'exercer sur le mode symbolique et métaphorique sa souveraineté, nulle autre instance que la sienne n'autorise sa parole et ne le légitime lui-même comme sujet de cette parole ?

## PRURITS RÉVOLUTIONNAIRES

Baudelaire répond à ce genre de questions dans le troisième « Spleen », il y répond également dans la pièce liminaire du recueil, « Au lecteur ». Il a placé ce poème en surplomb de tout l'ouvrage, et dans les deux éditions il l'a séparé des autres pièces en ne le numérotant pas. Son inspiration est morale, religieuse, métaphysique ; mais il a aussi une signification politique et sociale[27], qui est bien visible dans le dernier quatrain, où est donnée l'identité du pire des vices :

> C'est l'Ennui ! – l'œil chargé d'un pleur involontaire,
> Il rêve d'échafauds en fumant son houka.
> Tu le connais, lecteur, ce monstre délicat,
> – Hypocrite lecteur, – mon semblable, – mon frère.

Baudelaire procède comme dans la Note qui introduisait la section *Révolte* dans l'édition de 1857[28], en retournant contre le lecteur son hypocrisie, et de la sorte dynamite le pacte social, lui-même fondé sur cette hypocrisie. Ce qui donne toute sa force dans « Au lecteur » à cette dénonciation du pacte d'hypocrisie, c'est la complicité criminelle que le poète et son destinataire ont en commun. Chacun « rêve d'échafauds en fumant son houka ». La parenté thématique et idéologique avec le troisième « Spleen » est évidente, on retrouve l'ennui, la violence sanguinaire, l'exercice d'un pouvoir tyrannique. La situation dans laquelle se fantasment le poète et avec lui le lecteur est celle d'un despote oriental (*cf.* le houka), disposant du pouvoir de vie et de mort sur quiconque. C'est exactement le même processus que dans le troisième « Spleen », où l'ennui fait naître par contrecoup la violence sanguinaire. Cependant, quelques différences s'observent : outre que le pouvoir fantasmé est plus grand, référence orientale oblige, avec ce que cela suppose d'excès hyperbolique, le mot d'« échafauds » est chargé de connotations nouvelles et originales : à la différence des massacres

27 Là-dessus voir l'étude éclairante de Ross Chambers, « Un despotisme oriental », in *Mélancolie et opposition. Les débuts du modernisme en France*, José Corti, 1987. Plus généralement, on verra sans peine tout ce que nous devons aux puissantes et originales analyses de ce beau livre.

28 *Cf. OC*, I, 1075-1076.

style Saint-Barthélemy, qui étaient l'expression d'une violence royale d'Ancien Régime, l'échafaud renvoie pour tout lecteur du XIXe siècle au souvenir de la période révolutionnaire : ce sont des exécutions politiques massives qui excitent ici la rêverie, et pas l'exécution de criminels condamnés à mort par une cour d'assises. Dans le fantasme suggéré, en l'espace d'un vers défilent les images sanglantes de la Terreur, ou d'une révolution, n'importe laquelle, qui établit son empire par de grandioses déchaînements de violence. La présence de l'Orient, quant à elle, par l'intermédiaire de la métonymie du houka, a pour effet d'accentuer la démesure et, plus subtilement, de procéder à la confusion de toutes les représentations politiques, en renvoyant dans un ailleurs oriental tout ce qui appartient au passé historique de 1793, à moins que ce passé révolutionnaire français ne se leste d'une charge fantasmatique et libidinale bien plus grande en étant orientalisé.

Ainsi dans la rêverie du pouvoir absolu dont peut disposer un despote de l'Orient se faufile insidieusement, selon des circuits compliqués, la référence à la révolution, le pouvoir royal et le pouvoir révolutionnaire s'équivalant et se confondant dans un même imaginaire de violence, de sang et de mort. Il apparaît alors que le Je du poète, ou celui de l'hypocrite lecteur, a métaphoriquement une identité de roi, ou de sultan, autant qu'une identité de révolutionnaire. Dans ce vers le motif de la royauté du poète aura donc abouti à faire entr'apercevoir, grâce à une espèce de ruse oppositionnelle, ce qui fonde souterrainement la relation du poète, et du lecteur, à la réalité contemporaine : la révolution. C'est d'une parfaite logique : comme le poète roi n'a plus la possibilité d'être un roi légitime, et que dans le meilleur des cas, si l'on peut dire, sa seule royauté est celle du spleen, il n'a plus qu'à convertir son impossible statut de roi en celui d'un révolutionnaire. Ce n'est bien sûr pas dire que la révolution soit revendiquée comme telle : tout se passe dans la rêverie, dans la fumée du houka, et ce sont les volutes du tabac qui dessinent dans leur réseau l'image tremblée de la révolution. Dans ce tremblé, confus et indéfini par nature, est visible la présence de 1793-1794, mais se devine, plus secrètement, celle de 1848. Le rêve d'échafauds, en effet, s'il est une rêverie, est aussi l'expression d'un désir, celui d'une révolution radicale qui verrait l'élimination physique des aristocrates et des bourgeois, et qui, par exemple, faisait dire au pourtant paisible Bianchon de Balzac : « Je hais ces sortes de gens, je souhaite une révolution qui nous en délivre à jamais[29] ». Ce rêve d'échafauds lui-même reçoit historiquement une partie de sa signification de l'une des premières mesures prises par les révolutionnaires de février 1848 : la suppression de la peine de mort en matière politique, pour conjurer le souvenir de la Terreur robespierriste.

Notre lecture ne vise pas à faire des *Fleurs du Mal* un recueil post-quarante-huitard militant nostalgiquement en faveur de la révolution, mais à mettre au jour, en dégageant leur historicité, la part politique qui entre dans leur textualité. Cette part politique ne s'affiche pas explicitement, elle s'inscrit subrepticement dans le recueil, comme en contrebande, selon des effets de brouillage, plus que de cryptage. Ainsi, pour ce qui est de 1848, ou plutôt de « 1848 », avec des guillemets, la référence historique se fraie un chemin dans le texte au moyen de métaphores et de métonymies conjuguées, et de cette façon est désigné l'un des points de fuite problématiques du texte, en l'occurrence l'histoire et sa représentation, qui en oriente l'écriture et la lecture. C'est ce point de fuite politique, tout particulièrement, qui permet de comprendre la prise à partie finale du lecteur dans l'épître-dédicace : le lecteur à qui s'adresse Baudelaire est comme lui conscient, sans oser le reconnaître par-devers soi ni, à plus forte raison, l'admettre, que son rapport à la réalité se fonde sur le sentiment d'une déception philosophique, historique et politique, et que, pareillement, il a des désirs de meurtres, de violence, de sang. Nous terminerons sur ce point, en posant que ce rapport déceptif à la réalité est de nature mélancolique, celle-ci conçue comme expérience de la perte, du manque, de l'absence – du *défaut*. Mélancolie qui joue aux deux plans de l'énoncé et de l'énonciation. Au plan de l'énoncé : la mélancolie étend son ennui à l'ensemble du monde, le vide de substance, et notamment fait disparaître toute référence historique et politique, imposant le spleen comme substitut du réel ; au plan de l'énonciation : la mélancolie compromet et même empêche toute parole qui se présente comme un discours, c'est de façon biaisée et brouillée qu'elle dit la réalité, élaborant une textualité sur le mode défectif, par le recours, entre autres, à l'allégorie[30], qui connaîtra sa plus belle illustration dans le poème du « Cygne ».

29 Balzac, *L'Interdiction*, in *La Comédie humaine*, édition publiée sous la direction de P.-G. Castex, Gallimard, « Bibliothèque de la Pléiade », t. III, p. 426.

30 Là-dessus voir notre étude, « *Le Cygne*, ou l'exil de l'histoire », in *Baudelaire dépolitiqué. Quatre études sur « Les Fleurs du Mal »*, Cazaubon, Eurédit,, 2002.

## RÉVOLUTIONS

Dans ces conditions, il est clair que royauté et révolution sont indissociables et que c'est la mélancolie qui les fait s'articuler l'une sur l'autre. Aussi faut-il maintenant examiner les représentations de la révolution dans *Les Fleurs du Mal*, étant bien entendu que c'est toujours la même enquête sur le motif du poète roi qui se poursuit. Constatons tout d'abord que la révolution ne suscite pas dans *Les Fleurs du Mal* un poème qui lui soit entièrement consacré, pas d'équivalent en tout cas d'un poème comme le troisième « Spleen » pour ce qui était de la figure du roi. La seule fois où elle se manifeste pour ainsi dire en gloire, c'est dans le poème « Sisina », ajout de l'édition de 1861, dont le second quatrain est constitué par une évocation haute en couleur de Théroigne de Méricourt :

> Avez-vous vu Théroigne, amante du carnage,
> Excitant à l'assaut un peuple sans souliers,
> La joue et l'œil en feu, jouant son personnage,
> Et montant, sabre au poing, les royaux escaliers[31] ?

Belle vision d'une amazone, à qui la révolution donne tout son éclat guerrier, mais on peut s'en convaincre facilement, la référence révolutionnaire n'intervient que pour donner une coloration héroïque à la Sisina, « douce guerrière / [À] l'âme charitable autant que meurtrière » (v. 9-10). Une mention aussi explicite de la révolution est exceptionnelle. La plupart du temps, sa présence est suggérée comme en passant, au moyen d'une métaphore. Le meilleur exemple de ce traitement est offert par « Le Vin des chiffonniers ». À l'évidence ce poème est d'inspiration quarante-huitarde, dans sa thématique comme dans son idéologie. Thématiquement, il donne une description du Paris faubourien, « Où l'humanité grouille en ferments orageux[32] », et que des gens « Moulus par le travail et tourmentés » (v. 14) habitent. Parmi eux sont les chiffonniers, représentants symboliques du monde de la misère ouvrière, et même

31 « Sisina », v. 5-8, *OC*, I, 61.

32 « Le Vin des chiffonniers », v. 4, *OC*, I, 106. – Nous reprenons très succinctement des éléments de notre étude, « *Le Vin des chiffonniers*, ou l'ivresse de la révolution », in *Baudelaire dépolitiqué. Quatre études sur « Les Fleurs du Mal »*.

d'un véritable *lumpenproletariat*, au sens marxiste du terme. L'un de ces chiffonniers, sur qui s'attarde Baudelaire, se signale, lorsqu'il est ivre, par un comportement remarquable :

> Il prête des serments, dicte des lois sublimes,
> Terrasse les méchants, relève les victimes,
> Et sous le firmament comme un dais suspendu
> S'enivre des splendeurs de sa propre vertu.

Il se comporte comme un roi, en dictant des lois sublimes, et pour ce roi le firmament est comme un dais suspendu au-dessus de lui ; mais comment ne pas voir, d'autre part, que ce roi, issu de la populace, se comporte comme aucun roi ne s'est jamais comporté, qu'il procède à la subversion révolutionnaire du pouvoir royal, et qu'il est d'ailleurs plus un tribun du peuple qu'un roi ? Semblable ambivalence en ce qui concerne le vin : il « règne par ses dons ainsi que les vrais rois » (v. 28), mais sa royauté est une invention humaine : à la création imparfaite et même mauvaise de Dieu, qui a produit la misère et la malédiction sociale, l'homme a remédié en ajoutant le vin (*cf.* v. 30-32), qui inspire aux misérables l'espoir d'un monde meilleur, celui que leur promet le chiffonnier napoléonien, démagogue et révolutionnaire[33]. L'association de la révolution et de la royauté dans ce poème s'explique par le fait que la royauté du chiffonnier est une royauté idéale, et en même temps une royauté populaire. C'est en cela une royauté révolutionnaire, dans tous les sens du mot. Et l'on peut vérifier que la révolution s'inscrit dans le texte par le biais de la métaphore, en l'occurrence la métaphore royale. Preuve, s'il était besoin, de l'équivalence symbolique entre royauté et révolution dans *Les Fleurs du Mal*.

La section la plus politique du recueil, *Révolte*[34] associe pareillement royauté et révolution. Les choses apparemment sont tranchées : d'un côté, la royauté ; de l'autre, la révolution. La royauté, elle prend la forme la plus extrême du despotisme dans le premier poème de la section, « Le Reniement de saint Pierre », en la personne de Dieu, représenté « Comme un tyran gorgé de viande et de vins[35] », jouissant sadiquement

33 La référence napoléonienne est visible aux vers 18-20 ; elle était parfaitement explicite dans le premier état du poème : *cf. OC*, I, 1049-1050.

34 Sur cette section voir notre étude, « Baudelaire révolutionnaire ? », in *Baudelaire dépolitiqué. Quatre études sur « Les Fleurs du Mal »*.

35 « Le Reniement de saint Pierre », v. 3, *OC*, I, 121.

des « sanglots des martyrs et des suppliciés » (v. 5). Rien d'étonnant si la révolution est la conclusion prévisible du poème suivant, « Abel et Caïn », lorsque les caïnites, ces damnés de la terre, sont invités par le poète à s'en prendre à un si affreux tyran :

> Race de Caïn, au ciel monte,
> Et sur la terre jette Dieu[36] !

Le lien de l'un à l'autre poème est de nature causale, les crimes de Dieu amenant son châtiment par les hommes, et c'est selon une antithèse que s'organise le couple royauté, ou plutôt despotisme ici, et révolution. Ce n'est pas très original, ces idées traînent dans toute la littérature quarante-huitarde[37]. Pour notre propos, cependant, cette opposition est intéressante, en ce qu'elle montre que la notion de royauté n'est jamais neutre chez Baudelaire, mais qu'elle a toujours un enjeu idéologique et politique. Bien sûr, « Le Reniement de saint Pierre » est en lui-même un poème politique, et la représentation de Dieu comme un despote, comme figuration proudhonienne du mal[38], n'est évidemment pas neutre du tout, mais une telle charge idéologique dans ce poème éclaire, par effet de retour, toutes les autres mentions de la royauté qui sont faites dans le reste du recueil. De ce point de vue, la tyrannie de Dieu dans « Le Reniement de saint Pierre », proche par son côté oriental de celle qui transparaît dans l'épître « Au lecteur », constitue la limite politique que la royauté peut atteindre. Et cette limite politique, c'est la révolution, que le despotisme suscite.

Dans le dernier poème de la section *Révolte*, « Les Litanies de Satan », les rapports entre royauté et révolution sont autrement complexes. Cela tient à la personne de Satan, qui est à la fois roi et révolutionnaire. Sa royauté est affirmée tout au long du texte : il est le « Prince de l'exil[39] », le « grand roi des choses souterraines » (v. 7), etc., sauf que cette royauté est une royauté d'en bas, elle s'exerce dans la contestation et la révolte. Témoin le distique suivant où le « Prince de l'exil » apparaît comme le

36 « Abel et Caïn », v. 31-32, *OC*, I, 123.

37 Voir Dolf Oehler, *Le Spleen contre l'oubli, Juin 1848, Baudelaire, Flaubert, Heine, Herzen*, *op. cit.*, p. 28-57 et p. 75-82.

38 Rappelons la formule lapidaire de Proudhon : « Dieu, c'est sottise et lâcheté ; Dieu, c'est hypocrisie et mensonge ; Dieu, c'est tyrannie et misère ; Dieu c'est le mal ».

39 « Les Litanies de Satan », v. 4, *OC*, I, 124.

protecteur, presque le patron, au sens romain, de tous les insoumis à l'ordre social et politique :

> Toi qui fais au proscrit ce regard calme et haut
> Qui damne tout un peuple autour d'un échafaud,

Cet échafaud, on l'a déjà vu dans l'épître « Au lecteur », mais la victime qui y monte est un révolutionnaire, ce qui n'était pas le cas précédemment. Le poème lui-même est idéologiquement plus marqué, ou, plus exactement, il est plus univoque. C'est que Satan est ici sans conteste le promoteur de la révolution : de lui il est dit que son « œil clair connaît les profonds arsenaux » (v. 22) ou qu'il est le « Confesseur des pendus et des conspirateurs » (v. 41), et surtout, il a appris aux hommes « à mêler le salpêtre et le soufre » (v. 32) : il leur a appris à fabriquer de la poudre, les dotant ainsi des moyens matériels de faire la révolution.

Que Satan soit roi et qu'il soit révolutionnaire est à mettre sur le compte de son passé miltonien[40] ; plus profondément, c'est à mettre sur le compte de l'ambivalence politique entre royauté et révolution qui s'observe chez Baudelaire, et qui est réaffirmée dans ces « Litanies ». Dans la personne de Satan sont réunies de manière critique deux postulations politiques qui d'ordinaire sont contradictoires entre elles, la royauté et la révolution. Satan permet leur réunion, et en fait il est le seul qui le puisse. C'est sa situation de roi en exil, « à qui l'on a fait tort[41] », qui l'a transformé en un révolté. Significativement, Baudelaire dans ce texte ne semble pas prendre en compte que sa révolte est la cause de sa déchéance ; il renverse les données de la tradition. Ce qui s'accorde parfaitement avec l'esprit de ces trois poèmes, s'ouvrant avec « Le Reniement de saint Pierre » sur le spectacle repoussant de Dieu en tyran sadique : de toute évidence, c'est ce tyran criminel qui a usurpé la place de Satan, et fait de celui-ci un « vaincu » (v. 5). Par retour Satan inspirera aux hommes la révolution, elle sera la conséquence du sort mélancolique qui est fait au ci-devant roi du monde. Le poète, quant à lui, est ce Satan des temps modernes, roi déchu, découronné, en exil de l'histoire.

---

40 Là-dessus voir notre étude, « Satan, ou la mélancolie de l'art à l'époque moderne », in *Ut pictura poesis. Baudelaire, la peinture et le romantisme*, Presses universitaires de Lyon, « Littérature et idéologies », 2000, p. 135-137.

41 Sur cette formule qui vient de *Consuelo*, voir l'article de Léon Cellier, « Baudelaire et George Sand », *RHLF*, avril-juin 1967.

## PRIMITIVISME

La réflexion sur la royauté du poète qui se fait jour dans *Les Fleurs du Mal* a une signification poétique et politique. Les origines en sont historiques et remontent à l'effondrement symbolique qu'ont provoqué Juin 1848 et Décembre 1851. Mais cette réflexion elle-même s'inscrit dans un cadre beaucoup plus vaste, celui de l'histoire humaine en général. Un poème comme la pièce V des *Fleurs du Mal*, dans leurs deux éditions, « J'aime le souvenir de ces époques nues », est à cet égard exemplaire[42]. Organisé selon une opposition bien tranchée entre temps antiques et temps modernes, il offre la vision de deux états de la civilisation, un état primitif, quasi mythique, et un état historique. Deux régimes différents du corps les caractérisent, un régime glorieux et un régime dégénéré. De ce tableau grinçant et caricatural de la triste humanité deux vers nous arrêteront :

> L'homme, élégant, robuste et fort, avait le droit
> D'être fier des beautés qui le nommaient leur roi[43] ;

Cette royauté édénique de l'homme n'est plus. Sa disparition est l'expression d'une dégradation d'ordre historique et ses implications sont poétiques :

> Le Poète aujourd'hui, quand il veut concevoir
> Ces natives grandeurs, aux lieux où se font voir
> La nudité de l'homme et celle de la femme,
> Sent un froid ténébreux envelopper son âme
> Devant ce noir tableau plein d'épouvantement[44].

L'homme découronné, c'est la poésie qui perd une bonne partie de sa signification. Elle ne pourra pas être célébration, et de ce fait se trouve condamnée à cultiver les « muses tardives[45] » et à faire l'expérience

42 Sur ce poème voir le commentaire de Patrick Labarthe dans son ouvrage, *Baudelaire et la tradition de l'allégorie*, Droz, Genève, 1999, p. 320-323.

43 « J'aime le souvenir de ces époques nues », v. 11-12, *OC*, I, 12.

44 « J'aime le souvenir de ces époques nues », v. 15-19, *OC*, I, 12.

45 « J'aime le souvenir de ces époques nues », v. 34, *OC*, I, 12.

esthétique de la laideur. Le poète est dès lors réduit à rendre « un hommage profond » (v. 35)

> – À la sainte jeunesse, à l'air simple, au doux front,
> À l'œil limpide et clair ainsi qu'une eau courante[46],

hommage profond, qui est tout en même temps ironique et mélancolique : il s'adresse à des réalités qui ont disparu, et c'est leur disparition en fait qui est à l'époque moderne la matière désormais de la poésie. Le poète pourra d'autant mieux faire l'épreuve de cette chute qu'il est en exil du réel.

Le motif de la royauté, on le voit, qu'il s'agisse de la royauté primitive de l'homme, roi de la Création, ou de la royauté du poète, est un des éléments importants de l'imaginaire de Baudelaire, philosophiquement, poétiquement et politiquement. Il se rencontre très tôt dans l'œuvre, comme dans ce texte ancien, et tout à la fin de la carrière de Baudelaire : que l'on pense au poème en prose « Perte d'auréole », qui montre le « buveur de quintessences[47], » « le mangeur d'ambroisie », dans un mauvais lieu (café ou bordel), ayant perdu ses « insignes » de poète ; son auréole étant tombée dans la rue, dans la boue, il n'a pas daigné la ramasser, laissant à d'autres, des mauvais poètes, le soin de la récupérer. C'est une fable. Le poète aujourd'hui est un roi sans couronne, un roi sans royaume, dont le seul divertissement est la poésie, celle dont la ville moderne lui offre la substance.

## ROYAUTÉS POST-ROMANTIQUES

Qu'en est-il de ce que par commodité on appelle *Le Spleen de Paris* ? Comme ce recueil, dans l'esprit de Baudelaire, était conçu « pour faire pendant aux *Fleurs du Mal* », on pourrait croire que le motif de la royauté, celle du poète en particulier, occuperait une place tout aussi importante ; il n'en est rien. Ce motif est très peu présent, « Perte d'auréole », que nous venons de mentionner, en donne une explication : le poète accepte

46 « J'aime le souvenir de ces époques nues », v. 36-37, *OC*, I, 12.
47 *Le Spleen de Paris*, « Perte d'auréole », *OC*, I, 352.

désormais le fait de ne plus avoir d'insignes de sa fonction, auréole ou couronne, il est maintenant un « homme des foules[48] », se mêle à elles et explore le nouvel espace de la réalité. Cette réalité est moderne : les signes du passé royal ont disparu, exactement comme les attributs de la royauté du poète. Il est à remarquer à cet égard que ce petit poème en prose de « Perte d'auréole » a son origine dans une des « Fusées » de la seconde moitié des années 1850[49], son idée est contemporaine, sans qu'une date puisse lui être assignée avec précision, du grand article sur Hugo de 1861 qui évoquait nostalgiquement la royauté du poète en gloire. En cela « Perte d'auréole » lui « fait pendant », à sa façon : en exil, Hugo le Grand n'est plus un roi, il est devenu une figure de Commandeur, quand à Baudelaire, à Paris, a renoncé à son auréole. La royauté serait-elle donc incompatible avec la modernité ? La question se pose naturellement, et la réponse s'impose : la royauté appartient à l'ancien régime politique, en voie de décomposition, et la modernité, esthétiquement et poétiquement, prendrait acte de cette mutation historique, à moins qu'elle ne soit considérée comme une des causes de cette éviction de la référence royale ? Pourquoi pas ? En fait, c'est un peu plus complexe. D'abord parce que la référence à la royauté, même si elle n'est pas aussi présente que dans *Les Fleurs du Mal*, n'est pas cependant absente du *Spleen de Paris*, on la repère sans équivoque dans trois poèmes majeurs du recueil[50], « Une mort héroïque », « Le Vieux Saltimbanque » et « Assommons les pauvres ! » Ensuite, parce que dans ces trois poèmes précisément elle désigne au sein du monde moderne la rémanence d'un motif qui persiste à désigner un ancien régime d'historicité politique que l'on pouvait croire disparu, mais qui continue, à l'état presque résiduel, d'avoir une présence. Celle-ci a une valeur critique et instaure au sein de ce monde moderne le souvenir d'un autre temps de l'histoire. Un examen de ces trois textes peut le montrer.

« Assommons les pauvres ! » renvoie dès les premières lignes à 1848 et à tout l'arrière-plan socialiste et révolutionnaire de cette époque, c'est-à-dire à tout ce qui a remplacé la royauté avec l'instauration de la république. Pourtant deux fois dans le texte la référence royale est

48 *Le Peintre de la vie moderne*, ch. III, *OC*, II, 689-690.

49 Voir *Fusées*, *OC*, I, 659.

50 Sur ces poèmes voir les études qui leur sont consacrées dans nos *Politiques de Baudelaire*, Cazaubon, 2014, p. 129-215.

présente. La première fois, quand sont évoqués ironiquement les deux idéologies qui s'opposent politiquement entre elles, désignées comme les « élucubrations[51] » que défendent les « entrepreneurs de bonheur public », à savoir « ceux qui conseillent à tous les pauvres de se faire esclaves » et « ceux qui leur persuadent qu'ils sont tous des rois détrônés ». Donc, d'un côté, les conservateurs, de l'autre, les socialistes, ou les républicains. Les deux idéologies sont également tournées en dérision, aucune à l'évidence n'a l'assentiment du poète. L'intérêt de ce passage pour notre propos est que ce sont les socialistes, ou les républicains – la distinction, souvent difficile à faire en ces années 1840 entre les deux, est ici impossible – c'est-à-dire ceux qui ont détrôné le dernier roi, Louis-Philippe, et qui, plus généralement, sont par nature antiroyalistes, et, ironie de la part du narrateur, déplorent que les pauvres aient été en quelque sorte détrônés, comme rois d'une royauté véritable et authentique, et qu'ils se proposent, par la révolution de leur restituer cette qualité poétique, plus que politique, perdue. La révolution, c'est donc, si on suit la métaphore, la restauration de la royauté, mais une royauté inédite, celle du peuple. (La parenté d'une telle conception avec celle de Hugo dans *Les Misérables*, est manifeste[52].) En quelques de lignes apparaît, reparaît la référence royale, lors de la rencontre du narrateur avec un mendiant tendant son chapeau ; pauvre hère décrépit et pitoyable, qui, comme d'autres pauvres du *Spleen de Paris*[53], a des yeux extraordinaires, « un de ces regards inoubliables qui culbuteraient les trônes ». On revient ici à une idée plus banale : celle qui oppose, à chaque extrémité de l'ordre social, les pauvres et les rois, avec, à l'horizon, le renversement de la royauté par une révolution populaire qui restitue leurs droits aux damnés de la société. À ceci près que cette révolution dans ce passage est de nature poétique, elle se fait uniquement par la force magnétique des yeux[54]. Que conclure de ce double traitement de la référence royale dans « Assommons les pauvres ! » ? essentiellement qu'elle est plus ou moins figée dans un imaginaire de convention avec ses clichés obligés. L'intérêt justement de telles mentions de la royauté dans le contexte d'un poème renvoyant à 1848 est de suggérer combien

51 *Le Spleen de Paris*, « Assommons les pauvres ! », *OC*, I, 357.
52 *Cf. supra*, « Le sacre du gamin », p. 121-122.
53 *Cf.* en particulier *Le Spleen de Paris*, « Les Yeux des pauvres », *OC*, I, 318.
54 Comme « si l'œil d'un magnétiseur mûrissait les raisins », *OC*, I, 318.

aujourd'hui cet imaginaire est devenu anachronique, sans plus aucun rapport avec la réalité.

Va dans le même sens « Une mort héroïque ». Le poème met en scène un des motifs littéraires les plus cultivés à l'époque du romantisme, une trentaine d'années avant, spécialement par Hugo : le conflit entre le roi et le bouffon[55]. Le héros, Fancioulle, est le bouffon d'un prince d'un petit État hoffmannien ou offenbachien, qui a rejoint une conspiration de palais. Ces conspirateurs sont des « individus de nature atrabilaire qui veulent déposer les princes et opérer, sans la consulter, le déménagement d'une société[56] ». Révolution d'opérette, en tout cas pas présentée de manière flatteuse par le narrateur. Quoi qu'il en soit, les conspirateurs sont dénoncés par des mouchards, leur sort est scellé : ils seront exécutés, bouffon compris. C'est effectivement ce qui se passera : le bouffon mourra sur scène d'une espèce de crise d'apoplexie théâtrale et les autres gentilshommes seront à la suite « effacés de la vie[57] ». Les circonstances de la mort de Fancioulle, qui occupent l'essentiel du récit de ce conte cruel, ne nous retiendront pas ici ; nous nous attacherons seulement à la relation du bouffon et de son maître. Pour commencer, il est visible que Fancioulle s'inscrit dans la tradition du bouffon romantique, aussi bien le bouffon hugolien (Triboulet) que le bouffon mussetien (Fantasio) et que c'est dans la référence à cette tradition que le personnage se constitue, même si Baudelaire fait aussi de lui un pierrot, inspiré par le mime Deburau. Cette référence est de nature critique ; ce sont deux âges du romantisme qui se trouvent confrontés et dans cette confrontation c'est un réexamen de la relation sociocritique du roi et du bouffon qui est faite. À première vue, il semblerait que Baudelaire, ayant réactualisé la référence au bouffon, en faisant de lui un être poétique et lunaire, en accentuant ce que le Fantasio de Musset avait de… fantaisiste, ait eu l'intention de transfigurer le bouffon, et, à travers cela, de reconfigurer la problématique politique de l'opposition entre le roi et le bouffon. C'est vraisemblablement le cas, et dans cette perspective il est à remarquer que la reconfiguration en question passe par toute une série de renversements. Relevons-en quelques-uns. D'abord, ce n'est plus le bouffon qui met à mort le roi, le prince, même s'il a comploté contre son maître ; c'est

55 Voir Annie Ubersfeld, *Le Roi et le bouffon*, José Corti, 1974.
56 *Le Spleen de Paris*, « Une mort héroïque », *OC*, I, 319.
57 *Le Spleen de Paris*, « Une mort héroïque », *OC*, I, 323.

bien de la mort héroïque du bouffon qu'il s'agit. Ensuite, la relation du bouffon et du prince s'inverse, dans la mesure où, au centre même du récit de la représentation théâtrale, un échange des rôles se produit. Le bouffon sur scène porte « une indestructible auréole autour de la tête[58] », cette représentation peut être assimilée elle-même à un sacre : « Les explosions de la joie et de l'admiration ébranlèrent à plusieurs reprises les voûtes de l'édifice avec l'énergie d'un tonnerre continu[59] ». De son côté, une métamorphose affecte le prince qui assiste à la représentation : « [...] je contemplais le visage du Prince sur lequel une pâleur nouvelle s'ajoutait sans cesse à sa pâleur habituelle, comme la neige s'ajoute à la neige. Ses lèvres se resserraient de plus en plus, et ses yeux s'éclairaient d'un feu intérieur [...] ». Il a ainsi les apparences d'un pierrot avec son masque blanc, ses lèvres étrécies, ses yeux perçants. Le bouffon est devenu le prince, et le prince est devenu le bouffon de son bouffon. On serait de la sorte en présence d'une inversion complète de la relation du roi et du bouffon. En fait, ce n'est pas exactement cela, un autre élément doit être introduit : le prince d'« Une mort héroïque » n'est pas un despote ordinaire, ce n'est pas un empereur fou, c'est un roi sans divertissement confiné dans les bornes étroites d'une petite principauté, son grand malheur aura été « qu'il n'eut jamais un théâtre assez vaste pour son génie[60] ». Car ce prince a du génie, il est un artiste, « [a]moureux passionné des beaux-arts, excellent connaisseur d'ailleurs » ; c'est un poète en son genre. Dans ces conditions le conflit du bouffon et du roi change de nature, il est moins directement politique que poétique. Écartons ici une interprétation triviale, à savoir que le prince est jaloux, envieux de la génialité de son bouffon et qu'il se venge de lui, en le faisant siffler par son page, parce qu'il lui aurait volé la vedette. Il y a de cela sans doute dans sa réaction meurtrière, mais ce n'est pas « capital » ; ce qui l'est au contraire, c'est que le bouffon lors de cette représentation accède sur le théâtre à la parfaite idéalité esthétique, qui fait disparaître les limites entre réalité et illusion. Or c'est précisément ces limites, non pas seulement politiques, mais métaphysiques, qui sont la cause de l'Ennui du prince, de sa mélancolie, ce sont elles qu'il voudrait faire disparaître, sauf qu'il ne le peut pas. Son bouffon, lui, connaît l'enivrement de leur

58 *Le Spleen de Paris*, « Une mort héroïque », *OC*, I, 321.
59 *Le Spleen de Paris*, « Une mort héroïque », *OC*, I, 322.
60 *Le Spleen de Paris*, « Une mort héroïque », *OC*, I, 320.

transgression et un accomplissement que nul roi, nul prince ne peut connaître. Sa mise à mort le ramènera à la réalité.

L'écart entre la conception romantique du bouffon et celle du bouffon baudelairien est elle-même mise en évidence par Baudelaire lui-même. Dans le troisième « Spleen »le Je poétique s'identifiait à un roi mélancolique, dominé par un ennui sans fond, que nul remède ne pouvait soigner ; par exemple :

> Du bouffon favori la grotesque ballade
> Ne distrait plus le front de ce cruel malade[61] ;

Dans ce poème des *Fleurs du Mal*, on avait affaire au couple traditionnel du roi et du bouffon, comme il est représenté sur la scène du théâtre romantique. C'est avec cette représentation du roi et du bouffon et avec cette représentation de la représentation du roi et du bouffon que Baudelaire rompt dans « Une mort héroïque ». La rupture est particulièrement intéressante puisqu'elle a lieu sur la scène d'un théâtre et que ce bouffon et ce prince ont interverti leurs rôles respectifs. Cette opération a deux implications. La plus visible est, à la faveur de cette interversion, la promotion du bouffon au détriment du roi, et la dévalorisation du roi, mais une autre implication est nettement plus intéressante : le transfert de la question du politique au plan du poétique et de l'esthétique. On n'est pas tant en présence du motif de la royauté du poète, telle qu'il se rencontre dès 1830[62], que, de manière plus contournée, de ce motif même, mais traité à partir de la personne du bouffon ayant cette identité symbolique de roi. Un double transfert s'est produit : de la royauté du poète à la royauté du bouffon / de la royauté du bouffon à la royauté du bouffon-*poète*. Dans cette opération le roi en tant qu'instance politique disparaît, mais surtout le bouffon connaît une transformation importante en accédant au domaine de l'art. Il est à noter, par exemple, que Baudelaire dans ce poème désigne Fancioulle du nom d'« histrion[63] », en réunissant les deux acceptions, négative et positive, du terme : mauvais acteur, grotesque bouffon (lequel « bouffonn[e] » la mort[64] ») ; comédien, artiste se mettant lui-même en scène. De cette façon commence à se

61 *Les Fleurs du Mal*, « Spleen » (« Je suis comme le roi... »), *OC*, I, 74.
62 Voir *Le roi est mort*, ch. 18, p. 477-487.
63 *Le Spleen de Paris*, « Une mort héroïque », *OC*, I, 319.
64 *Le Spleen de Paris*, « Une mort héroïque », *OC*, I, 322.

dessiner la mutation du bouffon romantique vers le saltimbanque, le clown, le pierrot, créatures tournées exclusivement du côté de la poésie, de la fantaisie et de la rêverie. Cette mutation, au moins en ce qui concerne Baudelaire, est de nature politique, en ce sens qu'elle fait du bouffon-poète la seule instance qui permette de penser le pouvoir. Le roi a cessé de l'être depuis longtemps, fût-il, comme c'est le cas dans « Une mort héroïque », un prince artiste ; ne reste donc que le bouffon pour prendre en charge la symbolique d'un pouvoir capable, ainsi que le fait Fancioulle lors de sa représentation magique, de restaurer le lien organique qui fasse de cette société une véritable société communiant dans l'idéal, le beau, etc. Il suffisait donc de transformer Triboulet en poète. Sauf que le dénouement tragique d'« Une mort héroïque » montre les limites d'une semblable conception, car ce qui doit être souligné, c'est que, à la différence de ce qui se passait à l'âge romantique, la royauté du poète au temps de Baudelaire, du dernier Baudelaire, est celle non pas tant d'un bouffon-poète que d'un poète-bouffon, ce n'est pas jouer sur les mots. En devenant un bouffon, c'est-à-dire le double du roi, le poète a peut-être réussi à usurper la place du roi, et à devenir roi à son tour, mais la contrepartie c'est qu'il devient roi en n'étant plus qu'un bouffon, poète-bouffon – bouffon quand même. Non sans ironie, la possible accession du poète à la royauté se solde par la dénaturation bouffonne de ce même poète, comme quoi il n'est pas sans danger de laisser tomber son auréole et de ne pas daigner la ramasser.

« Le Vieux Saltimbanque », tout aussi cruellement, et peut-être plus cruellement encore, dit les limites de la royauté du bouffon. La dimension sociocritique de ce poème est comparable à celle d'« Une mort héroïque », mais l'une des instances n'est pas la même : au lieu d'un prince, « le peuple en vacances[65] » ; l'autre, quant à elle, est pathétiquement dégradée : le bouffon de lumière est devenu le plus misérable des saltimbanques. Mais la scénographie politique est comparable, elle consiste à interroger de nouveau la place du bouffon au sein de la société. Et ce saltimbanque, comme l'était Fancioulle, est pareillement un roi, négativement du moins, car s'il l'a été, il ne l'est plus aujourd'hui. En effet, lorsque le narrateur, après avoir décrit la foule au milieu des baraques de foires,

65 *Le Spleen de Paris*, « Le Vieux Saltimbanque », *OC*, I, 295. – Voir notre étude « "Le peuple en vacances" ("Le Vieux Saltimbanque") », in *Politiques de Baudelaire*, *op. cit.*

en vient à décrire sa « cahute[66] », deux métaphores sont employées à son sujet qui le désignent comme un roi : « il s'était exilé lui-même de ces splendeurs » et « Il avait renoncé, il avait abdiqué. Sa destinée était faite ». Ces deux mentions de l'exil et de l'abdication se répondent, elles se trouvent à chacune des extrémités du paragraphe où est fait le portrait du malheureux. Cette royauté déchue du vieux saltimbanque tire toute sa signification du contexte social dans lequel le personnage apparaît. C'est un jour de fête, où le peuple occupe sa journée de loisir à se distraire dans une foire avec hercules, jocrisses, queues-rouges, etc. Cette festivité est un peu vulgaire, mais le narrateur n'en fait pas une description satirique ; il dit plutôt l'aspect bon enfant, heureux de cette foule toute à son plaisir au milieu de cette espèce de fête à Neu-Neu :

> Tout n'était que lumière, cris, joie, tumulte ; les uns dépensaient, les autres gagnaient, les uns et les autres également joyeux. Les enfants se suspendaient aux jupons de leurs mères pour obtenir quelque bâton de sucre, ou montaient sur les épaules de leurs pères pour mieux voir un escamoteur éblouissant comme un dieu. Et partout circulait, dominant tous les parfums, une odeur de friture, qui était comme l'enfant de cette fête.

C'est l'image d'une société en harmonie avec elle-même, qui s'organise autour de l'opération sociale essentielle : la dépense, comme si était mise en scène à l'occasion de cette fête l'essence même de la socialité. Cette fête elle-même où le peuple est « en vacances » s'apparente à un carnaval, ne serait-ce que parce que le peuple pour une fois a droit de cité, il occupe le devant de la scène. Sans doute ce carnaval ne connaît-il pas les débordements des grandes liesses médiévales, mais en elle-même cette fête populaire présente ici quelques-unes des caractéristiques du carnaval. La première et la plus importante est l'unanimité de ce peuple, tout au plaisir de participer à une fête collective, laquelle est sa fête : significativement nul représentant d'aucune autre partie du corps social, pas de bourgeois apparemment, ni, à plus forte raison, d'aristocrates : on n'imagine ni les uns ni les autres flânant au milieu de ces baraques de foire et évoluant dans l'odeur de la friture. Seulement ce carnaval a ceci de particulier que le roi qui devrait présider aux réjouissances populaires est déjà détrôné, en plein carnaval, alors que, évidemment, sa détronisation n'intervient d'ordinaire qu'à l'issue du carnaval. Le vieux

66 *Le Spleen de Paris*, « Le Vieux Saltimbanque », *OC*, I, 296.

saltimbanque, isolé « à l'extrême bout de la rangée des baraques » en ne participant pas à l'échange général (il n'a rien à montrer et ne reçoit donc rien), est ce triste roi de carnaval, un roi décarnavalisé.

Cette insolite scénographie carnavalesque trouve toute sa signification dans la relation que le narrateur entretient avec le vieux saltimbanque. Lui aussi, tout à sa flânerie qui l'isole au sein de la foule, est à sa façon un roi, son plaisir en cette circonstance festive est de « passer la revue de toutes les baraques qui se pavanent à ces époques solennelles[67] ». Comme le roi en titre passait en revue la Garde nationale, par exemple, le narrateur *passe la revue* des baraques, il ne se contente pas de se promener au milieu d'elles. Infime détail, qui suffit à expliquer la connivence entre le narrateur et le vieux saltimbanque, l'un et l'autre sont des rois d'un autre temps. Le narrateur pour sa part n'est pas qu'un narrateur, il est aussi un poète qui se reconnaît lui-même dans le vieux saltimbanque et qui projette son identité de vieux poète sur cet *alter ego* :

> Je viens de voir l'image du vieil homme de lettres qui a survécu à la génération dont il fut le brillant amuseur ; du vieux poète sans amis, sans famille, sans enfants, dégradé par sa misère et par l'ingratitude publique, et dans la baraque de qui le monde oublieux ne veut plus entrer[68] !

Rois inconnus de cette foule qui les côtoie et qu'eux-mêmes côtoient, ils sont tous deux à l'écart de cette société qui leur est étrangère. Ils ne participent pas à sa socialité et se trouvent de ce fait en situation d'exilés. Ce n'est pas la situation du Stello de Vigny, par exemple, qui éprouve l'exclusion sociale en tant que poète, mais, sous un tout autre angle, eux l'éprouvent en tant que rois. Cette exclusion, outre qu'ils sont les premiers à en être affectés, par retour affecte aussi cette société, qui, du fait de leur exil et de leur abdication, a perdu toute possibilité d'être véritablement un peuple en se fédérant autour d'une instance qui lui donnerait le sentiment et la conscience de son unité comme peuple : ce peuple qui aurait pu célébrer son unanimité dans la référence positive au carnaval n'aura été finalement qu'un peuple en goguette.

---

67 *Le Spleen de Paris*, « Le Vieux Saltimbanque », *OC*, I, 295.
68 *Le Spleen de Paris*, « Le Vieux Saltimbanque », *OC*, I, 297.

## ROYAUTÉ DE MÉLANCOLIE

Des *Fleurs du Mal* au *Spleen de Paris* la figure du poète comme détenteur d'une royauté symbolique aura achevé de complètement disparaître. Perdu « dans ce vilain monde[69] », le poète fait l'expérience de sa propre abdication. Celle-ci n'est pas un renoncement à sa qualité de roi : qu'il le veuille ou non, le poète est toujours un roi, mais ce renoncement dit la situation indéfinissable qui est la sienne, celle d'un roi ayant toutes les prérogatives de son état, mais ne pouvant en jouir ni les imposer, parce qu'elles sont d'une autre époque. En cela le poète baudelairien est condamné à être un roi de mélancolie. Il n'y a que deux possibilités qui s'offrent à lui : se faire révolutionnaire, mais les rois ne font pas la révolution ; se faire prophète, mais « le ridicule » de cette posture lui répugne[70], et de toute façon cet emploi est déjà occupé par Hugo. Ne reste donc que « le spleen contre l'oubli ».

69 *Fusées*, [« Le monde va finir »], *OC*, I, 667.

70 *Fusées*, [« Le monde va finir »], *OC*, I, 667. – Sur cette page de *Fusées*, voire notre étude « Le monde va finir », in *Romanticoco. Fantaisie, chimère et mélancolie (1830-1860)*, Presses universitaires de Vincennes, « L'Imaginaire du texte », 2002.

# CALENDERS ET FILS DE ROIS DANS *LES PLÉIADES* DE GOBINEAU (1874)

## VERS L'APOCALYPSE

L'année terrible de 1870-1871 n'est pas encore terminée (la Commune n'a pas commencé) que Gobineau entreprend un roman, *Les Pléiades*, en réaction contre la catastrophe historique qui vient de se produire et à laquelle les épisodes suivants donneront davantage de matière, si possible. Le roman sera terminé en 1873, et, le rapprochement est parlant, c'est cette même année que Hugo termine un roman, *Quatrevingt-Treize*, lui aussi en réaction à ce qui est arrivé en France durant les trois dernières années, même si l'orientation idéologique n'est évidemment pas la même. Roman réactionnaire, *Les Pléiades* ? littéralement et dans tous les sens. Avec lui Gobineau réagit contre le présent haïssable du début des années 1870 en tenant un discours catastrophiste dans la tradition bien connue de la pensée réactionnaire[1], et en promouvant en même temps une fiction d'un romanesque digne de *L'Astrée* qui aboutit à la fin du texte à un conte merveilleux et idyllique où les héros trouvent un bonheur parfait qui voit le triomphe de l'amour. La contestation de la réalité prend donc deux formes : idéologique, par les discours prêtés à certains des personnages ayant l'évidente fonction de porte-parole de l'auteur ; littéraire, par l'adoption d'une poétique superlativement romanesque en rupture manifeste avec le roman réaliste. Ces deux formes ne cessent de s'éprouver l'une à l'autre, pour se conjuguer et vérifier mutuellement et réciproquement la justesse de sa conception du monde par le romancier et de la représentation qu'il en donne. Tout est porté

1 Voir Gobineau, *Ce qui est arrivé à la France en 1870*, in *Études gobiniennes*, Paris, Klincksieck, 1970, p. 71-185.

non par une thèse, mais par une conviction, celle d'un auteur, Gobineau, attaché à un ancien ordre des choses, le monde d'autrefois, d'avant la révolution, d'avant les révolutions, nostalgique d'un passé héroïque, d'une complète indétermination historique, celui des aryens, des vikings, que sais-je, et qui, au nom de cette conviction, qui a beaucoup à voir avec la rêverie ou le fantasme, déverse son mépris sur le temps infâme où il a eu l'infortune de naître.

Aussi par certains aspects *Les Pléiades* s'apparentent-elles à un pamphlet qui fustige cette époque et ses représentants comme ils le méritent. Seulement, la part du pamphlet dans le roman est strictement limitée aux tout premiers chapitres. C'est alors que des discours d'une grande teneur idéologique sont tenus par les personnages, où la réalité de ce monde méprisable est dénoncée avec éloquence, ce qui n'exclut pas, au passage, une légère distance ironique de la part du romancier à l'égard de ses créatures. En quelques tirades, que nous examinerons bientôt, le présent est anathémisé et s'entendent des harangues dignes des prophètes bibliques. Mais quand les personnages ont dit leur fait au monde, ils racontent, chacun leur histoire respective, mensongèrement pour deux d'entre eux, et véridiquement pour le troisième, un Français, car il est entendu que les Français n'ont aucune pudeur ; puis, ils vont se coucher après cette débauche verbale, et se réveillent le lendemain frais et dispos pour jouer leur rôle de personnages et connaître les aventures romanesques qui les attendent. Avec habileté, Gobineau fait en sorte de ne pas réduire dans ces chapitres d'exposition ses trois personnages à des prophètes furibonds, transportés par la colère et tout à leur passion dénonciatrice et satirique ; il fait aussi d'eux des personnages de roman en leur donnant une histoire sentimentale et amoureuse. De cette façon, idéologique et romanesque sont liés, associés, et dès le lendemain de cette nuit inaugurale le roman démarre véritablement, et les personnages commencent leur carrière.

Ces premiers chapitres donnent au roman sa double assise : roman d'idées, roman d'amour. À ceci près que ce que nous appelons, abusivement, roman d'idées disparaît assez vite à peu près entièrement. Seuls quelques passages teintés d'idéologie font très épisodiquement saillie, mais plus pour la distraction et l'amusement du lecteur qu'autre chose. C'est le cas tout particulièrement des ridicules Gennevilliers, caricature très réussie du couple bourgeois dans sa petitesse et sa stupidité. Leurs positions ne forment absolument pas un contrepoint à celles des personnages d'élite qui nous occupent, tant leurs pauvres idées sont nulles et la conduite de ces deux marionnettes caractérisée par la morale bourgeoise la plus platement conventionnelle. Il suffit qu'ils apparaissent pour que la vérité par contraste se manifeste. À l'exception de ces épisodes Gennevilliers, il n'y a plus dans le reste du roman, terminée l'exposition de la première partie, de discours idéologiques. C'est compréhensible, puisque, le double programme idéologique et romanesque ayant été mis en place dans la première partie, les trois parties suivantes du roman développeront ce programme pour le conduire à son terme, en réglant le sort de chacun des personnages, ce qui aura pour effet, ce qui concerne l'histoire de Jean-Théodore et d'Aurore, de donner une conclusion aux considérations politiques sur lesquelles s'ouvraient *Les Pléiades*.

## IMPRÉCATIONS ET PROPHÉTIE

Le roman commence par la rencontre de trois jeunes gens qui se trouvent voyager en Italie, Wilfrid Nore, Conrad Lanze et Louis de Laudon (ch. I), ils lient connaissance, éprouvent de la sympathie les uns pour les autres et en viennent bientôt aux confidences sur eux-mêmes (ch. III-VII), à la façon de personnages des *Mille et une Nuits*, qui racontent leur histoire, en déclarant pour commencer qu'ils sont calenders et fils de roi. Le rappel de cette situation énonciative occupe le chapitre qui précède immédiatement les trois histoires (ch. II). Dans ce chapitre ayant valeur inaugurale est donc expliqué ce qu'il faut entendre par cette déclaration qui ouvre les histoires de certains personnages du conte arable : « Je suis fils de roi… », et, à la suite, une fois expliquée la signification, la portée de cette expression, est développée une théorie anthropologique et politique de l'humanité, visant à montrer quelle exception les fils de rois constituent au sein d'une humanité dont la loi est celle d'une dégénérescence constante et irréversible.

Fils de roi, donc. Telle est la qualité, plus que l'identité que se reconnaît Wilfrid Nore, l'Anglais du roman, appartenant à la grande aristocratie de son pays et apparenté comme cousin issu de germain au prince régnant de Wœrbeck-Burbach dans la principauté de qui il se rend présentement (*Pl*, 21). « Je suis fils de roi », explique-t-il à ses compagnons, est une « parole magique » (*Pl*, 15), en la prononçant, « le narrateur établit du premier mot, et sans avoir besoin de détailler sa pensée, qu'il est doué de qualités particulières, précieuses, en vertu desquelles il s'élève naturellement au-dessus du vulgaire ». Pour faire comprendre son propos, il se livre dans les lignes qui suivent à de multiples variations, parmi elles nous isolerons celle-ci qui nous intéresse particulièrement étant donné l'objet même de notre enquête : « L'indépendance de mon esprit, la liberté la plus absolue dans mes opinions sont des privilèges inébranlables de ma noble origine ; le Ciel me les a conférés dans mon berceau, à la façon dont les fils de France recevaient le cordon du Saint-Esprit, et tant que je vivrai, je les maintiendrai ». L'intérêt de ce dernier commentaire est que Gobineau fait revenir son personnage à la référence royale historique des Capétiens[2], alors que, dans l'esprit de Nore la filiation royale qu'il revendique est symbolique, détachée de toute référence à une quelconque lignée ayant une existence dans l'histoire. Cela tient-il à la puissance, à la prégnance de cette référence pour un aristocrate français comme Gobineau ? ce n'est pas impossible, et dans le climat de restauration monarchique possible dans les années 1871-1873, lorsque sont écrites *Les Pléiades*, ce l'est d'autant moins. Mais si cette référence à la royauté française est compréhensible, elle n'est pas du tout utile dans l'argumentation de Nore, qui est lui-même Anglais, et Gobineau fait corriger par le personnage de Conrad ce que cette référence a d'inutile, afin d'éviter une interprétation fausse. L'essentiel est que les fils de rois échappent à la temporalité de l'histoire, laquelle est caractérisée par la dégradation. De là l'espèce de rectificatif mis dans la bouche de Conrad :

> Être un fils de roi, c'est tout autre chose que d'être un roi. Un roi ! mon Dieu, un roi, la plupart du temps, c'est un souvenir, un idéal ; rarement peut-on reconnaître dans une personne humaine revêtue de ce titre la réalité du fait, au sens du moins que les anciens assumaient sur ce mot suprême ; mais l'essentiel en reste fortement et éternellement attaché à la qualification de fils de roi. C'est celui qui a trouvé les qualités que vous avez dites, pendues à son cou dès le jour de sa naissance ; celui-là, incontestablement, par un lignage

2 Sur l'ordre du Saint-Esprit, fondé par Henri III, voir les informations de J. Gaulmier, *Pl*, 1034-105, n. 2.

> quelconque, a reçu du sang infusé dans ses veines les vertus supérieures, les mérites sacrés que l'on voit exister en lui, que le monde ambiant ne lui a pas communiqués. Où ce monde les eût-il pris quand il ne les a pas ? Où le nourrisson les eût-il saisis, puisque nulle part il ne les avait sous la main ? Quel lait de nourrice les lui eût donnés ? Existe-t-il des nourrices si sublimes ? Non ! Ce qu'il est sort d'une combinaison mystérieuse et native ; c'est une réunion complète en sa personne des éléments nobles, divins, si vous voulez, que des aïeux anciens possédaient en toute plénitude, et que les mélanges des générations suivantes avec d'indignes alliances avaient, pour un temps, déguisés, voilés, affaiblis, atténués, dissimulés, fait disparaître, mais qui, jamais morts, reparaissent soudain dans le fils de roi dont nous parlons[3].

Après « Un roi ! Mon Dieu », Gobineau avait écrit dans un premier temps : « nous sommes tous ici, en théorie du moins, de fervents royalistes, il n'y a donc pas à craindre que notre entrevue vienne à verser dans ce qui serait de la discussion politique » (*Pl*, 16, var. a), puis il a rayé cette phrase, sans doute parce qu'elle avait l'inconvénient de suggérer que cette idée des fils de rois pouvait être considérée comme inspirée par le royalisme de ceux qui la professent présentement. Dans l'esprit du romancier des *Pléiades*, au contraire, il importe d'arracher autant que possible cette filiation symbolique de fils de rois à tout ce qui de près ou de loin la rattacherait à la réalité historique, notamment celle de la France immédiatement contemporaine. Ce qui compte, c'est non pas le roi, mais le fils du roi, plus exactement c'est la filiation. À la mystique du sang royal se substituerait la mystique de sa transmission. C'est très subtil, pour ne pas dire sophistique et d'un byzantinisme un peu déconcertant. La référence au roi ayant été laissée de côté, au prétexte que « c'est un souvenir, un idéal », ne reste donc que le fils de roi. Mais comment s'est réalisée en sa personne la transmission de ce sang ? Par la filiation, mais la filiation à qui, puisque le roi dans cette conception ne semble pas exister en tant que personne, mais seulement comme une sorte d'idée platonicienne ? Il est difficile d'envisager alors les choses selon un modèle de nature héréditaire, selon une transmission des vertus royales de père en fils. C'est pourquoi se rencontre dans le discours de Lanze le terme de lignage, qui a l'avantage de nimber d'un *sfumato* légendaire ou archaïque la transmission de ces vertus royales. Ce n'est pas vraiment convaincant, et Gobineau en a conscience : aussi

3 *Les Pléiades*, Plon, 1874, p. 19. Dans l'édition de la « Bibliothèque de la Pléiade », p. 16.

essaie-t-il, concurremment à la transmission vaguement lignagère qui n'explique pas la qualité en soi exceptionnelle des fils de rois, de trouver une cause qui expliquerait cette qualité même qui rend les fils de rois si uniques. Il invente donc que les vertus dont les fils de rois auraient hérité seraient préservées en quelque sorte de toute éternité et que, à des époques indéterminées, elles resurgiraient dans la personne de tel ou tel individu[4]. La transmission de ces qualités royales d'exception est soumise à de multiples solutions de continuité au cours des âges, comprend-on, et c'est à imputer à des « mélanges », des « alliances » qui empêcheraient cette transmission de suivre un mode linéaire sans accident ni interruption. D'un côté, ces qualités résultent d'« une combinaison mystérieuse et native » d'« éléments nobles et divins », ce qui préserve leur force et permet qu'elles ne disparaissent pas malgré les abâtardissements successifs dus à ces mélanges et alliances indignes, avec au bout du compte leur réapparition ponctuelle ; mais d'un autre côté, pourquoi ces qualités qui ont une telle force ont-elles pu s'éclipser « pour un temps » et ne pas défier constamment l'entropie générale ? C'est inexplicable. Significativement la tirade de Lanze est minée en son centre par une série de questions auxquelles nulle réponse n'est apportée, pas une en tout cas qui soit logiquement satisfaisante. La réapparition soudaine des qualités royales dans la personne de tel ou tel fils de roi tient d'un quasi-miracle. Tout cela, comme on peut le constater, n'est pas très cohérent et se heurte à des multiples difficultés, allant jusqu'à la contradiction. D'où l'intervention finale du dernier calender, Laudon, qui résume la théorie exposée par ses deux compagnons :

> Ainsi, à votre gré, à tous deux, et pour préciser les choses, il y aurait, aujourd'hui, de par le monde, un certain nombre de personnes, hommes, femmes, enfants de toutes nations possibles, dans l'individualité desquelles les atomes les plus précieux de leurs plus précieux ancêtres auraient réussi à se réunir, en expulsant ce que des intrusions fâcheuses y auraient apporté de mélanges stupéfiants ou énervants pendant des séries plus ou moins longues de générations précédentes, et il en résulterait qu'en fait, ces gens-là, dans quelque situation sociale que le Ciel les ait fait naître, seraient les vrais fils survivants des hommes de Rollon et voire des Amâles et des Mérowings ? (*Pl*, 16-17)

4 Voir l'ouvrage de Pierre-Louis Rey, *L'Univers romanesque de Gobineau*, Gallimard, « Bibliothèque des Idées », 1981, p. 194-196, où sont exposées de manière serrée les difficultés de la théorie des fils de rois.

Laudon a vu juste et sort de ces difficultés par une discrète ironie, presque imperceptible, qui s'accorde à son origine française, c'est-à-dire voltairienne. Il signale incidemment l'invraisemblance de cette théorie, qui oblige les défenseurs de celle-ci à remonter aux temps mérovingiens pour retrouver « les atomes les plus précieux de leurs plus précieux ancêtres » dont les fils de rois sont aujourd'hui formés. Nore ne perçoit pas cet effet d'ironie, mais continue avec intrépidité à développer sa conception de l'exception extra-historique des fils de rois. « Bien des siècles ont passé depuis que, les esclaves et fils d'esclaves relevant la tête, la société moderne a commencé son sabbat » (*Pl*, 17). Les fils d'esclaves devraient donc l'emporter sur les fils de rois ; ce n'est pas le cas :

> Pourtant, au fond de l'abîme, tous ne sont pas morts ; beaucoup ont vécu tant bien que mal ; quelques-uns se sont rattrapés, lentement, lentement, aux anfractuosités du roc, aux touffes d'herbes, aux branches des buissons. Ils sont revenus à la surface du sol, souillés, meurtris ; il a fallu du temps pour les débarbouiller ; d'ailleurs, je n'ai pas la prétention de dire qu'ils soient absolument parfaits [...]

En somme, les fils de rois se sont raccrochés aux branches et ont réussi à s'extraire du gouffre où l'histoire moderne les avait précipités. Quelques inconséquences, plus ou moins masquées par l'humour de la description, se relèvent immédiatement : il apparaît, maintenant, en dépit de ce que Nore avançait précédemment, que les fils de rois s'inscrivent dans une histoire, la leur, laquelle est parallèle à celle des fils d'esclaves, qui forment la société moderne. Il n'y aurait donc plus lacunes ni interruptions dans cette histoire des fils de rois ; non seulement, il n'y aurait pas eu d'éclipses parmi eux, mais, au fond du gouffre de l'histoire, ils auraient continué à exister dans la collectivité de fils de rois qu'ils constituent eux-mêmes de tout temps. Leur existence est de nature historique, comme le disent les mots « lentement, lentement », qui, pour suggérer la difficulté de leur remontée hors du gouffre, impliquent cependant clairement que cette entreprise s'est inscrite dans la durée, dans l'histoire. Mais quelle histoire ? la leur, qui semble être autonome par rapport à l'histoire générale de la civilisation, la doublant en quelque manière. Cette conception d'une histoire dédoublée n'est pas propre à Gobineau, elle appartient à la mythologie romantique, et se trouve, par exemple, dans le *Voyage en Orient* de Nerval, lorsqu'est racontée l'histoire à la fois souterraine et infernale des caïnites, les descendants de Caïn, qui ont conservé les germes de l'opposition à l'ordre de Dieu et contestent le monde tel qu'il s'est constitué. Les fils de rois de Gobineau sont aussi des caïnites, des fils du feu. Chez lui les fils de roi parviennent à retrouver une existence au grand jour, si ce n'est que, comme élite, leur nombre est nécessairement réduit.

De ce mythe des fils de rois découle naturellement une conception du monde, de la société et de ses composants. C'est le monde réel, le monde contemporain, celui de la seconde moitié du XIX^e^ siècle. C'est contre ce monde qu'est imaginé un autre monde, où évoluent des êtres d'exception, des êtres d'élite qui revendiquent la qualité de fils de rois et se désignent eux-mêmes comme des « pléiades », échappant à la vulgarité générale par leur distinction et leur intelligence, leur sensibilité, bref tout ce qui est étranger à la tourbe infâme de leurs contemporains, ceux que Gobineau appelle des « pieds plats » (*Pl*, 17). Alors que l'humanité est emportée au fil des siècles selon une pente fatale par une pulsion de mort qui la conduit à son anéantissement, les dites pléiades, elles, échappent à cette entropie historique ruineuse. Rappelons que le roman de Gobineau date de la même époque que *La Fortune des Rougon* (1870), s'ouvrant sur une préface faisant de l'hérédité le principe anthropologique qui organise la succession des générations[5]. L'abâtardissement serait donc la loi du monde et l'histoire la généalogie inéluctable de ces bâtardises ? sans aucun doute, c'est une des données de base du roman et c'est sur elles qu'il s'édifie. On vient de voir combien était problématique la transmission des qualités qui font de certains êtres des fils de rois. Cette qualité n'a pas un fondement biologique, mais éthique et esthétique. Au bout du compte, politique ; c'est très précisément ce que dit Nore à la fin de son développement sur les fils de rois :

> D'où me viennent tant de distinctions, si fortes, si marquées, qui me mettent tellement à part de l'entourage, que cet entourage, assurément, me sent étranger à lui et ne m'en porte qu'une bienveillance des plus médiocres ? Évidemment de ce que je suis fils de roi, puisque la qualité royale a surtout cet effet de placer celui qui la possède, en dehors et au-dessus du gros des subordonnés, des sujets et des esclaves. (*Pl*, 16)

5 Le rapprochement entre Gobineau et Zola est fait par Pierre-Louis Rey dans son ouvrage *L'Univers romanesque de Gobineau*, p. 372.

L'aristocratisme méprisant de Nore est l'expression d'un individualisme absolu. Celui-ci n'est pas de nature sociale, puisque la qualité de fils de roi est essentiellement morale, elle est étrangère à une prérogative qui s'autoriserait de la filiation, elle relève d'un assez mystérieux lignage, et de toute façon est fils de roi celui qui se sent fils de roi, qui se dit fils de roi ; tout tient dans l'affirmation : « Je suis fils de roi », elle suffit à le sacrer fils de roi[6].

Reste que, si le Moi est la seule instance qui vaille et qui définisse le fils de roi dans sa solitude héroïque, il appartient à l'humanité, le voulût-il ou non. Cette humanité, composée de fils d'esclaves, est par nature haïssable. Commence maintenant dans la seconde partie de ce chapitre d'exposition le tableau apocalyptique de l'humanité telle que Nore se la représente :

> Je voudrais, dit Wilfrid en serrant les dents et en parlant à voix basse, je voudrais qu'au lieu de cette scène de repos nous puissions voir ici à plein, des yeux du corps, les royaumes du monde et leurs magnificences. Mais regardons-les des yeux de l'esprit. Contemplons ces multitudes qui grouillent et s'amassent, pomponnées, ornées, parées ou en guenilles. N'excluons personne. Reconnaissez-vous la barbarie toute pleine, non pas cette barbarie juvénile, brave, hardie, pittoresque, heureuse, mais une sauvagerie louche, maussade, hargneuse, laide et qui tuera tout et ne créera rien ? Admirez du moins sa masse ! (*Pl*, 18)

En voici la description détaillée :

> Sa masse, en effet, est énorme ; admirez la belle ordonnance de sa division en trois parties ; en tête, la tribu bariolée des imbéciles ! Ils mènent tout, portent les clés, ouvrent les portes, inventent les phrases, pleurent de s'être trompés, assurent qu'ils n'auraient jamais cru… Voici maintenant les drôles ! Ils sont partout sur les flancs, sur le front, à la queue : ils courent s'agitent, s'émeuvent, et leur unique affaire est d'empêcher rien de s'arranger ni de s'arrêter avant qu'ils ne soient assis eux-mêmes. À quoi sert qu'ils soient assis ? À peine une de leurs bandes se déclare-t-elle repue, que des essaims affamés et pareils viennent, en courant, prendre la suite de son commerce.
>
> Et maintenant, voilà les brutes. Les imbéciles les ont déchaînés ; les drôles poussent leurs troupeaux innombrables.

Ce tableau est une représentation anthropologique de l'humanité, et du même coup est donnée une image de la société moderne. Précisons

6 Voir l'excellent commentaire de Pierre-Louis Rey, *L'Univers romanesque de Gobineau*, p. 322, dont nous reprenons les analyses.

cependant que la division en imbéciles, drôles et brutes ne correspond pas à une division en classes sociales[7] ; aristocrates, bourgeois, prolétaires se répartissent dans les trois divisions et celles-ci ne sont pas définies par la présence de tels ou tels individus en leur sein. Le point de vue adopté est beaucoup plus large, puisque c'est l'humanité entière, quels que soient les pays, qui est ici envisagée par Nore. La société moderne offre une image de cette triste humanité, mais non pas dans sa structuration sociale, uniquement dans sa structuration anthropologique.

Thématiquement se reconnaissent sans aucun mal les éléments de la pensée réactionnaire, assimilant le commun des hommes à un troupeau, dominé par ses intérêts et ses appétits. Mais l'objet de Gobineau dans ce chapitre n'est pas tant politique que philosophique : montrer l'état de décomposition anthropologique de l'humanité à l'époque moderne, quand les hommes ont atteint le dernier terme de la décrépitude historique. Cette décomposition affecte bien la France des lendemains immédiats de l'année terrible, et nul doute que le spectacle de « ce qui s'est passé en 1870 » ne soit tout à fait présent à Gobineau quand il écrit *Les Pléiades*, mais le pessimisme et la noirceur de ces pages désespérées vont bien au-delà de la France actuelle, elles sont un acte d'accusation presque célinien à l'adresse du genre humain entier. Cet acte d'accusation se fonde sur le constat de la nullité de l'humanité, de la nullité de sa nature même. (De nouveau, le rapprochement avec Zola se fait de lui-même, et on pense au roman écrit une vingtaine d'années après *Les Pléiades*, *La Bête humaine*[8].)

La tirade de Nore mêle dans la grande tradition biblique apocalypse et prophétie. Le jeune homme est un nouvel Ézéchiel, sauf qu'il ne prêche pas dans le désert, comme les prophètes juifs, mais à l'Isola Bella, sur le lac Majeur, dans un cadre sublime. En outre, sa prophétie apocalyptique est faite de nuit, et le prophète s'adresse à un décor vide ; il en a conscience, aussi invite-t-il ses compagnons à imaginer le grouillement des imbéciles, des drôles et des brutes, qu'il est évidemment impossible de voir à cette heure, ni non plus à aucune autre heure dans ces lieux enchanteurs des îles Borromées. De toute évidence, il y a un écart entre le discours et son énonciation. Ce n'est pas parce que ce discours n'est

---

7 Voir le commentaire de Jean Gaulmier dans son édition, *Pl*, 1037, n. 3.

8 Voir Jean Borie, *Zola et les mythes, ou de la nausée au salut*, Seuil, 1971, en particulier le chapitre « L'anthropologie mythique de Zola », p. 45-75.

pas vrai, ce n'est pas non plus parce que Gobineau veut se moquer de son personnage ; cette mise en scène qui, en partie, dément le discours tenu et qui invite le lecteur à ne pas entièrement prêter crédit à la sortie de Nore, suggère plutôt qu'une prophétie, quel que soit son objet, est en soi déplacée dans le contexte d'un roman. De cette façon est instaurée habilement une tension entre le prophétique, l'idéologique au sens large, et le romanesque, et c'est dans cette tension elle-même que s'élabore le discours du roman, non pas dans ses énoncés idéologiques, qui peuvent être isolés sans peine, mais dans la relation que ces énoncés eux-mêmes entretiennent avec le roman. De deux choses l'une : ou bien le roman met en œuvre le discours idéologique et constitue une application et une illustration de ce discours ; ou bien le roman est étranger, relativement au moins, à un tel discours et finalement le dément. Notre étude montrera qu'aucune de ces deux postulations n'est valide, mais cette démonstration réclame bien sûr préalablement un examen d'ensemble du roman.

Finissons sur ce chapitre programmatique, pour observer qu'il ne l'est pas tant que cela en fait. Après sa diatribe savonarolesque, Nore expose avec autant de conviction les moyens d'élimination physique auxquels il songe pour les trois catégories des imbéciles, des drôles et des brutes ; il ne fait pas dans la demi-mesure, il prévoit par exemple de recourir à une « pluie de carreaux de feu » (*Pl*, 19), qui anéantirait ces malfaisants insectes comme jadis les cités de la plaine, Sodome et Gomorrhe, furent rasées par la nuée du ciel. Grosse colère de prophète donc, partagée par ses deux compagnons, ce qui ne les empêche pas d'aller se coucher gentiment, non pas pour se refaire des forces exterminatrices après cette débauche, verbale, de fureur apocalyptique, mais pour être en état de reprendre le lendemain matin leur pérégrinations touristiques après une bonne nuit de sommeil. Nous ne plaisantons qu'à peine : ces trois jeunes gens sont de très braves garçons, bien élevés, mais qui ont dû boire un peu trop de vin d'Asti. Assurément ce ne sont pas des terroristes, pas des apprentis Ravachol ; ils continueront leur voyage et s'occuperont de régler chacun à sa façon leurs affaires sentimentales et autres. Tout est bien qui finira bien, et même plus que bien, le roman se terminera en une charmante idylle.

Le roman de ce point de vue paraît très déséquilibré, entre la première partie ultra-idéologique, et les trois suivantes ultra-romanesques. Du même coup il y a une rupture stylistique manifeste entre ces parties. Après cet épisode des îles Borromées de semblables discours ne s'entendront plus qu'une autre fois dans *Les Pléiades*, au centre du roman (*Pl*, 200-204), l'amour et l'amitié se seront substitués à eux, et il n'y aura plus aucun projet d'extermination des insectes toxiques qui composent la grande majorité de la population humaine ; la seule chose qui importera sera de trouver un îlot de bonheur au sein du couple et de la famille, ou, dans le cas de Laudon (le seul à ne pas se marier), dans le commerce de la science. Qu'est-il donc advenu de la volonté de rénovation de l'humanité, de sa régénération ? Faut-il considérer que l'accès initial de fureur a fait long feu et que ce n'était qu'un moyen pour Gobineau de faire entendre à ses lecteurs quelques vérités bien senties ? C'est une possibilité, mais elle ne rend pas justice, pensons-nous, à l'intelligence du dispositif romanesque imaginé par le romancier.

## ROMANESQUE

Le romanesque. Le terme désigne moins la nature du roman qu'il n'est exalté comme une valeur poétique et philosophique. C'est l'objet d'une tirade de Nore, de nouveau, dans la deuxième partie des *Pléiades*, lorsque, ayant retrouvé Harriet après des années et étant toujours amoureux d'elle, il se fait gloire d'être romanesque, se revendique tel et retourne l'accusation de l'être que la jeune femme formulait à son égard. De là une défense du romanesque de sa part, qui en célèbre les vertus :

> Romanesque ! Pourquoi ? Suis-je moins un homme parce que je vous semble différent du modèle sur lequel sont taillés mes contemporains ? Qu'y a-t-il de commun entre eux et moi ? Romanesque ! Parce que je ne me soucie ni de leurs grandeurs, ni de leurs bassesses, ni de leurs distinctions, ni de leurs humiliations, ni de leurs élections, ni de leurs moyens de faire fortune, ni de leurs fortunes même, ni de leurs déboires ! Je serais romanesque si, concevant mes désirs d'après une imitation puérile, j'y mêlais les choses de la vie commune, sans cesse préparé à abandonner ce qui ne serait que des rêves pour les réalités banales, dont je n'aurais ni su ni voulu me détacher ; mais, grâce au Ciel ! rien de semblable n'existe, et vous le savez bien ! Il se peut que la Création, qui jette pêle-mêle bien des germes disparates, se soit trompée à mon sujet,

> et, m'ayant préparé pour un tout autre milieu, m'ait, par inadvertance, laissé tomber dans celui-ci ; mais, de quelque manière que ce soit, m'y voilà ! Je suis moi et non un autre, sentant à ma manière, comprenant les choses avec mon intelligence propre, et aussi incapable de renoncer à ce que j'ai voulu une fois, d'abandonner la poursuite de ce que j'ai désiré, aussi incapable de me démontrer que j'ai eu tort que de renoncer une heure à respirer l'air[9] !

On nous pardonnera cette longue citation, mais il était impossible, sauf à lui faire perdre sa force, de couper dedans. De nouveau, Nore est dans la posture d'un prophète, il redit ce qu'il a déjà dit dans la première partie du roman, où il faisait comparaître l'humanité devant le tribunal de son mépris. La communauté de ces deux tirades est très visible, dans leur véhémence comme dans leurs énoncés. Ceux-ci se retrouvent de la même façon, on repère notamment la présence du motif des « germes » qui est une reprise de celui des « atomes » précieux qui entreraient dans la composition des fils de rois. Car c'est en qualité de fils de roi que Nore s'exprime ici. Qu'est-ce donc que le romanesque ? Non pas une disposition fantasque à l'égard de la réalité, qui fait que celui qui est romanesque se laisse aller à ses désirs au gré de sa fantaisie, mais la relation même qu'il entretient à la réalité, son mode d'être en face d'elle. En cela le romanesque est l'expression de l'identité la plus intime du sujet, de son Moi. Sauf que ce romanesque, tous ne l'ont pas en partage, seuls des êtres d'élite comme les fils de rois, les pléiades, peuvent faire de lui la substance même de leur vie. Les autres, au contraire, c'est-à-dire l'immense majorité des hommes, sont incapables d'accéder au romanesque, d'abord pour la simple raison que celui-ci contrevient au matérialisme de leurs préoccupations et de leurs intérêts. Rien, de fait, qui ne soit davantage étranger à ces insectes que le romanesque. Dans le meilleur des cas, si on peut dire, il n'est qu'un calcul, celui formé par la sèche et despotique Lucie[10] de Gennevilliers qui n'a rien trouvé de mieux comme idée pour s'attacher son admirateur Laudon que de lui faire épouser sa laide et sotte cousine au nez rouge (*Pl*, 242).

Le romanesque ne saurait donc être dans *Les Pléiades* ce qu'il est ordinairement, une vague notion, indéfinie, dans laquelle entrent toutes sortes d'éléments allant de la rêverie à l'extravagance. Sa caractéristique

9 *Les Pléiades*, Plon, 1874, p. 176. Dans l'édition de la « Bibliothèque de la Pléiade », p. 131.

10 À noter en passant que Gobineau lui a donné malicieusement, à une lettre près, le prénom de la femme de chambre de la Tonska, Lucile.

chez Gobineau est l'énergie et la volonté, la détermination. Un personnage mieux que tout autre montre ce qu'il peut être dans ce roman : la Tonska. Il est entendu qu'elle est insupportable, ce qualificatif revient constamment chez les critiques, et sa santé mentale est souvent mise en question. Elle n'est pas folle cependant, et ce n'est pas pour rien qu'elle porte le beau prénom de Sophie, car elle incarne une forme de sagesse, par-delà sa conduite extérieure qui peut sembler quelquefois délirante. Si elle joue du piano en plein milieu de la nuit ou si elle fait une scène absurde à Jean-Théodore, qu'elle aime et qui l'aime, par pure tocade et pour le seul plaisir de faire une telle scène, ce ne sont là que des manifestations d'histrionisme ponctuelles. Occasion pour Gobineau de commentaires sarcastiques, dont la Tonska est la première à faire les frais, ou de conversations impayables, par exemple celle entre la Tonska et le grotesque Gennevilliers essayant de la catéchiser et de la tourner vers la vie conventuelle. Mais ce ne sont guère que des facilités que le romancier exploite pour se distraire lui-même. Nettement plus remarquable la manière dont elle et Conrad parviennent à trouver l'amour. Opération apparemment impossible : elle ne l'aime pas, le lui dit et le lui répète, et lui-même le sait, comme Candeuil. Sauf qu'à force d'une volonté qui semble sans objet sinon la réalisation improbable d'un romanesque de l'amour qui n'est que romanesque, ils parviennent à donner corps à cet amour et à le faire coïncider avec le romanesque de la situation initiale. Le romanesque dans leur cas aura fait la preuve que s'il est persévérant dans son être peut réaliser ce qui paraissait un miracle. Pour cela il aura fallu la lutte, le combat, l'obstination, toutes choses ayant pour seul objet de plier la réalité à ce romanesque, et non le contraire. Ce que vérifie l'admirable histoire de don Pierre de Luna qu'Harriet raconte à Conrad, et qui a valeur d'exemple héroïque (*Pl*, 178-188) ; elle fait la preuve du pouvoir du romanesque et de la force obstinée de l'amour. La même analyse peut être faite à propos de Jean-Théodore et d'Aurore, si ce n'est que la mort inattendue de la femme de Jean-Théodore permet de résoudre une situation sans issue. Sa seule issue était la mort prévisible de Jean-Théodore, très proche en cela de Candeuil, elle aurait été l'accomplissement de cet amour si romanesque pour Aurore, et non pas son échec.

Le domaine privilégié, sinon exclusif, du romanesque est l'amour, le cas de la Tonska en est une splendide illustration. Plus généralement, c'est la seule chose qui importe et tous en sont convaincus. Ce sont donc des histoires d'amour qui font la matière du roman. L'amour sous toutes ses formes. Amour passionnel, celui de Candeuil et de Conrad pour la Tonska ; amour fou, celui de Jean-Théodore pour Aurore ; amour amour, si on ose dire, celui de Nore pour Harriet, de Liliane pour Schorn, du duc Guillaume pour Catherine Pamina. Mais il n'y a pas de différences entre ces amours, ils sont tous absolus. Ils n'existent pas néanmoins dans une espèce d'immédiateté ; au contraire, ils ont des obstacles à surmonter, pour certains plus grands que d'autres, au point que ces histoires quelquefois frôlent le tragique (Conrad et la Tonska, Jean-Théodore et Aurore) ou même se terminent tragiquement (Candeuil et la Tonska). Dans le monde dégénéré des années 1870 ces amours des pléiades s'imposent comme une valeur, la seule qui soit en réalité, elle régénère tout, car c'est l'amour qui sauve le monde, au moins celui des *Pléiades*. La rançon d'une semblable conception ultra-romantique de l'amour comme réalisation poétique et philosophique parfaite est qu'elle ne sauve de l'anéantissement et de l'insignifiance que les quelques êtres d'élite, les pléiades, capables de donner une réalité au romanesque et à l'amour. Le reste de l'humanité est condamnée à son indécrottable nullité, mais qu'y faire ? Comme les pléiades ne sont pas d'un total aveuglement à l'égard de ces millions d'hommes, leur sort est envisagé au centre du roman, dans une discussion entre Jean-Théodore, d'une part, et Nore et Laudon, d'autre part, ces derniers étant arrivés à Burbach et étant devenus des familiers du prince.

Cette discussion, aussi importante que celle du deuxième chapitre du roman, a comme elle une forte teneur politique. Son objet est le destin des nations à l'époque moderne et contemporaine, quand les petites principautés, principalement allemandes et italiennes, ont disparu et que « les États, devenus très grands, marchent tout seuls en vertu de certaines lois de pesanteur, se cassent sans qu'on puisse les raccommoder, cheminent sans qu'on puisse les arrêter, ou s'embourbent sans qu'il existe un moyen humain de les tirer de la fange » (*Pl*, 200). Cette impuissance est moins politique qu'elle n'est historique, et remédier à cet état des choses est impossible ; seule solution, dérisoire, avancée, celle des Gennevilliers et autres réformateurs petits-bourgeois qui s'imaginent qu'« on arrivera, à la longue, à modifier tellement leurs instincts [ceux des masses], que le règne de la vertu s'établira sur terre ». Cette ridicule utopie ne repose sur rien, elle ignore la caractéristique présente de la réalité : son matérialisme absolu, les grandes aspirations spirituelles de l'âge romantique ont disparu et à leur place c'est « la passion de la jouissance matérielle » (*Pl*, 201) ; de quoi il résulte politiquement un totalitarisme accordé à cet abrutissement généralisé :

> [Les hommes aujourd'hui] conçoivent une organisation dans laquelle les peuples, bien nourris, bien repus, bien vêtus, bien logés, formeront un vaste, un immense troupeau de bétail, admirablement dirigé, entretenu, engraissé d'après les règles les plus savantes, et seront menés de haut par des pasteurs tout-puissants, devenus des dieux mortels auxquels on ne pourra pas répondre, contre lesquels il sera insensé de discuter, qui auront tous les droits, qui appliqueront toutes les disciplines, et que devront bénir d'un hosannah perpétuel les générations de brutes entretenues par leurs soins.

Cette affreuse vision du monde à venir est digne de Huxley ou d'Orwell. Seulement, ce genre de gouvernement totalitaire n'est envisageable que dans le cas de « populations de peuples enfants », chez les Incas ou les Égyptiens dans le passé, mais pas dans l'Europe moderne, où une telle politique d'asservissement ne saurait provoquer que des luttes et des conflits. Du même coup, les hommes d'État ne seront plus que « des manutentionneurs d'emplâtres assez ineffectifs, des distillateurs d'opium, de morphine, de chloral et autres panacées soporifiques » (*Pl*, 202). Tout est-il donc désespéré ? sans aucun doute, et rien ne peut être un remède, pas même la religion. De manière prévisible la possibilité de cet ultime remède est envisagée et Gobineau met dans la bouche du prince les arguments qui se trouvaient une vingtaine d'années auparavant dans l'*Essai sur l'inégalité des races humaines*. En substance, l'Empire romain, c'est l'exemple pour ainsi dire canonique auquel on se réfère dans ce genre de discours, n'a pu être sauvé par la religion, « parce qu'il était au bout des temps marqués pour son existence et que la jeunesse verdissante mettait le pied sur son corps flétri par les siècles » (*Pl*, 203).

Comme il n'y a rien à attendre de la politique ni de la religion, conclut le prince, « l'honnête homme, l'homme qui se sent une âme, a plus que jamais le devoir impérieux de se replier sur lui-même, et, ne pouvant sauver les autres, de travailler à s'améliorer ». Bref, « s'ingénier à compter parmi les Pléiades » (*Pl*, 204). Ce n'est pas du tout une attitude égoïste, seulement la seule attitude concevable dans un monde si délabré. Lui-même, Jean-Théodore, en tire les conclusions ; assez rapidement, il va se retirer de ce monde en tant que prince et centrer toute sa vie sur l'amour, faisant en sorte que le romanesque de la situation où il se trouve parvienne à s'imposer comme réalité, en lieu et place du décevant ordre des choses auquel il est confronté.

## ROI ET FILS DE ROI

Le cas de Jean-Théodore est particulièrement intéressant, puisque se conjoignent en lui l'idéologique et le romanesque. La dynamique du roman à cet égard est révélatrice : dans un premier temps le texte s'organisait autour des trois calenders (Nore, Lanze et Laudon), et c'était sur leurs destinées que semblait devoir se fixer le récit, mais progressivement il s'opère un déplacement sur la personne du prince de Burbach, Jean-Théodore. Cela se comprend facilement : la rupture avec la Tonska et l'arrivée d'Aurore le rendent disponible à l'amour, d'une part ; et d'autre part, la nullité de son entourage familial, ses frères, sa femme et, à peine dans une moindre mesure, sa fille, l'éloigne de plus en plus de cette petite sphère médiocre. Son initiation comme pléiade par Nore et Laudon, en outre, et le retour de son oncle, le duc Guillaume, qui est accompagné d'Aurore, contribuent à l'intégrer à une tout autre sphère. Cette intégration se fait en deux temps. Dans un premier temps, elle est de nature philosophique, dans un second temps, sentimental. D'abord, en effet, les discussions avec Nore et Lanze lui ouvrent un horizon nouveau, et la découverte d'Aurore, sa nièce, tourne très vite à la passion. Telles sont les choses au milieu du roman, mais celles-ci prennent toute leur signification de la double qualité de Jean Théodore, à la fois fils de roi et roi.

À la différence des autres pléiades, il est un vrai fils de roi, son père était roi et lui-même est roi. L'histoire généalogique de son pouvoir est particulièrement éclairante à cet égard. À l'origine, un prince ayant deux fils, l'aîné, Guillaume, le cadet, Jean-Philippe. L'aîné doit devenir prince, mais le cadet se désespère de ne pas être l'aîné. Guillaume donc, qui a les sentiments les plus fraternels et les plus généreux, renonce à sa prérogative d'aîné appelé à régner ; il abandonne ses droits au trône et devient officier supérieur en Autriche, où il se marie à une roturière, Catherine Pamina, le grand amour de sa vie. À Burbach, le pouvoir revient au fils cadet, Jean-Philippe, triste sire, dont rien n'a à être dit, sauf qu'il révèle les qualités qu'on attendait de lui, l'ingratitude n'étant pas la dernière d'entre elles. À sa mort lui succède son fils, notre Jean-Théodore, marié à une sotte et père d'une Amélie-Auguste, ayant beaucoup des gènes de sa mère. Le reste de la famille n'est guère brillant : deux frères Ernest et Maurice, l'un, un méchant homme, l'autre, un imbécile occupé de fanfreluches vestimentaires. Cette famille princière présente de la sorte en raccourci toutes les caractéristiques de l'humanité selon le tableau qui avait été fait au début du roman. Elle est composée de trois pléiades, Jean-Théodore, le duc Guillaume et sa fille Aurore, et du tout venant de la crétinité, de la vulgarité et de la bêtise.

Avant d'examiner quelle fonction romanesque remplit cette famille de Woerbeck-Burbach, nous nous attacherons préalablement à son fonctionnement même. Ce qui est immédiatement remarquable est qu'elle est constituée de deux branches, une branche aînée, une branche cadette, mais que c'est la branche cadette, en la personne, de Jean-Philippe, le père de Jean-Théodore, qui s'est retrouvée au pouvoir. Ce remplacement d'une branche par l'autre n'est pas en soi une particularité qui doive être soulignée outre mesure, étant donné que, à la différence de ce qui s'est passé en juillet-août 1830 en France, la substitution de la branche cadette à la branche aînée ne résulte pas d'une usurpation et ne s'est pas faite à la suite d'une révolution ; le fils aîné a accepté de s'effacer devant son frère cadet. La conséquence immédiate est qu'il s'est produit de ce fait au sein de la famille deux lignées, l'une de rois, l'autre de fils de rois. Le fils de roi réel, le duc Guillaume, qui devait régner, est devenu un fils de roi réel *et* symbolique, alors que le fils de roi qui devait rester fils de roi, Jean-Philippe, est devenu roi lui-même ; par conséquent, le fils de Jean-Philippe, Jean-Théodore a eu le statut de fils de roi, qu'il a naturellement perdu lorsqu'il est devenu roi lui-même à la mort de son père. De ce fait deux catégories de fils de rois apparaissent : l'une de nature héréditaire, l'autre de nature héréditaire en même temps que symbolique. En ce qui concerne cette seconde catégorie, le fils de roi restera définitivement fils de roi, et ne deviendra jamais roi. Tout cela ne présente aucune difficulté. La suite est plus complexe. Des deux lignées de fils de rois naissent deux enfants : Aurore, la fille du duc Guillaume ;

Jean-Théodore, l'actuel prince, lequel a eu une fille, Amélie-Auguste. Ces deux enfants, qui ont le même âge, malgré l'écart générationnel entre leurs pères respectifs, ont pour mères, l'une, une roturière, l'autre, une aristocrate quelconque, l'actuelle princesse. Une remarque s'impose : les unions desquelles naissent ces deux enfants ne sont pas socialement de même nature, l'une est légitime, l'autre est une mésalliance. Rien n'empêchait que le duc Guillaume épouse une aristocrate et qu'il perpétue de ce fait une lignée princière, qui n'aurait eu pour particularité que d'être une lignée cadette ; mais, dans l'imaginaire de ce roman, le statut de fils de roi symbolique a pour conséquence une sorte de liberté à l'égard du pouvoir, presque une distance, ce qui explique, par exemple, que le fils de roi symbolique puisse ne pas suivre la voie tracée et épouser la femme qu'il aime, indépendamment du statut social de celle-ci. De là un conflit sous-jacent entre les deux lignées, qui aboutit, sous le règne du méprisable Jean-Philippe, à un ostracisme pur et simple de son frère, le duc Guillaume, et de sa femme. Cette perturbation n'est pas la seule à devoir être relevée ; une autre, tout aussi importante, doit être signalée, celle qui affecte l'ordre des générations : la fille de Guillaume et de son épouse, Catherine, se trouve avoir le même âge que la fille de Jean-Théodore, Amélie-Auguste. Alors que par son âge Aurore devrait être la nièce de Jean-Théodore, elle est sa cousine. C'est, bien entendu, une nécessité de nature romanesque : il importe que Jean-Théodore tombe amoureux d'une jeune fille qui lui restitue sa jeunesse, et le fasse contemporain des autres jeunes gens du roman, Nore, Lanze et Laudon, et non pas le contemporain du professeur Lanze, le père de Conrad, qui n'a qu'un ou deux ans de plus que le prince (*Pl*, 58). Mais d'un autre côté, comme Aurore a le même âge que la fille de Jean-Théodore, l'amour de celui-ci, même si le mot n'est pas employé (il serait trop brutal), est de l'ordre de l'inceste. De la mésalliance à l'inceste une chaîne généalogique et fantasmatique déviante est ainsi mise en place parallèlement à la chaîne généalogique légitime. Deux ordres sont de cette manière confrontés et la suite du roman montrera même l'affrontement entre elles deux.

Au centre du conflit entre les deux branches, l'amour de Jean-Théodore et d'Aurore. Amour à de multiples titres impossible. Impossible, parce que Jean-Théodore est marié, parce que la femme qu'il aime est sa cousine, dont il pourrait être le père, parce que cette jeune femme est d'origine roturière. À cette accumulation d'impossibilités s'ajoutent également les refus d'Aurore qui s'oppose à l'idée même d'un divorce, lequel se solderait par la répudiation de la princesse régnante actuelle et par une union morganatique, ce qui serait déshonorant pour elle comme pour Jean-Théodore. Face à une situation sans aucune issue, une double solution, si on peut dire, est inventée. Du côté d'Aurore, l'éloignement du monde de la cour, à l'initiative de son père ; du côté de Jean-Théodore, l'abdication et l'exil. Précisons que cette solution n'est pas du tout une espèce de compromis adultérin permettant aux deux personnages de vivre leur amour loin du regard des autres : c'était une possibilité, mais la trivialité la rend inenvisageable dans le cadre héroïque des *Pléiades* ; les deux amoureux feront l'expérience d'un éloignement radical, en étant séparés l'un de l'autre par des milliers de kilomètres. La solution, si c'en est une, consiste en une transformation du statut de Jean-Théodore, et telle est la signification de son abdication : elle le transforme de roi en fils de roi ; en sa personne il éprouve ce qui est arrivé à son oncle Guillaume, ayant renoncé jadis à son statut de fils de roi et d'héritier légitime et étant devenu ce que nous appelons un fils de roi symbolique. La psychanalyse aurait peut-être son mot à dire dans ces opérations, et montrerait, par exemple, que son statut de fils de roi symbolique lui fait entretenir avec son oncle, lui aussi fils de roi symbolique, une relation de fraternité, ou une relation de filiation, l'un ou l'autre des scénarios est possible. Mais il est dangereux de poursuivre sur cette voie, puisque Jean-Théodore, selon ces scénarios, risque de se retrouver le père ou le frère d'Aurore, avec une relation d'inceste avunculaire ou paternelle. Ce n'est pas qu'il faille se scandaliser d'une telle relation incestueuse : par nature la littérature, spécialement la littérature romanesque est transgressive et l'imaginaire de l'inceste est l'un des plus répandus qui soient dans le domaine littéraire ; mais ce n'est pas de cela qu'il s'agit dans *Les Pléiades*, bien davantage est en jeu une recomposition de la familialité comme structure généalogique de l'histoire.

On n'a pas attendu Sartre pour savoir que « le lien de paternité [...] est pourri[11] », les romantiques avaient fait cette découverte bien avant lui. Et Gobineau sur ce point, comme en bien d'autres, est un romantique. Le lien de filiation est contesté en tant que tel et c'est même contre lui qu'est imaginée la fiction des fils de rois. Car être un fils de roi,

11 Sartre, *Les Mots*, Gallimard, 1964, p. 19.

c'est d'abord ne pas être roi soi-même, c'est ensuite et surtout récuser indirectement son statut de fils. De cette façon le lien généalogique, héréditaire du fils au père (le contraire n'importe pas) est brisé et le fils peut exister pour lui-même, indépendamment de ce lien aliénant. C'est ce que fait Jean-Théodore en abdiquant, c'est-à-dire en rompant ce lien, dans son cas de nature dynastique, avec le père. Rendu à lui-même, il peut envisager, en devenant fils de roi symbolique, de refonder son être dans ce qui est le plus étranger à la royauté, l'amour. L'amour en effet n'est pas un élément qui existe dans le contexte de la transmission dynastique, rien n'est plus étranger à celle-ci. À partir du moment, au contraire, où elle n'est plus prise en compte, tout devient possible. Tout peut se reconfigurer, indépendamment de l'ordre successoral. Ainsi Jean-Théodore, ci-devant fils de roi, puis roi, et enfin, de nouveau, mais différemment, fils de roi, peut, en devenant une pléiade, s'accomplir comme sujet et vivre son amour.

## CANDEUIL

Tout est bien qui finira bien, l'apocalypse peut venir, quelques élus sont promis à lui survivre, à savoir les pléiades dont les aventures ont fait l'objet du roman. Une pléiade cependant manque à l'appel ; c'est le personnage que nous avons à peine envisagé jusqu'à présent, Casimir Bullet, l'amoureux malheureux de la Tonska, qui mourra de chagrin après avoir compris qu'il s'était trompé sur son compte à elle, en pensant qu'elle était incapable d'amour. Personnage d'une lucidité de diamant, il fait cependant preuve d'un aveuglement fatal en ce qui le concerne. En son genre, c'est une pléiade seule de son espèce, car même si elle a toutes les caractéristiques des autres pléiades, elle est la seule à ne pas trouver le bonheur, c'est-à-dire à substituer le romanesque à la réalité. En quoi cette singularité, qui fait de ce personnage une exception dans le système du roman, est remarquable, et même significative ; l'hypothèse qui vient naturellement à l'esprit est qu'avec lui se découvre une des limites de ce système romanesque et qu'en lui, peut-être, se formule la vérité des *Pléiades*. C'est donc sur lui que nous terminerons cette étude.

Ce nom de Casimir Bullet n'est pas le sien, il se l'est choisi « parce qu'après l'avoir considéré longtemps, il l'avait trouvé ridicule » (*Pl*, 165). Son beau nom de marquis de Candeuil « n'est plus désormais une valeur, mais uniquement une vanité » (*Pl*, 170). Devenant Casimir Bullet, il se fait le bouffon de lui-même, un bouffon triste. Ce nom de Candeuil est-il précisé est celui qu'il a reçu de son père (*Pl*, 165), cela va de soi, mais la précision, inutile, a valeur symbolique. Il a rompu tous les liens avec la société, celle du Faubourg Saint-Honoré à laquelle il appartenait, comme légitimiste, supposera-t-on, et s'est fait fils de ses œuvres. Pour ajouter au ridicule de ce patronyme d'emprunt, il s'est installé, après tirage au sort entre huit villes, dans un trou, à Wilna, où il habite un chalet rudimentaire, il y cultive affreusement sa solitude et son estrangement. C'est là que le retrouve Laudon, qu'il initiera à la science.

Candeuil doit beaucoup pour la misanthropie et l'amertume à Gobineau lui-même, et il n'est pas difficile de retrouver dans les jugements assassins de Candeuil sur son pays (*Pl*, 168), la France, les imprécations de Gobineau dans sa correspondance. Aucune foi dans son pays, dans l'histoire en général. « Pas de religion, pas de patrie, pas de métier, pas d'amour. Le vide est fait. La table est rase. Il ne reste absolument rien » (*Pl*, 169), dit la Tonska à propos des conceptions de Candeuil, et elle n'a pas tort. Candeuil ne peut lui-même que s'en remettre à la philosophie la plus hautaine et la plus inhumaine qui soit : le stoïcisme. Mais il pratique cette philosophie par désespoir. C'est ce qui le distingue de toutes les autres pléiades : il n'a pas cru à l'amour. Au contraire, il s'est barricadé contre lui, en fuyant celle qu'il aimait parce que son jugement l'avait amené à conclure qu'elle ne l'aimerait jamais, comme elle n'aimerait jamais personne faute de pouvoir aimer. De là l'exil qu'il s'impose. Exil romanesque entre tous. En cette circonstance, contrairement à ce qui arrive aux autres pléiades malheureuses en amour, il se produit chez lui un divorce complet entre son amour et sa propre transformation à lui en personnage de roman, en personnage qui vit sa vie en s'échafaudant un roman, s'inventant une nouvelle identité, se créant au bout du monde une nouvelle existence, se réfugiant dans l'écriture de livres qu'il brûle une fois qu'il les a terminés (*Pl*, 268). Son tort, et c'est la cause de son échec, est de ne pas avoir cru dans la puissance romanesque de l'amour ; c'est ce qui le tue finalement, lorsque le billet de la Tonska lui apprend qu'elle aime Conrad, en dépit de toutes les impossibilités qu'elle et

Candeuil avaient imaginées. Ce personnage de Candeuil constitue-t-il dans ces conditions une limite à l'imaginaire romanesque de Gobineau ? certainement, en ce sens que Candeuil fait la preuve par la négative que seul importe le romanesque et qu'il est capable de briser les barrières de la réalité, même celles de l'amour impossible. C'est pourquoi Gobineau en quelque sorte sacrifie ce personnage si attachant sur l'autel de l'amour et du romanesque.

## ÊTRE ROI, ÊTRE UNE PLÉIADE

Alors que le romantisme a jeté ses derniers feux à la fin des années 1860 et que, la même année 1869, deux œuvres ont paru qui en sont, chacune en son genre, le testament, l'une réaliste, *L'Éducation sentimentale*, et l'autre parodique, *Les Chants de Maldoror*, Gobineau, qui a un certain talent pour être toujours en délicatesse avec l'histoire, en entretenant avec elle une relation anachronique, trouve le moyen d'être le dernier des romantiques. Non pas par l'extravagance affective de son rapport au monde, mais dans le jugement qu'il porte sur lui, en recourant à une mythologie de nature apocalyptique et prophétique, comme elle se rencontre particulièrement chez le Hugo de *La Légende des Siècles*[12]. Pour Hugo le légendaire est ce qui doit permettre d'accéder à la vérité de l'histoire ; le romanesque chez Gobineau a une fonction comparable, il ouvre à la compréhension de la réalité et à sa reconfiguration selon un autre ordre. Cet ordre romanesque est le seul envisageable dans un monde aussi chaotique, presque antiprovidentialiste, dont nul dieu à l'évidence ne se soucie. Si Dieu est absent, ou du moins retiré dans une solitude inatteignable, les hommes ne peuvent qu'inventer un monde à eux, où ils puissent, contre le désordre du monde actuel, jouir d'une autre réalité, celle que le romanesque fait advenir. En cela *Les Pléiades* sont très proches de *La Chartreuse de Parme* : comme le monde fait défaut dans le roman de Stendhal depuis l'effondrement historique de Waterloo, les personnages ne peuvent plus vivre leur relation à la réalité que sur le mode du romanesque.

12 Voir le deuxième chapitre du *Spectre de Gobineau* de J. Gaulmier, Pauvert, 1965, p. 46-87.

Le romanesque a sa logique, elle est impérieuse, elle plie la réalité à elle. De cette façon en tout cas s'explique le dénouement des *Pléiades* qu'on aurait tort, comme on le fait habituellement, d'assimiler à celui d'un conte de fées. Reprenons. Jean-Théodore et Aurore sont séparés. Jean-Théodore a abdiqué et sous le nom de comte de Woerbeck vit à Palerme, désespéré. Sa fin est proche, il est aussi atteint que Candeuil, c'est dire, bientôt il va mourir, ses forces sont épuisées par le chagrin. Parvenu au fond de lui-même, il réagit : « Je ne veux pas mourir ! » (*Pl*, 300), et un revirement complet se produit :

> Ce fut une résolution subite, mais violente complète. Tout faible qu'il était, sa tête malade remplie d'éblouissements, Théodore quitta son lit ; en chancelant, il s'avança vers une fenêtre et contempla le vaste ciel, les armées des étoiles et la mer retentissante, ces images les plus parfaites de la majesté de la vie. Quels conseils imposants et salutaires il reçut de ces géants ! Il écouta. Il murmura avec douceur le nom d'Aurore et il lui sembla que l'infini lui répondait. Une sorte de calme descendit comme la rosée et endormit un peu les souffrances poignantes de son être. (*Pl*, 301)

L'infini lui répond ; juste après arrive le télégramme annonçant la mort de sa femme, frappée d'une attaque d'apoplexie. On s'épargnera évidemment de voir un lien de cause à effet entre cette belle scène cosmique et le coup de théâtre humain qui suit : la logique en la circonstance est poétique, et on pourra admirer comment du sein de cette nuit talismanique la profération du nom d'Aurore suffit à faire se lever l'aurore d'une nouvelle vie pour Jean-Théodore. Faut-il ajouter qu'avec cet épisode final le roman justifie pleinement son titre, puisque c'est alors qu'autour d'une des pléiades, Jean-Théodore, l'univers entier avec son « armée d'étoiles » se met en ordre ?

Cet ordre, véritable *cosmos* au sens étymologique, est achevé dans sa perfection à la page suivante, qui est la dernière du roman, lorsque, quatre ans s'étant passés, un tableau de famille réunit Jean-Théodore, Aurore, qu'il a épousée, et le fils, Renaud, qui est né de leurs amours. Dans le contexte des *Pléiades* qui s'ouvraient sur la prophétie d'une apocalypse imminente, la présence de cet enfant prend une dimension messianique, comparable, toutes choses étant égales, avec l'enfant à naître de la IV$^{e}$ églogue de Virgile.

Cet enfant d'un amour si improbable et presque impossible est, sans à peine jouer sur les mots, un enfant du miracle. Il surgit sans être attendu, même si sa venue était préparée depuis le mariage de ses parents. Quoi qu'il en soit, l'imaginaire des fils de rois trouve en lui à se légitimer. Une chose est sûre : la signification symbolique de cet enfant prénommé Renaud ; c'est, dans la généalogie chimérique de Gobineau, le prénom d'un sien prétendu ancêtre du X^e^ siècle dont il descendrait en droite ligne[13]. Par un accomplissement romanesque et fantasmatique tout à fait remarquable, c'est sur ce petit personnage de fiction, comparable au Sandrino de *La Chartreuse de Parme*, mais dont il est à espérer qu'il n'aura pas le même sort tragique, que le roman s'achève, avec pour fonction d'annoncer la venue au monde du romancier qui l'aura fait naître. Voilà une réalisation parfaite de l'originale généalogie que les fils de rois peuvent inventer. Le plus remarquable dans notre perspective sociocritique est que cet enfant fait son apparition dans le texte de Gobineau en 1873, quelques mois avant que, l'autre enfant du miracle, le comte de Chambord, *olim* le duc de Bordeaux, ayant renoncé à ses prétentions politiques, la France s'engage sur la voie de la république. Le temps des rois est passé, commence celui des fils de rois, mais dans le seul royaume du roman. Seule la littérature pourra rémunérer le défaut de l'histoire, en inventant des rois imaginaires régnant sur des pays de nulle part. Le divorce entre royauté et littérature est consommé. Le légitimisme a vécu, la seule légitimité désormais est de nature romanesque, elle est celle de la littérature.

13 Voir la note de J. Gaulmier dans son édition du roman, *Pl*, 1168, n. 3.

# LA ROYAUTÉ SOLAIRE DE TÊTE D'OR (1889-1890)

## CLAUDEL / TÊTE D'OR

Première pièce à avoir été publiée, *Tête d'Or* constitue l'entrée fracassante de Claudel dans le monde du théâtre. L'auteur le premier lui a conféré une importance déterminante en faisant d'elle une étape majeure de sa vie. Composée en 1889, trois ans après la conversion de 1886, mais avant qu'il se rende pleinement à l'appel de Dieu et accepte, et se soumette, elle dit la situation complexe de Claudel en ces années 1886-1890, et il n'est pas difficile de voir de multiples tensions, à la limite de la contradiction, à l'œuvre dans le texte, comme si celui-ci illustrait le champ de bataille intérieur de Claudel. Drame spirituel donc, dont la dimension est indéniablement symbolique. C'est à une lecture de ce genre que la pièce se prête et de multiples références religieuses orientent la lecture dans ce sens. Si celles-ci n'étaient pas suffisantes, Claudel de manière presque pédagogique a expliqué la teneur de sa pièce dans une lettre à un correspondant qui lui demandait quelques éclaircissements ; nous en extrayons le passage suivant :

> L'idée de ce livre est : dans la privation du bonheur, le désir seul subsiste. Situation tragique ! J'éprouve un immense besoin de bonheur et je ne trouve pas à le satisfaire parmi les choses visibles. Est-ce refus ou manque ? Mystère qui demande à être exploré avec la torche et l'épée. – Là est l'unité de l'ouvrage ; la première partie est la conception du désir, la seconde, le bond ; la troisième, la consécration. *Cébès* est l'homme ancien par rapport à l'homme nouveau, et aussi la faiblesse pitoyable placée hors du secours de son frère qui, ne sachant rien non plus, ne peut lui donner que du sang et des larmes. *La Princesse*, outre son rang scénique, représente toutes les idées de douceur et de suavité : l'âme, la femme, la Sagesse, la Pitié. *L'Empereur* est l'homme soumis à l'habitude du passé[1].

---

1 Lettre à Albert Mockel, *Th*, I, 1176.

L'explication est double : philosophique et dramatique. Philosophiquement, c'est une pièce sur le désir ; dramatiquement, les personnages principaux sont chacun des figures symboliques qui représentent des attitudes différentes devant les choses, sans que soit précisé si ce sont des attitudes en face du désir. Quoi qu'il en soit, si le propos de Claudel dans ces lignes est d'une très grande clarté, il laisse néanmoins dans l'ombre, et ce n'est pas le moindre de ses paradoxes, le personnage éponyme, Tête d'Or. Sans doute faut-il l'identifier implicitement au pronom de la première personne qui apparaît dans les toutes premières lignes (« J'éprouve un immense désir, et je ne trouve pas à le satisfaire… »), pronom qui désigne aussi bien une instance philosophique abstraite que le poète, le dramaturge lui-même, appelons-le Claudel. Cette indétermination identitaire est en soi significative de la difficulté pour Claudel de s'inscrire dans la fiction dramatique qui a pour héros Tête d'Or et de s'en abstraire. Sa position, au moins énonciative, est problématique, à l'image de sa situation de chrétien, sur le point de rentrer dans l'Église, mais encore sur le seuil. C'est, dans tous les sens, son drame, et il n'est pas étonnant que cette position singulière se retrouve à sa façon dans la pièce qui met en scène ce drame justement. Il est une des *dramatis personæ*, et en même temps il est en dehors, relativement, de l'action symbolique qui fait l'objet de la pièce. Quatre ans plus tard, lorsque *Tête d'Or* sera repris par Claudel et connaîtra une nouvelle version, sa position sera clarifiée, mais en 1889-1890 ce n'est pas le cas.

La place de Tête d'Or dans *Tête d'Or* est un des aspects de la dramaturgie de la pièce, mais ce n'est pas le seul qui doive être examiné, même s'il rend compte de plusieurs incohérences et contradictions de l'action. Un autre point dans le jugement de Claudel sur sa propre pièce appelle le commentaire. En l'occurrence, la signification même de la pièce, qui est présentée exclusivement comme un drame philosophique sur le désir, sur sa réalisation, son accomplissement. Outre que cette signification est assez raidement réduite à une opposition entre le passé et le futur, entre l'homme ancien et l'homme nouveau, Cébès et l'Empereur d'un côté, Tête d'Or de l'autre, elle se centre exclusivement sur la dimension symbolique et ne prend absolument pas en compte l'arrière-plan, si c'est un arrière-plan, historique et politique de la pièce, qui est quand même un grand drame eschylien, shakespearien et wagnérien, dont le héros est un mélange de Xerxès, de Henry V et de Siegfried, pour ne prendre parmi les références qui se présentent à l'esprit que les plus évidentes. La scène de la pièce n'est pas le monde, comme elle le sera dans *Le Soulier de satin*, c'est l'Europe et ses confins orientaux, et elle est traversée par les guerres et les batailles que conduit un nouveau Tamerlan, tout à l'allant épique de sa conquête belliqueuse.

Pièce épique, centrée sur la personne d'un conquérant génial en qui se résume « l'âme du monde » selon l'expression de Hegel à propos de Napoléon, c'est aussi une pièce politique, l'un ne va pas sans l'autre. Cela tient évidemment à la personne de Tête d'Or, qui s'empare du pouvoir en tuant le vieil empereur d'un empire déliquescent, et exerce sa royauté solaire dans une geste pleine de bruit et de fureur. Le modèle shakespearien s'impose à de multiples égards, aussi bien en ce qui concerne les personnages de la pièce : Tête d'Or est un Macbeth, un Richard III, un Bolingbroke, etc., alors que le vieil empereur est un roi Lear ou un Richard II, qu'en ce qui concerne le genre lui-même de la pièce, laquelle est une *history*, la chronique d'un règne généralement tumultueux et caractérisé par des affrontements sanglants entre le détenteur du pouvoir et ses contestataires. Ainsi à la fin de la pièce un des personnages intervient pour porter un jugement sur les événements exactement comme dans une de ces tragédies historiques de Shakespeare :

> Trois rois morts ! des événements étranges !
> Les lois de l'usage brisées, la faiblesse humaine surmontée, l'obstacle des choses
> Dissipé ! Et notre effort arrivé à une limite vaine
> Se défait lui-même comme un pli. (*Th*, I, 163)

De manière plus générale, la question politique, le politique plus exactement est au centre de la pièce[2]. Dramaturgiquement c'est rendu visible par la titulature, si on ose dire, du héros, qui successivement est Simon Agnel, Tête d'Or et finalement le Roi. C'est rendu visible aussi par l'indétermination historique et géographique dans laquelle s'inscrit l'action. Celle-ci se passe en Europe, entre des contrées qui correspondent grossièrement à l'est de la France (la Marne) et à la Germanie, et aux confins asiatiques de cette Europe[3], à une époque qui a l'air d'être

2 Voir l'article de Didier Alexandre, « "La bombe *Tête d'Or*" », in *Voir « Tête d'Or »*, Dominique Millet-Gérard et José-Luis Diaz éds, Presses de l'Université-Paris-Sorbonne, 2006, p. 11-24.

3 Dans la version de 1894 ces « confins de l'Europe » seront identifiés au Caucase (*Th*, I, 435), vraisemblablement pour suggérer un rapprochement entre Tête d'Or et Prométhée.

celle d'un Moyen Âge de convention, s'étendant du VIe siècle au XIVe ou, extrême limite, au XVe, mais sans doute pas en deçà ni au-delà, encore que l'empereur détrôné et occis ait pour nom David, ce qui pour le coup renvoie aux temps bibliques. Cette indétermination historique et géographique a pour effet d'isoler les grandes forces politiques dans une espèce d'idéalité qui se ramène à des entités : le Roi, l'Empereur, la Princesse, dont l'abstraction désigne le pouvoir en soi, en quelque lieu et à quelque époque que ce soit. Conjointement, Claudel se livre à un bariolage culturel où Attila (*Th*, I, 133) est contemporain d'un Cassius, venu de la République romaine agonisante, ou d'un Eumère, dont l'origine grecque se trouve peut-être dans *Les Martyrs* de Chateaubriand. Cela peut relever de l'esthétique symbolique de la fin du XIXe siècle, qui fait beaucoup dans la friperie historico-géographique pour suggérer des royaumes rêveurs, dont la seule référentialisation est poétique – symbolique ; Claudel n'y échappe pas dans ses premières pièces. Le plus important cependant est la création non pas d'un monde de nulle part, mais d'un monde érigé dans une réalité réduite à des structures, notamment politiques.

Ce qui est en jeu tout au long de la pièce, c'est le pouvoir, le pouvoir politique, sous sa forme royale. Ajoutons immédiatement que la conquête et l'exercice de ce pouvoir ont des motivations qui ne sont pas que politiques et militaires, et que celles-ci sont transcendées, en particulier dans la troisième partie, par d'autres motivations, philosophiques, religieuses, mystiques même. Il n'empêche cependant que la dimension politique de la pièce est une des données premières de sa textualité et qu'il est hors de question de ne pas lui accorder toute l'importance qu'elle mérite, étant bien entendu que cette dimension politique est inscrite dans une configuration plus vaste, laquelle lui donne justement sa signification. Compte tenu de l'orientation de notre étude – la représentation de la royauté –, on comprendra que nous nous attachions de préférence à cet aspect politique, avant d'interroger la relation que le politique entretient avec tout ce qui le dépasse, le religieux tout spécialement.

## DÉSIR DE ROYAUTÉ

Le politique, donc. Les choses en la matière sont assez simples. Dans la première partie, il n'en est pas question. Dans un *no man's land* historique et géographique, deux hommes seuls, Cébès et Simon Agnel, se retrouvant après des années. L'un a ramené la femme qu'il avait prise à l'autre, elle est morte, et tous deux l'enterrent ; à la suite de quoi, une communion mystique a lieu entre les deux, qui s'achève par une union qualifions-la de fraternelle, qui fait d'eux un couple héroïque. Ce couple, car c'en est un, sans aucun conteste, faut-il le qualifier d'homosexuel, d'homoérotique ? peut-être, et le texte, si on oriente la lecture dans cette direction, se prêtera à une interprétation de ce genre ; en elle-même, une telle interprétation n'est pas impossible, ni impensable, mais il est manifeste que l'éros en la circonstance est moins sensuel et érotique qu'il n'est philosophique : c'est la structure métaphysique du désir qui est mise en place, le désir conçu comme manque et absence, bien plus que comme *libido*[4]. Cette structure est une des constantes de l'imaginaire claudélien, et elle connaîtra sa plus puissante illustration dans *Le Soulier de satin* avec le couple de Rodrigue et de Prouhèze. L'essentiel est ici la constitution d'un couple tragique parfait, voué à se défaire, auquel sera substitué un autre couple, tout aussi parfait et souffrant, celui de Tête d'Or et de la Princesse. Une lecture psychanalytique de la pièce dans cette perspective n'est pas en soi inenvisageable, mais elle n'est pas appropriée, ne serait-ce que parce que les choses, oserons-nous-dire, relèvent d'une métaphysique, et que le corps tout particulièrement, s'il existe – et de fait il existe – est de l'ordre de la figuration, de la figure plus précisément, dans la mesure où il est l'expression matérielle d'un ordre qui n'est pas physique, mais métaphysique.

Cette structure du désir ayant été constituée dans la première partie de la pièce, les deux parties suivantes procèdent à sa littérale dramatisation. Celle-ci, en particulier dans la deuxième partie, est de nature

4 C'est une des données du monde de Claudel : le désir chez lui est toujours tourné du côté de l'insatisfaction, et au bout du compte de la mort ; c'est précisément ce qui lui donne sa force dynamique et positive, l'histoire de Rodrigue et de Prouhèze l'atteste exemplairement.

explicitement politique. Le lien dramatique entre cette partie et la précédente n'est pas indiqué. L'action se passe dans le palais presque à l'abandon d'un vieil empereur. L'empire lui-même est dans la dernière phase de sa décomposition : « Tout fini ! tout perdu ! mes armées chassées ! mes villes emportées ! » (*Th*, I, 49), dit l'empereur. On est à la veille de l'arrivée de hordes sauvages qui vont s'emparer du cœur de l'empire, ce n'est plus qu'une question de temps, « de sales barbares roux aux pieds énormes » (*Th*, I, 54) menacent, la chute est imminente, on s'attend à un « archidésastre » (*Th*, I, 55) ; les hommes se sont résignés, ils dorment sans que rien puisse les arracher à leur sommeil, le peuple est proprement « consterné » (*Th*, I, 49). Seul faible espoir, l'armée « que le nouveau général a levée » ; et le miracle se produit : le général, Tête d'Or, revient victorieux. Mais Tête d'Or ne sera pas le Radamès d'*Aïda*, il prendra ce qui lui est dû sans plus de façons, en tuant le vieil empereur et en s'auto-proclamant roi. Son usurpation n'a rien d'exceptionnel, il s'en est produit de nombreuses de ce genre dans l'histoire, et on pensera de nouveau à Bonaparte – et aussi à Boulanger, nous y viendrons plus tard.

La prise du pouvoir par Tête d'Or. Elle a apparemment une dimension shakespearienne, c'est le moment le plus politique de la pièce. Pourtant elle n'est que partiellement politique, ou plus exactement sa dimension politique ne prend toute son ampleur que dans une configuration beaucoup plus vaste, de nature philosophique et métaphysique. Cette prise de pouvoir qui se produit quand Tête d'Or revient victorieux des ennemis, contre toute attente, et qu'il revendique pour lui le pouvoir, est précédée de la scène des retrouvailles de Tête d'Or et de Cébès, celui-ci à l'article de la mort. Scène dramaturgiquement invraisemblable : le général triomphant à peine a-t-il fait son entrée dans le palais qu'il demande à tout le monde de se retirer, empereur compris, pour assister Cébès dans ses derniers moments ; et on se retire comme si de rien n'était. Suit la scène des retrouvailles de Tête d'Or et de Cébès. Elle est essentielle dans la philosophie du désir mise en œuvre depuis le début de la pièce. Avec Cébès mourant, mort, tout le champ du désir humain a été parcouru, car avec la mort de Cébès le néant des choses est atteint, l'amour consommé dans la mort ; rien n'est, sinon la réalité du pouvoir désormais à prendre, qui rémunérera cette perte essentielle de l'éros. Maintenant vacant le personnage de Tête d'Or peut donner une substance à son être ; cette substance sera politique dans la mesure où il rassemblera en lui-même ce qui permet aux êtres et aux choses d'exister à travers lui : le pouvoir. Ce serait une erreur de réduire sa prise du pouvoir à un simple coup d'État militaire, voyant un général que ses victoires ont rendu populaire et qui est soutenu par ses troupes renverser les autorités en place à la faveur d'un *pronunciamento*. Toutes sortes de rapprochements avec des événements historiques peuvent bien être faits, on pensera par exemple au triomphe du jeune Bonaparte en Italie, alors que la France du Directoire s'épuise dans le n'importe quoi, ou encore aux généraux qui se succèdent à la tête de l'Empire romain après la chute de Néron lors de la funeste année 69. Avec ces modèles, le coup d'État de Tête d'Or a de nombreuses affinités, mais son équipée est d'une tout autre nature, il n'est pas venu « comme l'humble dieu de la soupe » (*Th*, I, 101), pour offrir au peuple *panem et circenses*, et exercer un pouvoir clientéliste. Son ambition est de remobiliser l'être.

Sa prise de pouvoir en tout cas ne correspond pas à ce qu'on attendrait en de pareilles circonstances, à savoir un grand tumulte, des invectives, un débat, que sais-je ; rien de semblable : le vieil empereur valétudinaire est bousculé plutôt qu'autre chose, puis tué d'un coup d'épée bien propre, sans aucune manifestation de violence hystérique. La résistance de l'empereur est très faible, et avant d'être tué, alors que Tête d'Or a déclaré qu'il s'emparerait « de tout pouvoir de faire et de ne pas faire » (*Th*, I, 94), il aligne quelques phrases creuses et vides de ce genre :

> Mais parles-tu de ce trône,
> Et de la place que quelqu'un tient sous le palmier de la souveraineté ?
> Non ; l'Empereur comme le boquillon garde une place ; serviteur de
> l'intérêt de tous,
> Il dispose l'avenir bel et bon.

C'est là le discours inane d'un « blaireau chassieux » (*Th*, I, 97), d'un « couillon », dit même Tête d'Or. De toute façon, l'échange verbal entre les deux est très réduit, en aucune façon il ne prend la forme d'une contestation sur les moyens et les fins du pouvoir, et pas davantage après la mort de l'empereur n'y a-t-il de résistance au « coup d'État » de Tête d'Or. Non seulement les ci-devant opposants sont nuls, mais ils n'ont surtout rien à opposer à cette prise du pouvoir par Tête d'Or. Non pas parce qu'il est appuyé par la force de l'armée qu'il a ramenée avec lui – il n'en est même pas fait mention – mais parce que le pouvoir de Tête d'Or s'impose de lui-même dans sa propre évidence.

Qu'est-ce donc qui permet à ce pouvoir de s'établir presque sans coup férir ? Lui-même, non pas en tant que pouvoir, mais en tant qu'expression intime du Moi de celui qui s'en empare. Le texte est d'une parfaite clarté en la matière. Tête d'Or entre dans le palais de cet empire de décadence en disant simplement qu'il est qui il est. « J'ai vu enfin que ce que j'avais désiré était ! » (*Th*, I, 75), dit-il à Cébès mourant. En lui-même le désir a trouvé à se réaliser, à *être*. C'est cette réalisation du désir qui légitime sa prise de pouvoir, celle-ci est proprement métaphysique :

> Aujourd'hui !
> Aujourd'hui est venu que je dois montrer qui je suis ! Il y a moi ! il faut !
> Seul ! eux tous ! je marcherai, je meurtrirai le mufle même de la bestialité d'un poing armé !
> Je parlerai devant cette assemblée de saligauds et de lâches ; ou je mourrai, ou je m'établirai mon propre empire ! (*Th*, I, 89)

La revendication d'identité qui s'énonce là n'est pas hyperbole de soi, mais affirmation d'un Moi qui aspire à être pleinement lui-même. Ainsi se comprend la formule très ramassée : « je m'établirai mon propre empire », qui est moins l'expression d'une ambition politique (s'accaparer le pouvoir en s'emparant de l'empire, établir son empire) que la volonté de se constituer soi-même comme principe politique, de faire de soi le lieu même du pouvoir, en instaurant le Moi comme roi de sa propre royauté intime. Il lui faut donc prendre possession de ce qui lui revient, de ce qui lui appartient. C'est l'objet de cette grande scène de la prise du pouvoir qui occupe tout le centre de la deuxième partie. L'affrontement apparemment dramatique entre le vieil empereur et Tête d'Or est philosophique, il concerne le pouvoir lui-même. Pour l'empereur, le pouvoir, le sien, est exclusivement politique, il est le pouvoir, qui fait de lui le maître légitime, le pouvoir est « son propre bien » (*Th*, I, 93) ; de là son effarement à l'idée que Tête d'Or veuille l'en déposséder. Rien de semblable en ce qui concerne Tête d'Or, il ne veut pas s'emparer du pouvoir pour s'emparer du pouvoir, mais pour réaliser son désir, pour lui *donner corps*, de telle façon que son identité et son désir se confondent en sa personne. C'est une conception organique du pouvoir qui se fait jour chez lui. Elle n'est en aucune façon politicienne, mais très profondément politique. La tirade qui précède immédiatement le meurtre de l'empereur est très significative, quand Tête d'Or répond à la question d'un des assistants sur la place qu'il prétend avoir :

> Possesseurs de l'heure présente et gardiens des éléments de la République (car c'est ce que vous êtes !)
> À cette heure je parlerai ouvertement. Je veux régner.
> D'abord j'ai mené des soldats et maintenant
> Il est temps que je saisisse dans mes poings le commandement
> De la machine guerrière et civile.

Après cette revendication du pouvoir vient aussitôt après l'affirmation de soi :

> Et comme ce roi noir, le cœur,
> Siège au milieu des poches profondes des poumons,
> Dispensant avec une continuelle puissance
> L'équinoxe et le solstice de notre nuit humaine, ma volonté,
> Enveloppée du manteau royal, fut faite
> Pour s'asseoir sur un trône plus stable que le Nord et pour diriger le commun branle.
> J'ordonne à mon bras de se mouvoir, il se meut ; à mon pied de s'avancer, et il obéit ; à ma langue de s'agiter, à ma main de saisir, à mon sourcil de se froncer : et elle parle, elle empoigne, il menace.
> De même si je commande quelque chose au dehors,
> Mon injonction n'admettra point de paralysie. (*Th*, I, 93)

C'est un discours d'investiture, non pas de Premier ministre, mais de *Pantokrator*, tel par exemple que Napoléon a été figuré par Ingres dans un célèbre portrait[5]. Le plus remarquable dans ce passage est la présence du corps de Tête d'Or comme organisme physique – et politique. Claudel reprend à l'évidence l'idée immémoriale du corps du roi dans lequel s'incarne, au sens propre, l'État. Insistons-y, ce n'est absolument pas une manifestation de l'hypertrophie du Moi, à plus forte raison d'une quelconque *hubris*, de la part de Tête d'Or, mais l'expression d'un projet, d'un dessein politique, qui vise à faire du Moi, du corps du Moi la figure même de l'État. Par comparaison, le pauvre empereur valétudinaire d'un empire à l'abandon offre une image pitoyable de cette idée d'un corps de l'État prenant sens dans la personne de celui qui est à sa tête.

5 Ingres, *Napoléon Ier sur le trône impérial*, Musée de l'Armée, Paris.

Il n'est donc pas étonnant que Tête d'Or dans ces lignes se réfère à la République (au sens de *res publica*) et qu'il ne fasse alors preuve d'aucune ironie : l'État, c'est moi, dit-il en substance. Il réinvestit la coquille vide de l'empire et lui donne désormais son être.

Est à lire dans la même perspective le couronnement de Tête d'Or, sur lequel se clôt la séquence politique de cette deuxième partie. Moment politique au plus haut point, sauf que c'est moins le geste lui-même qui importe que la signification philosophique de ce sacre :

> *Il ramasse la couronne.*
> Évanouissez-vous comme des formes de fumée, rêves, prestiges, passé, et vous
> Qui me regardez, osez
> Contempler avec des yeux nouveaux un temps nouveau !
> Au nom de toutes les choses, et non pas
> Des apparences que le rêve de l'usage promène,
> Mais de toutes les choses telles qu'elles sont, et au nom même de la vérité,
> Je pose cette couronne sur ma tête.
> *Il met la couronne.* (*Th*, I, 103)

Par ce sacre de Tête d'Or le monde accède à la vérité, contre les apparences, contre les « formes de fumée », le couronnement n'étant que le symbole de cette entrée dans le monde des choses « telles qu'elles sont ». Il ne s'agit pas du tout d'une usurpation politique, mais bien au contraire de la restauration du politique dans son intégrité métaphysique. Aussi est-il compréhensible que les assistants qui jusqu'alors s'opposaient à Tête d'Or lui rendent immédiatement hommage. Ce n'est pas à mettre sur le compte de la versatilité des foules ni de l'acceptation servile du pouvoir, mais sur celui de la reconnaissance de la vérité transcendante qui s'est manifestée en la personne de Tête d'Or se couronnant. Après le sacre de Tête d'Or, la deuxième partie de la pièce s'achève par le congé donné au passé, à l'occasion de la double cérémonie, assez rapide, des funérailles respectives de Cébès et de l'empereur. Cette cérémonie elle-même prélude à la confirmation du pouvoir de Tête d'Or par l'armée, dans la tradition romaine des cohortes prétoriennes acclamant le nouvel empereur. « Mon temps commence ! » (*Th*, I, 112), dit Tête d'Or, et s'ouvre une nouvelle ère dont les hauts faits constituent la troisième partie.

Le motif royal y est encore plus présent, mais de manière paradoxale. D'une part, Tête d'Or est le Roi (ainsi il est désigné maintenant) et, d'autre part, la Princesse, qui s'était dépouillée de ses ornements à la fin de la deuxième partie, refait son apparition pour être couronnée Reine à l'extrême fin de la pièce. D'un autre côté, cependant, ces deux figures royales sont fort mal en point : Tête d'Or, le Roi, est mourant, comme la Princesse. Leurs corps respectifs sont en piteux état, celui du Roi n'est que douleur, étendu sur une couche de branches, et celui de la Princesse a subi une atroce crucifixion, les clous lui seront retirés de ses mains par Tête d'Or juste avant leur propre mort à eux deux. Ils se trouvent symboliquement réunis tout à la fin de cette partie, et réunis dans la même référence royale (le Roi mourant léguant sa royauté à la Princesse), mais au début il y a une opposition entre eux à ce sujet : le corps de la Princesse est « revêtu de l'honneur héréditaire du commandement » (*Th*, I, 119), mais Tête d'Or est investi d'un « Majesté plus solennelle ». La royauté par droit du sang de la Princesse connaît en cet endroit de la pièce une complète abjection : le capitaine qui l'a rencontrée la laisse au milieu de nulle part, non sans lui avoir donné son manteau et un morceau de pain, et aussitôt après son départ surgit un déserteur qui lui vole son pain et la crucifie à un arbre. Le comble de la déchéance a été alors atteint ; ce n'est qu'une illusion, puisque ce traitement infâme subi par la Princesse lui restitue en fait sa qualité de fille de roi : « Je suis fixée au poteau ! mais mon âme / Royale n'est pas entamée, et, ainsi, / Ce lieu est aussi honorable qu'un trône » (*Th*, I, 125), dit-elle, procédant à un renversement de l'humiliation en triomphe. Ce renversement pourrait être interprété, si on était dans un régime romantique de l'imaginaire, en termes hugoliens ou bakhtiniens et être qualifié de carnavalesque ; ce n'est pas le cas. Le supplice de la Princesse, parfaitement gratuit et qui n'est dicté que par la haine d'un misérable pour la ci-devant fille de l'Empereur (*Th*, I, 122-123), ne peut avoir, du fait de la forme qu'il prend (une crucifixion), de signification que symbolique. Les rapprochements avec la Passion s'imposent d'eux-mêmes, un en particulier : Jésus est crucifié comme roi des Juifs, de même c'est en tant que Princesse que la jeune femme est clouée à l'arbre. Le texte est tout à fait explicite, et Claudel introduit des références scripturaires clairement identifiables. La princesse demande par exemple au déserteur avant d'être crucifiée : « qu'y a-t-il de commun entre moi et toi ? » (*Th*, I, 125). L'essentiel est le passage d'un imaginaire politique à un imaginaire religieux, ce qui permet le dépassement du motif royal. Celui-ci acquiert dès lors une profondeur de signification qu'il n'avait pas précédemment, du moins en ce qui concerne la Princesse. La royauté symbolique à laquelle accède la Princesse fait d'elle une figure de l'Église.

Le processus symbolique qui s'opère en ce qui concerne la princesse a une double implication. D'un côté, la crucifixion, châtiment des esclaves chez les Romains, arrache à la Princesse son statut royal et la met au plus bas de l'échelle sociale, et même humaine : clouée à l'arbre, elle devient « un émouchet qu'on a fixé par les ailes » (*Th*, I, 124). D'un autre côté, étant donné qu'elle subit le supplice même de Jésus, elle connaît une transfiguration, et devient une figure christique. Pour ce qui est de notre objet d'étude, cette christianisation d'un personnage royal est particulièrement remarquable. Sans jouer sur les mots, une telle christianisation n'a pas, au moins dans le contexte dramatique et dramaturgique de *Tête d'Or* en 1889-1890, une signification chrétienne, mais bien davantage politique. L'aspect religieux de la référence est du même ordre ici que celui qui se découvre dans *Une saison en enfer*, lorsque le narrateur écrit : « je voyais se lever la croix consolatrice[6] », sans qu'il faille pour autant christianiser le texte de Rimbaud[7]. Pareillement, dans *Tête d'Or*, et tout spécialement dans la première version, la crucifixion de la Princesse fait signe, mais il serait abusif de voir en elle la formulation terminale du sens. D'ailleurs, remarquera-t-on, entrent dans cette crucifixion des éléments incontestablement païens, à commencer par celui de l'arbre auquel est clouée la Princesse, lequel arbre n'est pas une croix. Mais, à la limite, peu importe, puisque ce qui compte, c'est bien plus profondément la réélaboration religieuse, dans la référence à la crucifixion, du politique. Celui-ci est transfiguré au même titre que la Princesse, avec, effet de retour, la dépréciation de l'ancienne représentation de la royauté.

Une analyse exactement comparable peut être faite dans cette troisième partie de *Tête d'Or* à propos du héros éponyme. Il est le roi, le Roi, en majesté semble-t-il, si ce n'est que sa royauté est celle d'un mourant. Non pas un roi valétudinaire comme l'Empereur de la deuxième partie, mais un roi héroïque, qui a mené ses troupes au combat et est blessé à mort pendant l'engagement. Tête d'Or reste roi, mais il meurt. Rien de plus significatif que la construction du lit sur lequel est mis le corps du

6 Rimbaud, *Une saison en enfer*, « Délires II. Alchimie du verbe », in *Œuvres complètes*, éd. d'André Guyaux, Gallimard, « Bibliothèque de la Pléiade », 2009, p. 268.

7 Ce que ne manquera pas de faire Claudel, comme on sait.

roi agonisant. C'est un « trône funèbre » (*Th*, I, 136), formé par un arbre gigantesque ; la situation en cela est identique à celle de la Princesse, clouée à un arbre qu'elle désigne comme son trône (*Th*, I, 125). Sur ce trône de mort est étendu Tête d'Or. Se déroule en la circonstance une espèce de liturgie païenne, qui voit le suicide d'un des généraux de Tête d'Or, Cassius, refusant de survivre à son roi, selon une pratique funéraire attestée dans maintes cultures primitives :

> Mes lèvres
> Qui furent apprises à former ce mot : *Roi*, désormais,
> Se refermeront dans un silence obstiné.
> – Ici ! où réside le désir sacré, au cœur.
> *Il se poignarde.* (*Th*, I, 138)

Toute cette fin de la troisième partie où Tête d'Or meurt est caractérisée elle-même par une assez grande confusion dramatique. Le plus remarquable est que Tête d'Or pourtant atteint de blessures mortelles (et pour cause : il a affronté à lui seul toute l'armée ennemie) n'arrête pas de mourir et de ressusciter, au point que ses officiers un moment le laissent seul car ils le croient mort, pour retourner à la bataille. Bien entendu, ces enchaînements de mort et de résurrection ont une signification religieuse évidente : Tête d'Or est un Christ, mais ils participent également de l'imaginaire royal multiséculaire qui veut que le roi ne meure jamais. Ainsi le lit de branchages sur lequel est étendu Tête d'Or est un trône, alors que manifestement c'est un bûcher semblable à celui d'Hercule ou celui de Patrocle, et ce trône est disposé, en pleine nature, dans ce qui est désigné comme une « chambre funèbre » (*Th*, I, 158). L'étrangeté de la formulation est expliquée immédiatement après : « La Monarchie repose dans ces ténèbres ». Il s'agit donc avec cette expression de « chambre funèbre » du lieu mystique du pouvoir, du saint des saints de la royauté, désignée ici par le vocable de Monarchie avec majuscule, ce qui contribue à la fixer dans sa solitude presque sacrée. Physiquement donc le Roi se meurt, mais symboliquement, par-delà sa mort, la royauté survit dans son idéalité. C'est assez facile à comprendre, mais il y a néanmoins une difficulté, à savoir la nature de cette idéalité royale. Est-elle politique ou religieuse ? Le texte n'apporte pas de réponse tranchée en la matière. C'est que cela tient à l'amalgame indécidable entre le politique et le religieux dans cette fin de *Tête d'Or*.

Tout est fait pour que l'un et l'autre se confondent, ou plutôt s'éprouvent respectivement l'un à l'autre, comme si, d'une part, le politique devait trouver sa vérité dans le religieux, et que, d'autre part, le religieux ne pouvait être représenté qu'à travers l'imaginaire royal traditionnel. Un tout autre scénario aurait pu être envisagé. Par exemple, l'apparition d'un chef des augures, d'un grand prêtre, que sais-je, qui viendrait énoncer *in fine* la vérité divine transcendante et dire que le politique lui est soumis, la cité des hommes n'étant que l'image de la cité de Dieu. C'est précisément ce qu'imaginera Claudel quelques années plus tard au dénouement de la seconde version de *La Ville*, lorsqu'il fait entrer en scène Cœuvre, « revêtu des insignes d'évêque et suivi du clergé » (*Th*, I, 722), pour expliquer à son fils, Ivors, le dirigeant de la Ville, ce qu'est une politique accordée à l'Écriture. Ce n'est pas le cas dans *Tête d'Or*, parce que la relation de Claudel au catholicisme n'est pas encore entièrement claire ni éclaircie.

## ROYAUTÉ DE TAMERLAN

Abordons pour finir l'épisode central de la troisième partie de la pièce, où Tête d'Or et la Princesse se retrouvent et meurent l'un après l'autre. Cette rencontre est intensément dramatique, mais pas de la façon attendue. On n'assiste pas à la confrontation de la fille de l'ancien Empereur et du meurtrier de celui-ci, avec, pourquoi pas, demande de pardon du meurtrier et pardon accordé. Le dramatisme de cette rencontre finale est d'un autre ordre. En l'occurrence il est politique, ce sont deux majestés qui sont réunies dans les personnes de la Princesse et de Tête d'Or, le Roi, et sans qu'il y ait de confrontation critique entre l'une et l'autre. Pas davantage ne faut-il voir dans ces deux majestés représentées par la Princesse et Tête d'Or deux régimes historiques distincts de la royauté, l'un, celui de la Princesse, étant un ancien régime, parce qu'elle tiendrait la royauté héréditairement de son père, et l'autre, celui de Tête d'Or, étant le nouveau régime de la royauté, qu'il s'est acquise par sa valeur personnelle. Cette opposition ne tient pas. Disons que l'un des objets de cette scène où Tête d'Or et la Princesse, l'un et l'autre mourant, sont mis en présence est de mettre au jour l'essence de la royauté. En la circonstance le pouvoir est exposé dans sa nudité, ramené aux figures souffrantes qui l'incarnent, la Princesse et le Roi, juste avant leur disparition physique. Eux disparaissant, subsiste la royauté dans son idéalité, une royauté entièrement régénérée, qui n'est plus la forme politique d'un pouvoir, mais l'expression du lien consubstantiel qui relie les hommes entre eux.

Ces analyses sont confirmées par l'épisode du couronnement, de l'intronisation de la Princesse en reine ; il doit ici être examiné attentivement, dans la mesure où il scelle la thématique royale dans tout son éclat. Tête d'Or mourant trouve en la circonstance assez de force pour ordonner à ses lieutenants de reconnaître la Princesse comme leur souveraine et de la sacrer reine. Héritière de son père l'Empereur, que Tête d'Or avait détrôné et tué, elle accède tout à la fin de la pièce au statut de reine. Dans les dernières pages de la pièce est ainsi mis en scène selon un cérémonial royal le sacre de la Princesse : « Rien ne manque, ni la couronne frivole, ni la traîne pompeuse du manteau ! » (*Th*, I, 162), dit-elle amèrement et ironiquement. Mais que signifie un tel sacre, puisqu'il est immédiatement suivi de la mort de la reine, et que, de toute façon, cette mort était imminente avant même le sacre ? Cette investiture royale ne peut avoir de toute évidence qu'une signification symbolique. Laquelle ? Plusieurs interprétations sont possibles. La première, accordée à l'imaginaire immémorial de la royauté, et qui remonte au Moyen Âge, est que le roi ne meurt jamais, du fait que la transmission du pouvoir s'opère toujours en suivant le modèle de la filiation. C'est le cas ici, quand la Princesse rappelle aux soldats qu'elle est la fille de l'« ancien empereur » (*Th*, I, 160). On serait donc en présence d'une restauration, après l'épisode de la royauté usurpatrice de Tête d'Or, comme celle par exemple qui s'est produite en France en 1814. Cependant ce n'est pas en réalité de l'empereur mort, son père, que la Princesse reçoit son sceptre, mais de celui qu'elle-même appelle le « testateur » (*Th*, I, 162), en l'occurrence celui qui par testament lui a légué la royauté, à savoir le Roi, Tête d'Or. La transmission du pouvoir royal en la circonstance n'est pas du tout comparable à ce qu'elle aurait été si la Princesse l'avait hérité de son père. Elle l'hérite non seulement de celui qui a tué son père et qui s'est emparé de son pouvoir en le tuant, mais elle hérite aussi d'une royauté morte, et elle l'hérite d'un mort.

En outre, elle l'hérite en sachant que sa propre mort est une affaire de minutes, presque de secondes. Ce n'est pas pour autant absurde, bien au contraire. Toute la construction politique de la pièce trouve à se réaliser en ce double dénouement de la mort du Roi Tête d'Or et du sacre de la Princesse son héritière. Cela obéit à deux buts. Le premier : réaffirmer la royauté comme principe politique intangible, quitte à ce qu'il puisse être dépourvu d'objet dans la réalité ; le second : en privant ce principe d'objet dans la réalité, lui conférer une valeur symbolique absolue. Il n'y a nulle contradiction, mais l'affirmation en cette extrême fin de *Tête d'Or* d'une royauté qui transcende presque mystiquement toute royauté, la royauté religieuse de la Grâce et de l'Église en la personne de la Princesse. L'intelligence et la profondeur du dispositif symbolique inventé viennent de ce que cette royauté symbolique s'instaure à l'intérieur même de la référence royale qu'elle conteste et qu'elle dépasse. Pour que la royauté symbolique s'établisse, il importe préalablement, d'une part, que l'ancienne royauté soit détruite (mort de l'empereur) et remplacée par une nouvelle (usurpation) et que, d'autre part, l'usurpateur transmette à l'héritière légitime le pouvoir royal qu'il s'était accaparé, pour que, à son tour, l'héritière devenue reine abdique cette royauté en mourant et que la mort donne enfin une réalité à cette royauté. C'est ainsi que nous lirons les paroles du commandant juste après la mort de la Princesse :

> Exaltez ces pieds étincelants, qui, ores parés pour ne marcher plus,
> Retraversent les peuples subjugués !
> Pour nous, nous savons encore ne pas craindre ! Et, attaqués, nous remontrerons
> Une assez terrible hure ! (*Th*, I, 163)

La Princesse-Reine devient donc une espèce d'égide qui aura pour fonction de mettre en fuite les ennemis (desquels, paradoxalement il est dit qu'ils sont « subjugués », c'est-à-dire soumis, et dont on sait, de toute façon, qu'ils ont été mis en déroute et vaincus). Sa fonction n'est désormais plus que symbolique. Il est inutile à cet égard de se demander ce qui se passera au retour de l'armée chez elle : quel régime sera établi, quel pouvoir mis en place, quelles lois instituées « dans le milieu de la Ville » (*Th*, I, 735) ?

Dans le même ordre d'idées gagne à être lue l'injonction finale de la pièce : « vers l'Ouest ! » (*Th*, I, 164). La formulation est manifestement héroïque, elle est celle de conquérants, partant à l'assaut du monde, pour qui s'ouvrent toutes les promesses de l'horizon et devant qui l'Ouest impose son mirage. Cette lecture est possible, mais il faut cependant la tempérer : les mots qui précèdent l'injonction finale sont : « En avant ! chez nous ! » Cette conquête de l'Ouest n'est donc qu'un retour aux foyers[8] ; il n'y a pas de conquête. Seulement, ce retour n'est pas senti ni présenté comme une retraite, à plus forte comme une débandade, puisque subsiste le mouvement de la conquête, l'allant héroïque et épique que Tête d'Or avait imprimé à son entreprise guerrière. De manière significative, se retrouve à la fin de la pièce la même ivresse que celle qui avait été spectaculairement mise en scène lors du retour triomphal de Tête d'Or au début de la deuxième partie de la pièce. (À moins que, autre interprétation, l'armée de Tête d'Or retournant chez soi ne soit assimilée à celle des barbares qui déferlait naguère contre le royaume.) Ce mouvement de retour au terme de la troisième partie est d'autant plus comparable à celui de la deuxième partie que dans ces deux cas l'armée est victorieuse. Sans doute sa victoire dans la troisième partie est-elle bien amère : « La plus triste qui fut jamais » (*Th*, I, 134), dit un des vaincus vainqueurs, puisque le roi a été blessé à mort ; mais il n'empêche : le retour « vers l'Ouest », si on le compare au retour précédent, sera l'occasion d'un nouveau départ, comme celui qui avait vu Tête d'Or et ses hommes repartir après leur victoire à la conquête de l'Europe. Une différence néanmoins, pourra-t-on objecter : c'est sans leur chef que les hommes reviennent chez eux. Précisément, l'essentiel est que l'impulsion qu'il leur a communiquée n'est pas retombée, elle est toujours là et continue de les animer.

Dans la perspective qui est la nôtre, cette permanence de l'énergie n'est pas étrangère à l'accession de la référence royale au symbolique. Cela a été rendu possible par la double mort de la Princesse et de Tête d'Or, évidentes victimes sacrificielles ; en mourant, ils ont arraché la royauté à la réalité pour la projeter dans l'ordre du symbole, ce qui lui assure désormais un statut idéal, elle devient en quelque sorte le *labarum* mystique qui guide les hommes. Un détail ici qui n'est pas sans importance : une fois que Tête d'Or est mort, après avoir légué sa royauté à la Princesse, il n'est plus du tout question de lui, le reste du

8 Claudel dans ses *Mémoires improvisés*, Gallimard, 1954, p. 60 commente ainsi la fin de la pièce : « Tête d'Or avait fini son effort, et ils n'avaient plus qu'à rentrer à la maison ».

texte est exclusivement occupé par le couronnement de la Princesse. Une fois qu'à son tour elle est morte, le Commandant « dépose doucement et respectueusement le corps de la Reine sur la terre » (*Th*, I, 163) et donne cet ordre : « Étendez la Reine dans ses habits royaux sur une civière ! Nous l'emporterons avec nous » ; mais nulle mention du corps de Tête d'Or, comme s'il était laissé à l'abandon. Ce n'est pas une inadvertance de Claudel : seule ne compte plus désormais que la dépouille du dernier roi, à savoir la Reine qui a été couronnée en succédant à Tête d'Or, signe que la royauté ne renvoie pas de ce point de vue à la personne du souverain mais à la fonction. Au terme de la troisième partie la royauté se trouve ainsi constituée en principe symbolique.

## BOULANGISME

Parvenu à ce point, nous essaierons de vérifier notre lecture de *Tête d'Or* en examinant la relation que la pièce entretient à la réalité historique et politique contemporaine. C'est requis, étant donné que ce drame d'un conquérant qui arrache son pays à la torpeur délétère qui le mine et le conduit même à sa perte tire au moins une partie de sa signification de l'état de la France à l'extrême fin des années 1880. Un phénomène politique tout spécialement doit être pris en compte : l'apparition de celui qui fut considéré comme un véritable sauveur : le général Boulanger. Tout a été dit sur lui[9], et nous n'ajouterons rien de nouveau en ce qui le concerne, nous insisterons seulement sur le mélange indécidable de politique et de fantasme qui a caractérisé l'engouement pour ce personnage. Politiquement, il a réuni un temps sur sa personne toutes les aspirations de la droite non-républicaine, les bonapartistes comme les royalistes, qui ont vu en lui celui qui permettrait de balayer le régime haïssable de la république. Conjointement la personne de Boulanger, le général au cheval noir, mobilisait confusément tout un imaginaire collectif, dans lequel entraient pêle-mêle des rêves de revanche militaire,

9 Voir en particulier le chapitre « Les droites en république » dû à Philippe Levillain dans l'ouvrage collectif *Histoire des droites*, sous la direction de Jean-François Sirinelli, Gallimard, « Tel », 2006 (1re éd., 1992), t. I, « Politique », p. 183-195.

des pulsions antiparlementaristes et la croyance en un sauveur[10]. Le délabrement national était tel que même un politique de première force comme Clemenceau fut un temps séduit par lui. Claudel lui aussi céda au boulangisme ambiant.

La relation sociocritique est évidente entre le personnage de Tête d'Or et Boulanger qui manqua de faire tomber la IIIe République, elle n'est pas inconnue des claudéliens et depuis longtemps a été faite par eux[11]. De fait, la pièce est écrite à la fin de l'année 1889, lorsque l'entreprise de Boulanger s'est effondrée comme un soufflet. Claudel de son côté pendant les années de montée en puissance du « brave général » a été incontestablement séduit, comme beaucoup d'autres. Il y a du boulangisme dans *Tête d'Or* ; l'enthousiasme que suscite le jeune héros est comparable par son intensité à celui de Boulanger. Le contexte sociopolitique est, toutes proportions gardées bien sûr, comparable. La guerre en France est une menace (affaire Schnaebelé en 1887, loi des trois ans pour le service militaire en 1889), le régime républicain se délite, le pouvoir ne demande qu'à être ramassé. La métaphore dramatique qui a lieu dans *Tête d'Or* se fait d'elle-même, à condition, évidemment, qu'on n'y voie pas une transposition[12]. Si Tête d'Or est bien une figuration de Boulanger, il n'est pas Boulanger, l'ampleur cosmique du personnage transcende de toute évidence son éventuel référent dans l'histoire. La geste de Tête d'Or constitue un dépassement sans commune mesure avec l'assez pitoyable entreprise de Boulanger, incapable d'incarner les fantasmes que les contemporains avaient un temps projetés sur sa personne. En la circonstance, Claudel s'est livré à un élargissement de la réalité sur tous les plans : historique, géographique, politique, philosophique. Boulangiste, *Tête d'Or* ? sans nul doute, mais d'un boulangisme qui n'a pas grand-chose à voir avec ce que fut cette flambée politique, tant il est évident que le conquérant passionné du drame de Claudel est d'une

10 Voir Raoul Girardet, *Mythes et mythologies politiques*, Seuil, « Points », 1990 (1re éd., 1986), en particulier p. 63-70, où *Tête d'Or* est réinscrit dans cette mythologie typiquement française du sauveur, de l'homme providentiel.

11 Voir tout spécialement l'introduction de Michel Lioure à son édition de *Tête d'Or*, Annales Littéraires de l'Université de Besançon, 1984, p. 23-24.

12 Didier Alexandre dans son article « "La bombe *Tête d'Or*" », *loc. cit.*, p. 13, écrit très justement : « La lecture référentielle apporte constamment à la question politique une réponse idéologique référée à l'histoire ». C'est une excellente mise en garde adressée aux souteneurs de la théorie du miroir.

tout autre étoffe que celui qui mourra comme il aura vécu, « en sous-lieutenant », selon le mot sarcastique de Clemenceau[13].

De 1890 à 1894 la signification de *Tête d'Or* s'est-elle modifiée, quand est publiée une nouvelle édition de la pièce ? La question doit être posée, étant donné que quatre ans après l'édition originale une nouvelle version de la pièce est écrite par Claudel. Un réaménagement complet du texte semblable à celui qui affectera *La Ville*, pour ne rien dire de *La Jeune Fille Violaine* ou de *Partage de Midi*, est-il intervenu ? Des changements se repèrent çà et là, dans de multiples domaines[14]. Le domaine stylistique, d'abord. Les tmèses audacieuses (« v-Ous », par exemple) qui étaient, quoi qu'on puisse dire, plus des coquetteries ou des incongruités qu'autre chose, sont éliminées ; la suppression aussi d'audaces de formulation, en particulier de métaphores baroques, et l'élimination de grossièretés, Claudel s'efforçant de lisser son texte autant que possible et de le débarrasser de sa sauvagerie. Entreprise de toilettage, en somme. Dans le domaine dramaturgique, ensuite. Le personnage d'Eumère, qui n'était guère qu'une utilité et qui n'avait pas de réelle fonction, disparaît[15]. Inversement, des emplois qui jusqu'alors n'étaient qu'anonymes reçoivent une identité. C'est le cas principalement dans la deuxième partie lors de la prise du pouvoir par Tête d'Or et de l'assassinat du vieil empereur. Ceux qui n'étaient que les voix de figurants simplement désignées comme celles d'« un homme », « un assistant », etc., reçoivent une qualification politique : « Tribun du Peuple », « Suprême-Préfet », « Frère du roi », etc. À la scène elle-même de la détronisation, du coup d'État est donnée l'allure bouffonne d'une séance à la Chambre dans la grande tradition des invectives parlementaires de la III^e^ République. Claudel s'en donne à cœur joie et lâche la bride à ses sarcasmes. Il y a à l'évidence la volonté de sa part d'opposer au jeu politicien et au jeu des politiciens la vision d'un héroïsme véritablement politique incarné en Tête d'Or, âme du peuple et de la nation, qui donne un but, une forme aux désirs de la collectivité. Il s'agit donc de promouvoir aux dépens d'une pratique politicienne stérile et caricaturale une politique d'un tout autre genre, représentée par la royauté de Tête d'Or, n'ayant aucun respect pour les formes du pouvoir et se comportant à leur égard

13 Boulanger se suicidera à Bruxelles sur la tombe de sa maîtresse le 30 septembre 1891.

14 Voir Michel Lioure, *« Tête d'Or » de Paul Claudel*, *op. cit.*, p. 65-73.

15 Il est bien mentionné dans la liste des personnages, mais il est absent du texte lui-même.

avec une souveraine désinvolture, prenant ce qui lui revient, quitte à tuer le vieillard sur le trône, parce que ce vieillard n'est rien qu'une vieille baderne. Va dans ce sens une légère modification de la version de 1894 par rapport à celle de 1890 : dans la première version le vieux roi est empereur, ainsi il est désigné (« l'empereur David » dans la liste des personnages, « l'empereur » dans le texte) ; dans la seconde version, au contraire, il apparaît dans le texte sous l'appellation : « le roi », même si dans la liste des personnages il est toujours[16] « l'empereur David ». Les effets de cette modification ne sont pas sans signification ni portée : dans la première version était esquissée une opposition entre deux ordres du pouvoir, l'ordre ancien, celui du ci-devant empereur, et l'ordre nouveau, celui du roi Tête d'Or, sa royauté suffisait à faire de lui un être d'exception ; dans la seconde version, au contraire, le fait que les représentants du pouvoir soient désignés chacun par le même vocable de roi ôte à Tête d'Or un peu de son exceptionnalité, l'accent lui-même se déplace sur la Princesse, clairement identifiée maintenant à la Grâce et à l'Église. De 1890 à 1894 le dépassement religieux du politique se trouve davantage explicite ; clairement le royaume n'est pas de ce monde. Confirmation de cette lecture est donnée par la première version de *La Ville*, qui suit immédiatement *Tête d'Or*, où le politique ne cesse de s'inventer dans le dépassement de lui-même.

Avec *Tête d'Or* commence une interrogation sur le pouvoir qui occupera tout le reste de l'œuvre de Claudel. Cette interrogation est née dans ce premier drame d'une réaction quasi immédiate à l'histoire contemporaine de la fin des années 1880 et du début des années 1890. En ce qui concerne la première version, nous avons insisté sur la référence au boulangisme, sans pour autant voir en lui ce qui suffirait à rendre compte de la textualité entière de la pièce, la crise boulangiste a été un des déclencheurs de la mise en cause par le jeune Claudel de l'ordre politique de la France républicaine. Quatre ans plus tard, les choses en ce domaine ne se sont pas vraiment améliorées. C'en est fini du boulangisme, mais la République est toujours menacée : maintenant Ravachol et Villain jettent des bombes, le président de la République, Sadi Carnot, sera même assassiné par un anarchiste en 1894, alors que le scandale de Panamá ajoute à la déconsidération du régime. De là les

16 Ce doit être une négligence, comme celle qui maintient Eumère dans la liste des personnages, alors qu'il est absent du texte. – Voir immédiatement *supra* n. 15.

pulsions anarchistes bien repérables chez ce jeune Claudel[17], qui, loin de condamner les attentats, porte sur eux un regard passionné, exalté, comme pouvaient l'être peu auparavant ses positions pro-boulangistes. De nombreuses années plus tard, dans ses *Mémoires improvisés*, il évoquera cette période agitée et la relation qu'il avait alors à la politique :

> Autant que je me souviens, j'étais à ce moment-là sous l'impression du mouvement anarchiste de Ravachol, de Henry, enfin tous ces attentats anarchistes que vous vous rappelez. Je dois avouer, à ma grande confusion, que je leur étais très sympathique ainsi que la plupart de mes amis. Je trouvais dans l'anarchie un geste presque instinctif contre ce monde congestionné, étouffant, qui était autour de nous, et pour lesquels, à l'égard duquel ils faisaient un geste, presque celui d'un noyé qui cherche de l'air, qui jette des bombes au hasard, sans presque savoir où[18].

Le Tête d'Or de 1894 est à nos yeux un de ces anarchistes ; mais celui de 1889-1890 l'est-il ? Nous ne serions pas aussi affirmatif. Il y a chez lui une idéalisation du pouvoir sous sa forme royale, qui n'est pas de nature anarchiste, l'anarchie par définition récusant tout pouvoir, toute *archè*. C'est au contact du personnage de *La Ville* Avare que le personnage de Tête d'Or dans la seconde version se colorera de reflets anarchistes[19]. Et de manière d'autant plus visible que Claudel dans la deuxième partie de la pièce révisée aura multiplié les références au parlementarisme et au personnel politique de l'époque[20], contre lesquels Avare déchaînera toute sa fureur.

Il serait abusif, et sans doute faux, de voir dans ces modifications qui se repèrent d'une version de *Tête d'Or* à l'autre l'expression des mutations politiques, ou plus précisément idéologiques de l'attitude de Claudel, passant du boulangisme à l'anarchisme. Cela supposerait une transposition pure et simple de positions politiques ou idéologiques dans le texte même, ce qui n'est pas pensable ; mieux vaut considérer

17 Là-dessus voir Michel Autrand, « Les années noires du jeune Claudel (1882-1895) », *RHLF*, 1999, n° 3, p. 391-401.

18 *Mémoires improvisés*, p. 73.

19 Le rapprochement entre le Tête d'Or de 1894 et Avare est fait par Claudel lui-même dans les *Mémoires improvisés*, p. 73.

20 Voir Jeanyves Guérin, « Entre totalitarisme et anarchisme : prolégomènes à une lecture politique de *Tête d'Or* », in *Lectures de Claudel. « Tête d'Or »*, Presses Universitaires de Rennes, 2005, p. 80 et suiv. – *Nota* : cette étude s'attache uniquement à la seconde version de la pièce.

qu'avec *La Ville*, première et seconde version, *Tête d'Or*, seconde version, et *L'Échange* c'est une politique du théâtre qui est inventée par Claudel. Politique, en ce sens que par le moyen du théâtre est interrogée la *polis* elle-même comme figure de la réalité. Ce n'était pas le cas avec la première version de *Tête d'Or* où les motivations spécifiquement politiques n'existaient que dans la personne du héros, contre toute représentation d'un pouvoir autre que le sien, c'est-à-dire un pouvoir assimilé au désir du conquérant, confondu avec lui. Dans ce premier *Tête d'Or* la nature de ce pouvoir conçu comme mise en œuvre du désir est métaphysique, bien plus qu'il n'est politique. L'anarchisme de ce point de vue, puisqu'il suppose une conception politique des choses, au moins négativement, n'a pas sa place, et ce n'est pas un renversement du pouvoir en soi auquel procède *Tête d'Or*, mais à son intériorisation dans le but de le déployer à l'échelle du monde. Rien de plus significatif à cet égard que le nom même du conquérant, Tête d'Or, qui confère au personnage une dimension proprement cosmique. La blondeur de ses cheveux n'est pas un sème royal, c'est un des traits de l'imaginaire de la royauté[21], mais le signe de son élection à une royauté de type solaire, qui ne s'inscrit pas dans une configuration politique humaine ; elle exprime à elle seule la naturalité d'un semblable pouvoir. Comme il est facile de le constater, il n'entre dans cette représentation de la royauté de Tête d'Or aucune référence à la royauté historique ; c'est à peine si la cérémonie du sacre est présente, mais elle ne l'est, et rapidement, que pour son caractère emblématique, et en outre, elle renvoie moins à l'imaginaire royal qu'à l'imaginaire impérial (Bonaparte se sacrant lui-même empereur).

Conclurons-nous dans ces conditions à un rejet de la part de Claudel du politique dans son imagerie ? certainement, et, à la suite, à son rejet des modèles hérités de l'histoire politique, mais nous n'irons pas au-delà, c'est-à-dire jusqu'à une dépolitisation de *Tête d'Or* dans sa première version. Au contraire, c'est une œuvre qui ne prend toute sa signification que dans le rapport qu'elle entretient au politique, en frappant justement d'insignifiance la politique contemporaine, qui n'est qu'une caricature de ce que peut être un véritable pouvoir, en l'occurrence une *res publica* passionnelle. Que celle-ci s'incarne dans la personne d'un roi n'est guère autre chose qu'une commodité, le roi n'étant de tout temps que la figure convenue

21 Voir *infra* l'étude « *Le Docteur Pascal*, ou la royauté en république (1893) », p. 240.

la plus familière du pouvoir. Claudel ne l'investit d'aucune signification particulière, elle est juste disponible comme figure vacante, susceptible d'accueillir dramatiquement un personnage. Loin de tout imaginaire historique, elle n'est plus en politique qu'une utilité symbolique. Toutes choses étant égales, la royauté dans *Tête d'Or* ne serait comparable pour ce qu'elle représente qu'à celle du Bérenger du *Roi se meurt*, si, par-delà elle-même, Claudel n'inventait, ce que ne fera pas Ionesco, une mythologie de la conquête donnant son sens au pouvoir royal, tout en dépassant la référence à la royauté qui pourrait entrer dans ce pouvoir même.

## ANARCHISME ET RÉVOLUTION

Hasard ou fait exprès, *Tête d'Or* se trouve avoir été écrit en 1889, l'année du centenaire de la Révolution française, dans un contexte politique et historique proprement explosif. On pensera ce qu'on veut de cette rencontre, elle-même existe. Il n'est pas sans intérêt que la pièce de Claudel mette en scène un drame dont l'histoire est l'acteur principal dans la personne du héros, en qui se résume l'être des choses à un moment donné. Drame de l'histoire, plus que drame historique. La coloration historique, en effet, relève du pittoresque propre à ce genre de pièces, comme le théâtre romantique ou le théâtre symboliste, indifféremment, en ont donné maintes illustrations de plus ou moins bon aloi. Drame de l'histoire bien davantage, en ce sens que l'histoire ici est la substance même du drame. L'histoire en elle-même, que ce soit celle des Grecs d'Eschyle, celle des Anglais de Shakespeare, ou celle de l'Empire romain menacé par les hordes barbares. Cela n'empêche pas que cette histoire saisie dans son indétermination temporelle se fixe avec *Tête d'Or* dans une relation tendue au présent le plus contemporain, celui de l'année 1889, elle-même entretenant une relation critique à 1789. De cette mise en perspective de plusieurs régimes d'historicité il résulte une appréhension complexe de l'histoire humaine en général et de l'histoire de France en cette fin de XIXe siècle en particulier, sur le mode d'une confrontation philosophique. Il s'agit de saisir en 1889 le sens de l'histoire, alors qu'il semble se dérober, sinon faire défaut.

L'invention du personnage de Tête d'Or dans ce contexte de 1889 prend toute sa force, dans la mesure où en lui sont réunies les deux postulations historiques qui viennent d'être isolées. En sa qualité de roi Tête d'Or apparaît comme le représentant d'un ordre politique antérieur à celui de la république ; en sa qualité de roi d'une royauté solaire, il apparaît comme le représentant d'un ordre anthropologique archaïque, qui renvoie à un temps primitif, lorsque le monde est en train d'émerger de la nuit des temps. Dans le premier cas, sa royauté de manière implicite s'oppose politiquement à tout ce qui a vu le jour depuis 1789 et constitue une sorte de modèle idéal, bien éloigné de l'état de confusion et de dégradation caractérisant la France des années 1880 ; dans le second cas, la royauté mythique, solaire de Tête d'Or impose l'idée d'une transcendance cosmique et religieuse qui projette l'humanité dans un au-delà, ou un en deçà, de l'histoire. Cette double référence à la royauté, qui renvoie à des plans distincts entre eux et qui ne se rencontrent que par les bords, donne à la pièce de Claudel toute sa puissance sociocritique. C'est en cela que *Tête d'Or*, pièce où la royauté sous différents aspects occupe une place si importante, peut être lue au bout du compte comme ne interrogation sur la révolution.

Ce n'est pas là un paradoxe, mais cela relève de la logique même mise en œuvre dans la représentation du politique. Révolution tout d'abord, en ce que l'action consiste en un renversement politique, un roi en remplaçant un autre, avec l'instauration d'un autre ordre des choses en ce domaine, une république bottée dont la motivation est la conquête du monde, Bonaparte, Tamerlan ou Alexandre étant les figures allégoriques et historiques dont Tête d'Or pourrait se réclamer. Révolution ensuite, dans l'acception astronomique du terme, en ce que Tête d'Or comme roi solaire substitue à l'ancien ordre du monde un nouveau *cosmos*. Ces deux formes de la révolution se rejoignent ; elles finiront par trouver leur pleine signification conjointe dans la seconde version de *Tête d'Or*, lorsque la religion s'imposera comme vérité transcendante. Dans la première version ce n'est pas exactement le cas, la religion est davantage un point de fuite à l'horizon qu'une référence nettement établie et à partir de laquelle le discours trouverait une entière cohérence. Cela explique les ambivalences, les tensions et même les contradictions qui peuvent s'observer dans le texte.

La révolution à l'œuvre n'a pas elle-même de signification proprement politique, pas plus que n'a de signification de cette sorte la référence royale. Claudel n'est pas révolutionnaire dans le sens que ce qualificatif pouvait avoir à l'époque de *Tête d'Or*, car de toute façon, en ce dernier cas, l'adjectif utilisé est celui de républicain, pas celui de révolutionnaire, ce mot de révolution étant pour ainsi dire prohibé depuis la Commune. La perspective de Claudel est toute différente, il ne se soucie pas de la république en elle-même : il demandera des brevets de républicanisme auprès de personnalités politiquement incontestables (Burdeau, Ferry, Rodin) pour pouvoir se présenter au concours des Affaires étrangères, et les obtiendra[22]. Révolutionnaire bien plus exactement, *Tête d'Or*, non pas par ses audaces dramaturgiques et poétiques, qui dépoussièrent les tristes oripeaux du théâtre symboliste, mais par la mise en cause radicale d'un ordre des choses insupportable. La révolution y prend plusieurs formes, la plus remarquable étant la promotion d'une royauté inédite. Singulièrement, elle n'est pas royaliste, elle ne se réfère à aucune conception du royalisme historique et politique, mais invente une figure de roi solaire dans laquelle se déversent toutes sortes de rêveries et de fantasmes. Ces rêveries et ces fantasmes sont de nature cosmique et mythologique, avec quelque chose de barbare et de sauvage, d'archaïque. Ce n'est pas l'expression d'une régression de type primitiviste, mais volonté de refondation du monde dans une nouvelle dimension. Celle-ci est religieuse, mais assez vaguement, elle ne s'affirmera vraiment que dans la seconde version de la pièce.

Drame du désir qui ne veut pas rester désir, *Tête d'Or* en 1890 tient dans ce dernier verset de la tirade inaugurale de Cébès :

> Non, en ce jour, que cette demande ne me soit pas refusée, que je forme avec l'espérance d'une bête ! » (*Th*, I, 32)[23]

sans que l'objet de cette demande soit davantage précisé, car seule compte l'espérance – celle d'une bête, en deçà des mots, dans un au-delà improbable de toute formulation.

---

22 Voir Gérald Antoine, *Paul Claudel ou l'Enfer du génie*, Robert Laffont, 1988, p. 81-82.

23 Dans la seconde version Claudel ôtera beaucoup de son âpreté à ce verset sauvage en écrivant : « Voyez-moi ! que cette demande ne me soit pas refusée que je fais ! » (*Th*, I, 352).

# *LE DOCTEUR PASCAL*, OU LA ROYAUTÉ EN RÉPUBLIQUE (1893)

*À la mémoire de Jean Borie.*

## FIN DE CYCLE

Avec *Le Docteur Pascal* Zola termine en 1893 le cycle des *Rougon-Macquart*, une vingtaine d'années après les avoir commencés. Entre ce commencement et cette fin des changements politiques et historiques importants sont intervenus : entrepris avant même le désastre de Sedan et achevé d'être publié après, le premier roman du cycle, *La Fortune des Rougon*, est contemporain de l'effondrement du Second Empire, alors que *Le Docteur Pascal* paraît en 1893, plus de vingt ans après cet effondrement, et que la France est en république depuis près de vingt ans. Étant donné la durée d'écriture du cycle, il ne pouvait en être autrement ; mais cette nécessité génétique a indirectement pour effet de soumettre à un rapport critique le récit et la narration, séparés l'un de l'autre par une longue période de temps. Cela ne va pas sans un certain nombre de carambolages d'historicités. Par exemple, les événements romanesques du *Docteur Pascal* se passent en 1872-1874, alors que la république vient à peine, et avec peine, de s'établir en France, après l'année terrible de 1870-1871 et à une époque où les royalistes dominent l'Assemblée nationale ; mais leur écriture, elle, date de 1892-1893, quand la III$^{e}$ République – à la veille, il est vrai, du déclenchement de l'affaire Dreyfus – est définitivement installée. De la sorte deux histoires concurremment sont en présence, celle du Second Empire, racontée à travers la famille des Rougon-Macquart, celle de la III^e République entre 1870 et 1893. La conséquence est que la lecture des œuvres doit être en quelque sorte dédoublée, pour que soient pris en compte ces carambolages d'historicités, qui donnent toute leur force au propos de Zola, être l'archéologue de la France contemporaine en se faisant l'historien de la période du Second Empire qui en constitue les origines, et être le romancier de sa propre époque, celle des années 1870-1893, à travers la fiction historienne des *Rougon-Macquart*.

Un de ces carambolages en la circonstance est la référence envahissante à la royauté dans *Le Docteur Pascal*. Référence compréhensible dans le récit : la monarchie est encore une possibilité politique au début des années 1870, mais complètement anachronique vingt ans plus tard, quand en 1893, l'année même de la parution du roman, les royalistes se rallient à la république. Que signifie-t-elle ? Selon qu'on se place au plan du récit ou à celui de la narration, la réponse à cette question varie considérablement. Au plan du récit, c'est rappeler de la part de Zola l'état des forces politiques en France au lendemain de la chute du Second Empire, et la monarchie est l'une de ces forces ; mais au plan de la narration ? Les royalistes ne représentent plus une menace contre la république, ils sont en train de s'agréger à la droite et ont mis un terme à leurs ambitions de restauration.

Dans le cadre de notre étude sur la royauté et sa représentation dans la littérature du XIX^e siècle, cette présence, particulièrement visible, de la référence royale dans *Le Docteur Pascal* mérite donc d'être examinée de près, et d'autant plus que cette présence de la royauté dans ce roman n'a pas de signification explicitement politique, elle a avant tout une signification poétique et symbolique. À l'évidence Zola n'a pas eu l'intention dans ce dernier roman d'écrire le pendant du premier qui racontait la prise du pouvoir des Rougon à Plassans, par exemple en faisant le récit de l'installation de la république dans cette même ville après Sedan. Significativement, le récit commence en juillet 1872, deux ans après la chute du Second Empire, et rien n'est dit des intrigues, certainement compliquées, qui ont vu le passage d'un régime à un autre. Nous aurons l'occasion au terme de cette étude de revenir sur cette apparente absence du politique dans le texte romanesque, quand nous aurons mis au jour le fonctionnement poétique et symbolique du motif royal, notre hypothèse étant que le traitement symbolique et poétique de ce motif a une implication politique, mais que celle-ci ne se révèle que de manière biaisée, à la faveur d'une stratégie énonciative contournée.

## ROYAUTÉS

La royauté. Elle est partout dans le roman. Les mots « roi », « reine », « royal », « royalement », mais aussi « souverain », « prince » ne se comptent pas tant ils sont nombreux, d'une fréquence incroyablement élevée, ils apparaissant dans certaines pages comme en rafale. On a affaire à un véritable leitmotiv, et, reconnaissons-le, l'invasion de ces vocables finit par être pénible tant elle est massive et pesante, tout particulièrement dans l'épisode des amours de Pascal et de Clotilde où la référence biblique au roi David et à Abisaïg la Sunamite ne connaît plus de mesure. Manifestement il y a là un investissement personnel et affectif de la part de Zola dans cet épisode, comme en témoigne explicitement la dédicace privée du roman à Jeanne Rozerot ; nous en citerons les premières lignes : « À ma bien-aimée Jeanne, – à ma Clotilde, qui m'a donné le royal festin de sa jeunesse et qui m'a rendu mes trente ans, en me faisant cadeau de ma Denise et de mon Jacques, les deux chers enfants pour qui j'ai écrit ce livre [. . ..] » (*DP*, 1402). Relevons en passant que l'expression de « royal festin » est elle-même employée au moins deux fois dans le corps du roman (*DP*, 1322, 1361). Cet épisode, même s'il est saturé de références royales, est cependant loin de les réunir toutes, beaucoup d'autres se repèrent en dehors de lui. Cette référence s'applique à de multiples personnages, souvent étrangers les uns aux autres. Un aperçu sommaire permettra de se faire une idée de la présence thématique de cet élément.

Rois et reines, ils le sont tous, à des degrés divers. La première de ces figures royales à apparaître dans le texte est, *ab Junone principium*, Félicité Rougon, la tête politique de la famille, avec son fils Eugène. Elle fut une des reines du Second Empire (*DP*, 1180), elle manifeste, pour ses réalisations, et notamment la dernière d'entre elles, l'Asile Rougon, un « orgueil royal ». Si ce n'est que, l'histoire aidant, elle est aujourd'hui en 1872, une « reine détrônée » (*DP*, 1168), une « reine retirée », sa majesté est « tombée » (*DP*, 1169) :

> La seule de ses joies, maintenant, était de jouir en paix de sa grande fortune et de sa royauté passée, et elle n'avait plus qu'une passion, celle de défendre son histoire, en écartant tout ce qui, dans la suite des âges, pourrait la salir.

> Son orgueil, qui vivait du double exploit dont les habitants parlaient encore, veillait avec un soin jaloux, résolu à ne laisser debout que les beaux documents, cette légende qui la faisait saluer comme une majesté tombée, quand elle traversait la ville.

Personnage d'une « poésie mélancolique », laquelle n'a d'égale que son énergie terrible à asseoir la légende de son abominable famille : en quelques lignes est programmé l'attentat criminel final qui la verra mettre le feu à tous les dossiers patiemment rassemblés par son fils Pascal où sont consignées les tares diverses et multiples de cette famille épouvantable.

Autre roi, digne fils de cette reine, le fils Eugène, « Excellence » de l'ancien régime bonapartiste. On ne le voit pas dans le roman, mais sa puissance lointaine, à Paris, est rappelée. Comme sa mère, il est une « majesté déchue » (*DP*, 1241), et comme elle « défenseur impassible de l'ancien monde emporté dans la débâcle ». Cet aventurier, « conquérant Paris en vieilles bottes » (*DP*, 1236), a réussi à s'acquérir naguère la « royauté triomphante de vice-empereur ». L'expression en elle-même est intéressante, en ce qu'elle associe dans la personne de ce personnage la royauté et l'empire, ce qui implique que le mot de royauté a moins une signification politique qu'elle n'est une qualité, proche en cela du mot de souveraineté, mais avec un éclat que celui-ci n'a pas.

Frère d'Eugène, un autre roi encore : Pascal. Tel il est perçu par les habitants de Plassans, lorsqu'il fait ses tournées dans la ville en compagnie de Clotilde :

> On aurait dit un de ces anciens rois qu'on voit dans les tableaux, un de ces rois puissants et doux qui ne vieillissent plus, la main posée sur l'épaule d'une enfant belle comme le jour, dont la jeunesse éclatante et soumise les soutient. (*DP*, 1192)

En cet endroit du roman (ch. II), Zola de toute évidence prépare les développements sur Pascal en roi David, et à cet effet vieillit sensiblement son personnage : Pascal en 1872 n'est pas encore d'un âge sénatorial (il est né en 1813), mais Zola semble lui donner vingt ans de plus, en faisant un octogénaire sur le modèle hugolien du Booz de *La Légende des Siècles*. Mais peu importe : il faut que la royauté idéale se répande sur cette noble, majestueuse et patriarcale figure. Significativement cette royauté, Pascal ne l'a pas héritée de son affreuse famille : il est le docteur Pascal, et non le docteur Rougon, sa mère est la première à en avoir conscience : « Mais d'où sors-tu ? Tu n'es pas à nous ! » (*DP*, 1170), lui disait-elle quand il était encore enfant. Roi unique en son genre, il n'appartient à aucune lignée, seul de son espèce, représentant assurément d'une royauté à part. Nous reviendrons beaucoup plus longuement par la suite sur sa singulière royauté, préalablement nous achèverons cette revue de la famille royale de Plassans.

Autres rois, un peu improbables, l'oncle Macquart, Octave Mouret et l'affairiste Saccard. Macquart, chenapan de grands chemins, est tout au long des romans qui le mettent en scène un bien triste sire, mais sa truculence d'ivrogne fait de lui finalement un bon petit roi d'Yvetot ; sa mort, grandiose en son genre, le fait accéder à une royauté pour ainsi dire mythologique, son auto-combustion épuisant en quelque sorte toutes les vertus éthyliques qui ne demandaient qu'à se réaliser. Ce qui se passe, négativement. Voilà l'éloge qu'en fait son neveu Pascal à Clotilde :

> Il avait quatre-vingt-quatre ans, et il n'a pas souffert... Moi, je la trouve superbe, cette mort, pour ce vieux bandit d'oncle, qui a mené, mon Dieu ! on peut bien le dire à cette heure, une existence peu catholique... Tu te rappelles son dossier, il avait sur la conscience des choses vraiment terribles et malpropres, ce qui ne l'a pas empêché de se ranger plus tard, de vieillir au milieu de toutes les joies, en brave homme goguenard, récompensé des grandes vertus qu'il n'avait pas eues... Et le voilà qui meurt royalement, comme le prince des ivrognes, flambant de lui-même, se consumant dans le bûche embrasé de son propre corps. (*DP*, 1305)

Cette mort est celle d'Hercule sur l'Œta, elle fait de Macquart un héros d'épopée et lui confère une royauté souveraine. Cela n'exclut pas que cette royauté soit de nature grotesque, mais indéniablement il y a là de la grandeur. Roi également, Octave Mouret, l'Aristide Boucicaut des Rougon-Macquart, fondateur d'un grand magasin parisien, connaissant « l'apothéose de son Louvre, sous la pluie battante d'or des recettes » (*DP*, 1237). Effectivement son « Bonheur des dames » est le Louvre qui abrite ce roi d'un genre nouveau : il est « le conquérant audacieux, l'esprit net, résolu à demander aux femmes la royauté de Paris, tombé en pleine bourgeoisie gâtée ». Et ce roi a acquis sa royauté en « révolutionna[n]t le haut commerce ». Un roi qui fait la révolution, qui est un révolutionnaire, ce n'est pas une contradiction dans l'imaginaire post-romantique de la seconde moitié du XIX$^{e}$ siècle ; au contraire, c'est dans la logique même de l'histoire : une royauté remplace une autre royauté, par une révolution de nature économique et sociale. L'intéressant en la circonstance est que ce processus d'élimination de l'ancienne royauté ne résulte pas de la république, mais d'une royauté, signe de la prévalence indéracinable du modèle royal pour penser les choses. Cela explique, par exemple, le statut quasi royal du dernier personnage de notre série, l'affairiste Saccard. Saccard roi, cela n'est dit nulle part, il est vrai, et pour cause : l'affairiste a opportunément et prévisiblement fait le choix de la République, c'est l'avenir, contre l'Empire, qui a été balayé. Il n'empêche cependant que ce républicain, qui brasse génialement les affaires et de toute façon ferait des affaires sous n'importe quel régime politique, est le grand-père d'un incontestable roi, le petit Charles, fils dégénéré de son fils tout autant dégénéré, Maxime. Rien de plus révélateur à cet égard que le cas de ce dernier rejeton de la famille. Le cas de ce malheureux enfant est exemplaire de la ruine de l'imaginaire royal de la famille Rougon, et Zola l'a voulu tel en faisant de lui un « fils de roi », sur qui il accumule tous les thèmes et tous les sèmes de la royauté. Il est le « royal enfant » (*DP*, 1312), « un fils de prince » (*DP*, 1302), un « jeune seigneur » (*DP*, 1303), un « page », sa chevelure est blonde (*DP*, 1201, 1210, 1310), et sa peau est évidemment d'une « blancheur de lis ». Pauvre enfant : il est trop petit prince royalement doté pour supporter tout ce poids symbolique ; sans doute, mais cette charge est aussi celle de toute la capitalisation des tares héréditaires : il est un « petit dauphin efféminé » (*DP*, 1201), « un de ces petits rois exsangues » (*DP*, 1200), « un de ces petits dauphins exsangues » (*DP*, 1310). Tel il est décrit dans sa beauté chlorotique lors de l'épisode de sa mort :

> [...] par cette brûlante journée, l'enfant devait être las ; et le sommeil le prenait, bientôt sa tête, d'une blancheur de lis, sembla se pencher sous le casque trop lourd de sa royale chevelure : il la laissa tomber doucement parmi les images, il s'endormit, une joue contre les rois d'or et de pourpre. Les cils de ses paupières closes jetaient une ombre, la vie battait faiblement dans les petites veines bleues de sa peau délicate. Il était d'une beauté d'ange, avec l'indéfinissable corruption de toute une race, épandue sur la douceur de son visage. (*DP*, 1309)

Ce petit roi s'apprête à son dernier sommeil en s'assoupissant sur les images de rois qu'il a découpées. Nous reviendrons sur ce découpage des images, mais pas avant d'en avoir terminé avec le motif essentiel du sang. Motif du sang, motif du sang exsanguiné ici, dans la tradition post-romantique et décadente de la déperdition. Toute la vitalité de la famille s'est épuisée en lui, l'enfant qui arrive au bout de cette chaîne héréditaire est anémié, il est exsangue, littéralement le sang s'est retiré de lui. Rien d'étonnant s'il meurt victime d'une hémorragie :

> Un événement venait de se produire, une goutte rouge s'allongeait, au bord de la narine gauche de l'enfant. Cette goutte tomba, puis une autre se forma et la suivit. C'était le sang, la rosée de sang qui perlait, sans froissement, sans contusion cette fois, qui sortait toute seule, s'en allait, dans l'usure lâche de la dégénérescence. Les gouttes devinrent un filet mince qui coula sur l'or des images.

Thématiquement Zola associe deux éléments : le premier vient du motif du sang tel qu'il le développe dans *Les Rougon-Macquart*, et notamment dans *Le Docteur Pascal*, comme expression contradictoire du flux vital et de la dégénérescence pathologique ; le second relève de l'histoire des représentations presque immémoriales de la royauté, avec le thème historique, politique et religieux du sang royal, présent dès le Moyen Âge quand les juristes à son propos se livrent à toutes sortes de considérations[1]. Ce second thème connaît dans le dernier tiers du XIX^e^ siècle une puissante réactivation, en raison de l'hémophilie des rois et de leurs enfants très répandue dans les cours d'Europe ; elle est la « maladie royale », comme on dit[2]. En somme, Charles serait un tsarévitch avant l'heure, s'il n'était en fait le dernier dauphin de France, tant il est manifeste que sa mort telle qu'elle est mise en scène a une signification symbolique. En effet, les deux fois où il apparaît dans le roman, on le voit s'exercer à une seule activité, celle qui consiste à découper des images de rois (*DP*, 1207 et 1308). Étant donné sa débilité mentale, il aurait été possible de lui faire crayonner des dessins informes, mais lui faire découper des images de rois, c'est bien sûr nettement plus accordé à l'isotopie royale qui s'organise autour de lui. Ce découpage d'images de rois par un enfant, assimilé lui-même à un « royal enfant » (*DP*, 1312), dit selon une métaphore évidente la mise en pièces littérale de la représentation d'une certaine histoire de France ayant sombré aujourd'hui, en 1872 (temps du récit)

1 Voir Andrew W. Lewis, *Le Sang royal. La famille capétienne et l'État, France, X^e^-XIV^e^ siècle*, trad. française de Jeannine Carlier, Gallimard, « Bibliothèque des Histoires », 1986.

2 Nos analyses rencontrent exactement celles, que nous ne connaissions pas lorsque nous écrivions ce développement, d'Auguste Dezalay dans son ouvrage *L'Opéra des Rougon-Macquart. Essai de rythmologie romanesque*, Klincksieck, 1983, p. 159-160.

comme en 1893 (temps de la narration) ; cette histoire qui s'entait sur la royauté et prenait sens dans le rapport consubstantiel qu'elle avait avec elle n'est plus désormais. La mort de Charles, qui survient après une séance de découpage d'images royales, se vidant de son sang anémié est on ne peut plus parlante. Non sans une poétique beauté, est offert le spectacle de la mort du dernier fils de roi. Circonstance secondaire : cet enfant royal meurt sous les yeux de son aïeule très âgée (cent quatre ans), tante Dide la folle, qui est à l'origine de cette famille dont il est le dernier descendant, comme si avec cette mort c'était toute une dynastie qui s'achevait. Car c'est bien une dynastie que forment entre eux les Rougon dont les membres sont associés en une lignée. Celle-ci est exactement illustrée par l'arbre généalogique qu'a dressé Pascal, et qui, seul de ses papiers, échappera à l'autodafé de la reine mère. Une chose est certaine : cette famille royale est abominable, ses souverains sont déchus, emportés par leurs tares ou par le mouvement même de l'histoire qui sonne le glas des rois, leur temps est fini. Tout l'imaginaire royal qui pouvait s'emblématiser en leurs personnes est ruiné, disqualifié comme une chose du passé, et qui n'a aucun avenir. Elle n'a plus que son passé, lequel la condamne justement à ne pas avoir d'avenir. C'est pourquoi il importe de faire disparaître la chronique scandaleuse que constituent les dossiers patiemment nourris et alimentés par Pascal, le mouton noir de la famille.

Cette qualité de mouton noir qui le met à part du reste de son épouvantable famille est aussi, avec beaucoup d'ironie textuelle, ce qui contribue à donner à Pascal sa pleine et entière identité de roi. Sans doute n'est-il pas un de ces rois à demi-tarés dont sa famille offre de nombreux exemples ; rien ne le rattache à eux, c'est entendu, il est même leur ennemi. Si ce n'est qu'*in extremis* sa mort atteste son appartenance pathologique et symbolique à sa maudite famille ; il meurt d'une maladie de cœur qui se traduit notamment par une corruption de son sang. Les lignes suivantes dans le récit de son agonie sont remarquables à cet égard :

> Tout à l'heure, il avait bien senti son cœur qui mollissait, dont les contractions devenaient molles et lentes. Au lieu du jet de sang normal, il ne sortait plus par l'aorte qu'une bave rouge. Derrière, les veines étaient gorgées de sang noir, l'étouffement augmentait, à mesure que se ralentissait la pompe aspirante et foulante, régulatrice de toute la machine. Et, après la piqure, il avait suivi, malgré sa souffrance, le réveil progressif de l'organe, le coup de fouet

> qui l'avait remis en marche, déblayant le sang noir des veines, soufflant de nouveau la force avec le sang rouge des artères. Mais la crise allait revenir, dès que l'effet mécanique de la piqure aurait cessé. (*DP*, 1370)

Ce passage tire une bonne partie de sa signification de l'autre épisode du roman où le sang est physiologiquement présent, celui de la mort de Charles que nous venons d'envisager. Ces deux épisodes de mort sont complémentaires dans la double relation qu'ils ont chacun avec le sang : dans un cas, sang qui s'épanche en dehors du corps en une hémorragie ; dans l'autre, sang qui ne circule plus et n'irrigue plus le cœur. Cette fatalité du sang que Pascal partage avec le neveu de Clotilde le réinscrit dans l'imaginaire fantasmatique de la famille et le fait participer à la dégénérescence des Rougon comme dynastie dont le sang est maintenant épuisé.

S'il est bien un des membres de la famille royale des Rougon, Pascal, à la différence de ces autres parents, est aussi un roi d'un tout autre genre, un roi dont la royauté n'est pas de nature politique, mais mythologique, venu d'un temps qui n'est pas celui du Second Empire ni de la IIIe République commençante ; son temps est celui de la Bible. Le roman sur ce point est d'une parfaite clarté, jusqu'à plus soif, ajouterons-nous, tant le motif du roi David est présent, pesamment, éléphantesquement même ; les occurrences de « royal » et de « royalement » envahissent le texte comme une nuée de sauterelles. En cet endroit du roman, qui occupe exactement son centre géométrique et arithmétique[3], Zola n'écrit plus, il décline un paradigme, celui de la royauté royale du roi, si on ose dire. Le point de départ est la figure du roi David dans sa vieillesse à qui la Sunamite Abisaïg vient redonner vie, en lui faisant don de sa jeunesse. Dans le texte de Zola cette offrande de la jeune femme au vieux roi est traitée comme un leitmotiv qui sous de multiples formes investit tout l'espace du chapitre. Cet épisode bien connu de l'Ancien Testament est lui-même poétisé par le recours manifeste au *Cantique des Cantiques* dont la sensualité se déverse à flots en cette occasion. Reconnaissons que cette débauche de métaphores royales et de références bibliques n'est peut-être pas ce qu'il y a de plus heureux dans le roman et que la saturation du texte par des expressions comme « royal festin », « royal cadeau » ou « royal été » est particulièrement lassante. Peu importe, cette insistance

---

3 L'idylle entre Pascal et Clotilde occupe le chapitre VII d'un roman qui en compte quatorze.

pesante de Zola a une motivation didactique, voire pédagogique, car ce qui compte dans l'imaginaire du *Docteur Pascal*, c'est d'imposer avec force l'idée d'une royauté authentique, légitime, mythologique, mythique presque, qui s'oppose en une glorieuse majesté à la royauté dégénérée dont les membres de la famille Rougon sont les représentants. Pascal est l'un des membres de cette famille et sa royauté, on l'a vu, peut être mise sur le même plan que celle d'autres personnages auxquels il est apparenté, comme le petit Charles ; mais, sur un autre plan, lors de l'épisode amoureux, il est promu par le romancier roi d'une autre royauté, sur le modèle de celle du roi David. Royauté triomphale, vénérable, empreinte d'une espèce de sacralité. De cela résulte la représentation de Pascal et de Clotilde en un couple de légende. C'est l'objet d'un des pastels de la jeune femme, où est donnée à voir cette royauté dans toute sa coloration biblique ; c'est une des images de rois du roman, comparable à celles que découpe Charles, sauf que le roi figuré par la jeune femme n'appartient pas à l'ordre de l'histoire, mais à celui du mythe :

> Lui, vêtu somptueusement d'une robe toute droite, lourde de pierreries, portait le bandeau royal sur ses cheveux de neige. Mais elle, était plus somptueuse encore, rien qu'avec la soie liliale de sa peau, sa taille mince et allongée, sa gorge ronde et menue, ses bras souples, d'une grâce divine. Il régnait, il s'appuyait en maître puissant et aimé, sur cette sujette élue entre toutes, si orgueilleuse d'avoir été choisie, si ravie de donner à son roi le sang réparateur de sa jeunesse. Toute sa nudité limpide et triomphante exprimait la sérénité de sa soumission, le don tranquille, absolu, qu'elle faisait de sa personne, devant le peuple assemblé, à la pleine lumière du jour. Et il était très grand, et elle était très pure, et il sortait d'eux comme un rayonnement d'astre. (*DP*, 1289-1290)[4]

Le recours, assez voyant, dans la dernière phrase à un style biblique (« Et… et… et »), la composition d'un chromo idéalisant, l'imagerie conjuguant naïveté et sensualité, le symbolisme de cette représentation, tout contribue à figer le couple de Pascal-David et de Clotilde-Abisaïg en une vignette édifiante, celle d'un couple royal aussi bien dans l'apparence qu'ils offrent d'eux-mêmes que dans la reconnaissance de leur peuple comme ses souverains glorieux. L'idéalisation de leur royauté est absolue, telle qu'il n'en a jamais existé dans l'histoire. C'est justement ce que Zola se propose de montrer dans le couple de Pascal

4 *Cf.* dans le dernier chapitre du roman la reprise presque littérale de ce passage (*DP*, 1392).

et de Clotilde, l'image d'une royauté glorieuse, parfaite, qui rassemble en elle amour et beauté, ce qui lui assure, supposera-t-on, sa légitimité. Contre des représentations de royautés dérisoires, atteintes dans leur être par l'entropie, l'épuisement, condamnées à disparaître, se dresse, avec tout l'appareil poétique de mise, une royauté qui s'autorise du seul éclat de ses souverains. Avec Pascal et Clotilde comme couple royal le roman se fait nettement critique, à l'égard de la fausse royauté des Rougon, comme à l'égard de ceux qui ont triomphé au début des années 1870, les ci-devant républicains désormais au pouvoir. Nous examinerons au terme de notre étude ce dernier aspect ; pour l'heure nous nous attacherons aux implications politiques et poétiques de l'imaginaire royal tel qu'il se compose, se recompose autour de la double figure de Pascal et de Clotilde.

De leurs amours un enfant naîtra, sa naissance est annoncée par Clotilde à Pascal, mais celui-ci mourra malheureusement plusieurs mois avant qu'il naisse. Le roman en tout cas se terminera sur le tableau de cet enfant que la jeune femme allaite, au moment même où l'affreuse Félicité, armée d'une truelle en argent (*DP*, 1396, 1401), pose la première pierre de l'édifice qui doit assurer la gloire de la famille, l'Asile Rougon. L'organisation de ce dernier chapitre du *Docteur Pascal* est évidemment signifiante, elle est idéologiquement très bétonnée. Contre les forces du passé (Rougon et notables passés républicains) sont affirmées les forces de la vie et de l'avenir en la personne de Bébé, qui rassemble sur lui-même tous les espoirs. D'abord ceux que formule Clotilde, sa mère, comme le ferait n'importe quelle mère :

> L'enfant était venu, le rédempteur peut-être. Les cloches avaient sonné, les rois mages s'étaient mis en route, suivi des populations, de toute la nature en fête, souriant au petit dans ses langes. Elle, la mère, pendant qu'il buvait sa vie, rêvait déjà d'avenir. Que serait-il, quand elle l'aurait fait grand et fort, en se donnant toute ?

Questions auxquelles elle répond ainsi :

> Un savant qui enseignerait au monde un peu de la vérité éternelle, un capitaine qui apporterait de la gloire à son pays, ou mieux encore un de ces pasteurs de peuple qui apaisent les passions et font régner la justice ? Elle le voyait très beau, très bon, très puissant. Et c'était le rêve de toutes les mères, la certitude d'être accouchée du messie attendu ; et il y avait là, dans cet espoir, dans cette

> croyance obstinée de chaque mère au triomphe certain de son enfant, l'espoir même qui fait la vie, la croyance qui donne à l'humanité la force sans cesse renaissante de vivre encore. (*DP*, 1399-1400)

Rêves de toute mère qui désire pour son enfant ce qu'il y a de plus impossible ? bien entendu, et que Clotilde n'ait pas de tels rêves serait pour le coup incompréhensible. Il est donc clair qu'elle a donné naissance à un être d'exception qui transfigurera le monde, et il emblématise en lui-même ce bonheur futur que connaîtra l'humanité grâce à lui. Ces rêves ne sont pas que des rêves maternels, ils sont dans le contexte du roman des rêveries de nature utopique, et de nouveau se retrouve la référence biblique ; on passe en l'occurrence de l'Ancien Testament au Nouveau. Portées par la même imagerie se réalisent maintenant messianiquement les promesses qui avaient pris corps dans les parents de cet enfant. Comme ils étaient rois, lui-même est fils de roi. Il appartient à cette lignée d'enfants rois que nous avons déjà rencontrés, chez Hugo particulièrement, chez Gobineau aussi, mais à leur différence il n'est pas seulement un enfant roi, il est le divin enfant. Les rois mages se sont mis en marche pour le saluer, est-il même dit.

Un sauveur du monde est donc né, mais, dans notre perspective, le plus remarquable est que ce salut vient d'un enfant roi. La prégnance de ce motif royal peut étonner, surtout dans le contexte historique et politique du *Docteur Pascal* ; il y a longtemps que la royauté a cessé d'être un modèle, qu'on se place au plan du récit (le début des années 1870) ou au plan de la narration (le début des années 1890) : il n'empêche, elle impose toujours son imaginaire comme une référence, et jamais peut-être avec autant de force que dans ce roman de Zola, où cet enfant apparaît comme un enfant du miracle. C'était le cas à la fin des *Pléiades* de Gobineau, ce l'est encore plus ici où les conditions de la naissance de l'enfant sont exactement comparables à celles du duc de Bordeaux en des temps très lointains : ces fils de rois, héritiers de la royauté de leurs pères, sont l'un et l'autre des enfants posthumes, nés après la mort de leurs géniteurs. Cette particularité n'est pas accidentelle, elle est symbolique, elle renforce en eux le pouvoir de la vie sur les puissances de la mort, elle établit, par-delà l'interruption qu'a pu constituer la mort de leurs pères, une continuité dynastique, dans la tradition médiévale bien connue : « Le roi ne meurt jamais[5] ». Précisons que nous ne tenons pas absolument à privilégier un rapprochement entre un personnage de fiction et un personnage historique – rapprochement qui n'est peut-être pas venu à l'esprit de Zola, encore que nous pensions le contraire –, nous voulons seulement suggérer que la royauté imaginaire qui s'élabore dans *Le Docteur Pascal* double l'histoire politique de son temps et se situe par rapport à elle, nous y reviendrons. Pour l'heure nous replacerons dans une configuration plus vaste cet imaginaire royal, en envisageant la dimension mythique.

L'imaginaire royal dans *Le Docteur Pascal*, en l'occurrence celui qui prend toute son ampleur poétique dans l'épisode des amours du vieux roi David et de la Sunamite, ne se réduit pas à un modèle dynastique limité à la transmission du pouvoir au sein d'une famille régnante. Pour au moins deux raisons : la première est que le pouvoir royal en question n'a aucune réalité politique, étant donné qu'il est uniquement symbolique et que, subsidiairement, ceux qui pouvaient croire détenir politiquement un tel pouvoir, les Rougon, en sont aujourd'hui dépossédés du fait de l'effondrement de l'Empire ; la seconde, conjointement, est que le pouvoir royal tel qu'il est mis en scène dans l'épisode amoureux se constitue en très grande partie contre la référence familiale, contre toute transmission dynastique. (Au passage, l'enfant, dont on ne connaît pas le prénom, est illégitime ; il est né, en outre, de l'union passablement incestueuse de Pascal et de sa propre nièce.) Par-delà, la dimension mystique et religieuse qui caractérise la royauté de l'enfant en qui se rassemble l'idéal royal transcende toute conception héréditaire de ce pouvoir. Celui-ci est pris dans un ensemble infiniment plus vaste, historiquement et philosophiquement. Historiquement, il relève d'une historicité légendaire et mythique, remontant aux temps bibliques ; philosophiquement, il est en rupture avec l'idée même d'une référence dynastique à la famille. Cela n'empêche pas pour autant que la famille disparaisse, mais elle se trouve réinscrite dans un temps déshistorisé, qui est celui de la nature.

Cette idée est développée sous toutes ses formes dans le chapitre V du roman lorsque Pascal dévoile à Clotilde les secrets de leur abominable famille, en faisant la revue méthodique de tous ses membres ; pour cela il s'appuie sur l'arbre généalogique dont il suit tous les rameaux un à un,

5 Voir *Le roi est mort*, p. 18, n. 1.

de tante Dide, l'ancêtre, jusqu'aux derniers venus. La prolifération des personnages est ici considérable, c'est toute la matière des *Rougon-Macquart* qui est convoquée, et analytiquement présentée. Tout s'organise dans ces pages en une tension entre ces diverses histoires singulières des membres de la famille et l'arbre généalogique qui les rassemble toutes. Un détail à relever : le commentaire de l'arbre généalogique se passe pendant une nuit d'orage, dramatisation oblige, et, comme en passant, le narrateur signale : « Un coup de tonnerre venait de foudroyer quelque arbre du voisinage, avec un horrible craquement » (*DP*, 1240). Ce foudroiement est bien entendu symbolique, il dit la substitution d'un arbre à un autre, de l'arbre généalogique à l'arbre naturel, et contribue à décoller la fiction de sa réalité pour la projeter dans l'imaginaire[6]. Ne reste donc plus que l'arbre généalogique dans son double statut matériel et idéal. Il ne s'agit plus significativement de l'arbre généalogique lui-même, mais de l'Arbre, avec majuscule, qui suscite une page grandiose où Pascal explique à Clotilde :

> [...] les races dégénèrent. Il y a là un véritable épuisement, une rapide déchéance comme si les nôtres, dans leur fureur de jouissances, dans la satisfaction gloutonne de leurs appétits, avaient brûlé trop vite. [...] Le ver était dans le tronc, il est à présent dans le fruit et le dévore... Mais il ne faut pas désespérer, les familles sont l'éternel devenir. Elles plongent, au-delà de l'ancêtre commun, à travers les couches insondables des races qui ont vécu, jusqu'au premier être ; et elles pousseront sans fin, elles s'étaleront, se ramifieront à l'infini, au fond des âges futurs... Regarde notre Arbre : il ne compte que cinq générations, il n'a pas même l'importance d'un brin d'herbe, au milieu de la forêt humaine, colossale et noire, dont les peuples sont les grands chênes séculaires. Seulement, songe à ses racines immenses qui tiennent tout le sol, songe à l'épanouissement continu de ses feuilles hautes qui se mêlent aux autres feuilles, à la mer sans cesse roulante des cimes, sous l'éternel souffle fécondant de la vie... Eh bien ! l'espoir est là, dans la reconstitution journalière de la race par le sang nouveau qui lui vient du dehors. Chaque mariage apporte d'autres éléments, bons ou mauvais, dont l'effet est quand même d'empêcher la dégénérescence mathématique et progressive. Les brèches sont réparées, les tares s'effacent, un équilibre fatal se rétablit au bout de quelques générations, et c'est l'homme moyen qui finit toujours par en sortir, l'humanité vague, obstinée à son labeur mystérieux, en marche vers son but ignoré[7].

---

6 *Cf.* Sand, *Consuelo*, ch. XXIII, où l'arbre multiséculaire du Schreckenstein est abattu par la foudre lorsque l'héroïne, qui va régénérer la famille des Rudolstadt, arrive au château des géants.

7 *Le Docteur Pascal*, Charpentier, 1893, p. 130-131. Dans l'édition Tchou p. 1242.

Cet Arbre est l'« arbre Éternité » de Hugo[8] ; comme celui des *Contemplations* il est un arbre phénoménologique[9], à travers lequel le sens s'énonce problématiquement en s'exprimant sous la forme d'une image complexe, ne cessant de se recomposer elle-même, sans se fixer ni s'immobiliser en une représentation stable. En cet endroit de la démonstration des lois héréditaires qu'il fait à Clotilde il s'agit pour Pascal de rendre compte des particularités de leur famille, figurée poétiquement dans la représentation de cet arbre généalogique. Il lui faut notamment expliquer que la dégénérescence n'est pas fatale, en dépit des apparences, et que l'épuisement entropique n'est pas la loi qui préside au développement de la famille. Manifestement tout le récit qui précède, où Pascal a étalé minutieusement les tares multiples des membres de la famille, lesquelles résultent de la combinaison des éléments héréditaires que chacun a hérités de ses parents et ascendants, devrait amener à la conclusion que cette famille aujourd'hui est entrée dans la dernière phase de sa dégénérescence. Il n'en est rien ; bien au contraire, est opposé à ce dépérissement qui semble inévitable le tableau de l'Arbre dans toute sa vigueur panique. La page est belle, sa beauté vient de son exubérante incohérence, aussi bien dans son argumentation que dans sa thématique. Du point de vue de l'argumentation : rien n'explique le triomphe des forces de la vie sur celles de la dégénérescence, du dépérissement et de la mort, si ce n'est une très nébuleuse philosophie d'inspiration vitaliste, qui ne s'autorise que du lyrisme et presque du mysticisme de ce discours emporté par la seule conviction de celui qui le tient. Thématiquement, ou plutôt faudrait-il dire poétiquement, les motifs de l'expansion vitaliste investissent toute la page, de manière à la fois rigoureuse et passablement délirante. De manière remarquable, en effet, l'expansion des familles est assimilée à celle des racines de l'arbre qui plongent au plus profond de la substance originelle, alors qu'on attendrait, bien entendu, que cette expansion soit le fait des branches qui s'étendent dans l'azur. Les branches sont bien là, il est vrai, mais mises exactement sur le même plan que les racines. De là résultent à la fois une confusion et un renversement, qui en disent long sur la difficulté du personnage, et de Zola lui-même, à se représenter le développement de cette famille-arbre dans son processus d'expansion. Le modèle de l'arbre présente au moins l'intérêt de conjurer le motif de

8 Hugo, *Les Contemplations*, « Pleurs dans la nuit », C.F.L., t. IX, p. 322.
9 Voir *Le roi est mort*, ch. 8, p. 222-223.

la dégénérescence, mais de manière curieuse, puisque l'arbre pousse en étendant ses branches autant que ses racines, ce qui a pour effet de faire dépendre le déploiement de ses branches dans les airs de celui de ses racines dans la terre, selon un double mouvement vers le haut et vers le bas, vers l'avenir et vers le passé. Le plus remarquable est justement ce double mouvement : l'avenir ne peut se réaliser qu'autant que les racines s'enfoncent de plus en plus profondément dans le terreau préhistorique, quasi géologique de la famille ; c'est le seul moyen pour que l'étiolement soit conjuré, et que sans cesse le passé recharge de son énergie primitive le processus d'expansion.

C'est une contradiction dynamique, mais est-elle dialectique, a-t-elle une réelle pertinence ? Philosophiquement, on peut avoir quelques doutes, mais le roman se charge de prouver la validité de cette conception, c'est le sens de la naissance de l'enfant à la fin du *Docteur Pascal*, lorsqu'est salué, en la personne de cet enfant, le sauveur à venir :

> Puisque la nation était à refaire, celui-ci ne venait-il pas pour cette besogne ? Il reprendrait l'expérience, il relèverait les murs, rendrait une certitude aux gommes tâtonnants, bâtirait la cité de justice, où l'unique loi du travail assurerait le bonheur. À moins qu'il ne fût l'Antéchrist, le démon dévastateur, la bête annoncée qui purgerait la terre de l'impureté devenue trop vaste. Et la vie continuerait malgré tout, il faudrait seulement patienter des milliers d'années encore, que paraisse l'autre enfant inconnu, le bienfaiteur. (*DP*, 1401)

On est en présence d'un véritable « messianisme laïque[10] », celui-là même qui anime toute l'idéologie mystico-religieuse de Zola dans le roman. En ce début des années 1870, après la débâcle du Second Empire, il se colore politiquement et historiquement, tout en permettant au système philosophique mis en place de surmonter les contradictions entre passé et futur, entre énergie et dépérissement. Cela tient au statut de l'enfant qui vient de naître, à la fois avenir de la famille et du pays, mais également ancêtre de celui qui sera, des milliers d'années plus tard, le « bienfaiteur », c'est-à-dire le bienfaiteur final qui fera régner le bonheur sur terre. Audacieusement Zola donne à l'enfant de Pascal et de Clotilde un passé dans le futur en inventant de faire de lui le point de départ d'une nouvelle lignée, elle-même héritière à travers lui du

10 L'expression est de Jean-Louis Cabanès dans l'introduction de son édition du *Docteur Pascal*, Le Livre de poche, 2004, p. 35.

passé de toute la famille dont il résulte. Par la duplication de l'enfant sauveur en un autre enfant, l'enfant bienfaiteur, on aboutit de cette façon à un messianisme qui se redouble lui-même, une sorte de messianisme au carré, seul moyen de relancer l'histoire et de l'arracher à la fatalité.

Pour terminer sur la régénération de la famille grâce à cet enfant, soulignons que par un effet de retour c'est la royauté elle-même dans son modèle familial, dynastique qui est régénérée par la même occasion. S'invente en cette occasion une royauté d'un autre genre, et nous avons vu que l'épisode de Pascal-roi David avait pour fonction d'instaurer cette autre royauté, non plus historique et politique, mais mythique et poétique ; mais la régénération de la royauté ne se limite pas à cet épisode, car une fois disparu Pascal, cette autre royauté s'impose malgré son absence. Non pas parce que l'enfant est l'héritier de son royal père : ce n'est dit nulle part, c'est sur la relation de Clotilde et de Pascal que le texte se centre et, lorsque l'enfant entre en jeu, c'est la relation de Clotilde à lui qui est mise en scène, sans que Pascal soit alors mentionné ; à l'évidence, Zola récuse la transmission héréditaire de la royauté, c'est compréhensible puisqu'il ne cesse de dire dans *Le Docteur Pascal*, en fait depuis la préface de *La Fortune des Rougon*, que l'hérédité est de nature entropiquement catastrophique ; pour cette raison, l'enfant tel que le fantasme sa mère dans les toutes dernières pages du roman est littéralement le fils de ses œuvres. Significativement l'action de Pascal aura consisté à corriger l'hérédité de Clotilde (*DP*, 1393), est il dit, mais nulle trace d'une relation de ce genre avec son propre enfant. La seule relation donnée à lire est celle de l'enfant à la totalité de sa famille résumée dans l'arbre généalogique (*DP*, 1398), seul papier rescapé de l'autodafé. L'essentiel est que la royauté de l'enfant se constitue dans la référence à la famille dont il est issu, mais de telle façon que cette référence ne soit pas entachée de la malédiction de l'hérédité et qu'il soit non pas le point d'aboutissement de cette histoire familiale, mais le point de départ d'une nouvelle famille, la même et une autre, dont, très lointainement, naîtrait le rédempteur final. Du même coup, la royauté en elle-même, en échappant à la menace héréditaire, si puissante dans le cadre ultra-familial de la transmission dynastique, se refonde dans un autre imaginaire, où la référence familiale persiste, mais vaguement, et où, surtout, cet imaginaire royal ne soit pas soumis au modèle contraignant de la famille héréditaire et dynastique. La royauté de ce point de vue est une configuration poétique et symbolique, souple, presque indéfinie, susceptible d'accueillir en elle toutes les positivités possibles, celles en premier lieu attachées au légendaire royal dans son indétermination historiquement immémoriale. La royauté dont l'enfant est le roi est en cela comparable à celle de l'enfant de la IVe églogue de Virgile, restaurateur de l'âge d'or à l'époque des pires troubles de la république romaine agonisante[11].

## LA ROYAUTÉ EN RÉPUBLIQUE

Après avoir suivi comment la thématique royale se développait dans *Le Docteur Pascal* et quelles implications s'attachaient aux motifs politiques de la royauté, nous envisagerons maintenant les choses d'un point de vue macrogénétique, en réinscrivant *Le Docteur Pascal* dans le cycle des Rougon-Macquart, afin d'examiner, à une plus vaste échelle, comment la question du politique telle qu'elle est posée dans le dernier roman trouve à s'expliquer en étant rapportée à l'ensemble du projet zolien de faire l'histoire du Second Empire de ses débuts jusqu'à sa fin. Nous montrerons ici comment la présence thématique de la royauté dans *Le Docteur Pascal* rejoint dans son imaginaire même la réalité historique et politique contemporaine ; à cette fin nous infléchirons notre approche en mettant en relation *Le Docteur Pascal* avec les autres romans des *Rougon-Macquart*, et en particulier ceux du cycle de Plassans.

Par un remarquable bouclage le dernier roman du cycle reprend toute la matière des dix-neuf romans qui le précèdent, et dans cette opération l'arbre généalogique joue un rôle essentiel, puisqu'il procède à une mise en abyme de ces romans mêmes et les met en perspective les uns avec les autres, dans une reconfiguration romanesque totalisante. Cet aspect-là est évident, nous ne nous y attarderons pas davantage, si ce n'est pour souligner que cette opération de mise en perspective ne peut se faire

11 La littérature sur ce texte de Virgile étant surabondante, contentons-nous de renvoyer à l'ouvrage classique de Carcopino, *Virgile et le mystère de la IVe églogue*, L'Artisan du livre, 1943, en particulier, p. 155-171, et aux livres de Jean-Paul Brisson, *Virgile, son temps et le nôtre*, François Maspero, « Textes à l'appui », 1980, p. 109-130, et *Rome et l'âge d'or*, La Découverte, « Textes à l'appui », 1992, p. 75-88.

avec autant d'efficacité que parce que *Le Docteur Pascal*, outre qu'il est le dernier roman du cycle, est aussi le dernier roman du cycle de Plassans à l'intérieur des *Rougon-Macquart*. Ce petit cycle est composé de quatre romans, *La Fortune des Rougon*, *La Conquête de Plassans*, *La Faute de l'abbé Mouret* et *Le Docteur Pascal*. Les trois premiers, écrits entre 1869 et 1875, tout au début de l'entreprise, forment en quelque sorte le socle romanesque d'où tout est sorti, ils constituent le soubassement archéologique des *Rougon-Macquart*, en leur donnant leur assise provinciale. Après eux commence vraiment le cycle lorsque les personnages, ceux de la première et de la deuxième génération, sont pour ainsi dire lâchés dans le monde du Second Empire, et montent à Paris. (Ce n'est que dans le dernier tiers du cycle que la province, non réduite à Plassans, fera vraiment son apparition, sans pour autant concurrencer véritablement Paris, ni, à plus forte raison, l'éclipser.) Ces romans du cycle de Plassans, spécialement les deux premiers, sont très fortement politiques, ils racontent comment les Rougon ont conquis, puis reconquis Plassans au début du nouveau régime, quand les choses n'étaient pas encore fermement établies. Félicité Rougon a eu en ces circonstances un rôle déterminant, c'est elle qui a manœuvré son lourdaud de mari dans le premier roman, puis dans le deuxième elle a habilement utilisé le dérangement mental de son gendre, Mouret, rendu fou par l'hystérie religieuse de sa femme. Dans le premier roman l'action de Félicité aura consisté à faire passer la ville de Plassans, divisée en ouvriers, bourgeois et aristocrates, du côté de Louis Bonaparte, en faisant écraser les républicains et en écartant les légitimistes. Victoire assez peu assurée cependant, puisque peu de temps après dans le deuxième roman du cycle dont l'action commence à l'automne de 1858, un député légitimiste réussissait à se faire élire comme député de Plassans ; ce roman a donc raconté les intrigues tordues conduites pour ramener la ville dans le camp bonapartiste. Finalement, Plassans revient au pouvoir en place dans le reste de la France et y restera jusqu'à la chute de l'Empire en septembre 1870.

Les deux premiers romans de ce cycle de Plassans s'accordent bien à la réalité politique et les historiens n'y peuvent rien trouver à redire. De fait, les légitimistes sont loin de s'être tous ralliés à l'Empire et ont constitué quelquefois une opposition au pouvoir bonapartiste, la situation mise en scène dans *La Conquête de Plassans* n'a en cela rien d'absurde ni d'exceptionnel. Pas davantage ne contrevient à la réalité de l'histoire la fiction politique mise en œuvre vingt ans plus tard dans *Le Docteur Pascal*, quand dans une France républicaine, fragilement il est vrai, les royalistes (légitimistes et orléanistes confondus) sont toujours là et ont même une existence assez assurée étant donné l'effondrement des bonapartistes à la suite de la débâcle de 1870. C'est historiquement incontestable : la majorité parlementaire du début des années 1870 est monarchiste, elle n'est pas républicaine[12], et c'est contre l'ancien régime impérial qui vient de tomber que se constitue un pouvoir apparenté à une république[13] ; le seul ciment politique est le rejet de l'Empire. Deux éléments tout particulièrement doivent être pris en compte : le ralliement des catholiques à la république en 1893 ; l'état moral et politique de la République elle-même. Le ralliement des catholiques à la république a été rendu possible par l'encyclique *Inter Sollicitudines* qui dissocie maintenant catholicisme et royalisme et aboutit ainsi à la création d'une droite républicaine[14]. Moralement et politiquement, malgré ce ralliement significatif et non sans conséquences, la république est assez mal assurée, c'est un euphémisme : les années 1880 viennent de se terminer de manière inquiétante avec l'aventure boulangiste et les années 1890 commencent tout aussi mal avec les attentats anarchistes de Ravachol (février-mars 1892), et le scandale de Panamá (novembre 1892-mars 1893) ; sous peu débutera l'affaire Dreyfus (septembre-octobre 1894)[15] qui mettra au jour toutes les divisions de la France en république.

Mettons maintenant en perspective l'un avec l'autre *La Conquête de Plassans* et *Le Docteur Pascal*, dans le double rapport que l'un et l'autre entretiennent à la politique au moment de leurs genèses respectives. En ce qui concerne *La Conquête de Plassans*, le propos de Zola n'est pas qu'historique, le roman ne prétend pas faire uniquement une sorte d'état des lieux de l'opposition que rencontre le nouveau régime dans les années 1850 : il a aussi, au moment même de sa composition, une

12 Voir François Furet, *Terminer la Révolution. De Louis XVIII à Jules Ferry (1814-1880)*, Hachette, « Pluriel », 1988, p. 424 et suiv.

13 Thiers est nommé le 17 février 1871 « chef du pouvoir exécutif de la République française ». Quelques années plus tard, en 1875, c'est grâce à l'amendement Wallon, voté à une voix de majorité, que la République sera institutionnalisée.

14 Voir Maurice Agulhon, *La République. L'élan fondateur et la grande blessure (1880-1932)*, Le Livre de poche, « Pluriel », 1990, p. 111 et suiv.

15 Ce n'est que deux ans plus tard que l'affaire deviendra véritablement publique grâce au lieutenant-colonel Picquart et à Bernard Lazare. – Le « J'accuse !… » de Zola date du 13 janvier 1898, quand toutes les preuves de la machinations sont connues.

signification politique assez précise, dans la mesure où *La Conquête de Plassans* est écrite en 1873, l'année même où échoue définitivement la possibilité d'une restauration monarchique en France, quand est adoptée la loi du septennat qui fait de l'État une république, étant donné que le plus haut magistrat est désormais un président de la république en place pour sept ans. Écrire dans un tel contexte politique un roman qui rappelle que le légitimisme a été un des agents importants de la politique en France et une des forces d'opposition n'est pas dénué, en 1873-1874, de signification, et la rencontre entre le roman et l'histoire n'est pas fortuite ni n'est une coïncidence. C'est dire qu'à l'origine de l'actuel régime républicain qui commence à se mettre difficilement en place en 1871-1873 il y a eu, vingt ans auparavant, un semblable conflit politique entre la vieille droite monarchiste et le nouveau pouvoir, bonapartiste à l'époque. Façon de suggérer que ces régimes, impérial ou républicain, se sont construits en partie contre la royauté légitimiste, et aussi dans sa référence complexe à elle. Pourquoi un tel rappel ? pour signaler au moins la particularité politique de la république en train de s'institutionnaliser, à savoir qu'elle n'est pas étrangère à un passé monarchiste encore bien présent. Pour ce qui est du *Docteur Pascal*, les choses sont tout à fait comparables : renvoyer en 1893 à l'origine même de l'actuel régime républicain, en l'occurrence le début des années 1870, quand la III^e^ République se constitue sur les ruines de l'Empire. C'est suggérer en 1893 que ces commencements indécis, voire hésitants en 1872-1874 expliquent à leur manière la situation présente : le régime médiocre en place. Sauf que dans *Le Docteur Pascal*, qui vient à la fin de la série ouverte plus de vingt ans auparavant, se produit une espèce de capitalisation des désastres que *La Fortune des Rougon* et *La Conquête de Plassans* programmaient. Il est très significatif à cet égard que la datation de la fiction du dernier roman (1872-1874) rejoigne celle de la genèse de *La Conquête de Plassans* (1873), comme si le cycle romanesque entier désormais achevé vérifiait *in fine* les choix génétiques initiaux. Sociogénétiques plutôt, dans la mesure où la genèse de ce roman fondateur, refondateur qu'est *La Conquête de Plassans* s'était élaborée en pleine période d'Ordre moral, alors que la restauration de la royauté était une véritable possibilité politique. Vingt ans plus tard, cette possibilité ne s'est pas réalisée, c'est la république qui s'est imposée, mais de telle manière que Zola se prend à rêver d'une royauté idéale, qui régénérerait la république, ou qui serait la vraie république. D'une royauté l'autre : ç'aura donc été la trajectoire génétique et sociocritique des *Rougon-Macquart* – dans la recherche d'une problématique république.

Passons, pour conclure, au plan de la fiction, afin de vérifier les hypothèses sociohistoriques, sociopolitiques et sociogénétiques qui viennent d'être avancées. En l'occurrence, quel est, s'agissant de la royauté et de la république, le « discours du roman[16] » dans *Le Docteur Pascal* ? Zola, sans faire œuvre d'historien, donne dès les premières pages du *Docteur Pascal* une vision assez nette des choses en résumant à sa façon vingt ans d'histoire ; pour cela il retrace en quelques lignes les menées de la famille Rougon au cours de cette période :

> Personne n'ignorait que les Rougon, en 1851, avaient sauvé Plassans de l'anarchie, en y faisant triompher le coup d'État du 2 décembre, et que, quelques années plus tard, ils l'avaient conquis de nouveau, sur les candidats légitimistes et républicains, pour le donner à un député bonapartiste. Jusqu'à la guerre, l'empire y était resté tout puissant, si acclamé, qu'il y avait obtenu, au plébiscite une majorité écrasante. Mais, depuis les désastres, la ville devenait républicaine, le quartier Saint-Marc était retombé dans les sourdes intrigues royalistes, tandis que le vieux quartier et la ville neuve avaient envoyé à la Chambre un représentant libéral, assurément teinté d'orléanisme, tout prêt à se ranger du côté de la République, si elle triomphait. Et c'est pourquoi Félicité, en femme très intelligente, se désintéressait et consentait à n'être plus que la reine détrônée d'un régime déchu[17].

De la Royauté à la République, en passant par l'Empire, donc. Sauf que ce passage est assez tortueux, dans la formulation qu'en donne le narrateur du *Docteur Pascal*, puisque ce passage s'emblématise en la personne d'une « reine retirée du trône », qui a exercé sa royauté au service d'un régime, le Second Empire, qui s'est établi, en partie, contre la royauté. Mais là n'est pas le plus important ; ce qui compte, c'est que Félicité, au sein même de la république, figure un ancien régime politique qui continue d'exercer sa présence dans l'imaginaire politique contemporain. Il est de ce point de vue très savoureux que tout le ban et l'arrière-ban du nouveau pouvoir soient convoqués lors de l'inauguration de la fondation qui assurera la gloire immortelle des Rougon, l'asile

16 Cette puissante formule a été inventée par Henri Mitterand, qui en a fait le titre d'un de ses ouvrages (PUF, « Écritures », 1980).

17 *Le Docteur Pascal*, Hachette, 1893, p. 11. Dans l'édition Tchou, p. 1168.

pour vieillards dont Félicité pose la première pierre à la fin du roman. Ce n'est pas sans ironie : l'Asile Rougon est le conservatoire, au sens propre, des représentants du passé, c'est là que seront hébergés les vieillards nécessiteux de Plassans, qui, entre autres choses, ont vu les méfaits et les crimes de cette famille Rougon. À une plus vaste échelle toutes les forces politiques du moment sont rassemblées en l'espace de quelques lignes et de leur confrontation résulte un tableau de la situation du moment. Dans notre perspective, l'étude de la référence royale, il est spécialement remarquable que cette référence même se fixe sur le personnage de Félicité métaphoriquement, en désignant son ancien pouvoir sous le Second Empire, et que, conjointement, cette métaphore renvoie métonymiquement à la royauté réelle, si on ose dire, celle des royalistes du début des années 1870, comme si s'opérait sur le plan de la réalité comme sur celui du symbolique une concrétion des signes politiques s'ordonnant dans une relation diffuse et hétérogène à l'imaginaire royal.

De l'imaginaire royal à la royauté imaginaire, le passage se fait de lui-même. Cette royauté imaginaire telle qu'elle est mise en scène dans *Le Docteur Pascal* résulte d'une réaction de Zola à la médiocrité, sinon à la nullité de son temps, quand la III^e^ République au bout de vingt ans connaît de multiples convulsions qui compromettent son existence, ou qui du moins entachent le républicanisme du régime, si, en dehors des grandes crises nationales, il a jamais existé idéalement. Bien entendu, il n'y a aucune motivation politicienne de la part de Zola dans cette référence à la royauté, il n'aspire pas à un retour, totalement anachronique d'ailleurs, à la royauté, laquelle au demeurant n'a jamais suscité chez lui le moindre attrait idéologique. La royauté dans son esprit est une configuration poétique, et non pas politique ; elle ne désigne pas un régime, elle ne représente pas une forme de gouvernement, elle est l'expression informelle d'un état révolu du politique, mais qui a une espèce d'aura fantasmatique, par-delà tout ancrage historique précis. Par-delà, ou plus exactement en deçà, en des temps si reculés dans l'histoire qu'ils ont une coloration légendaire, mythique, suffisant à donner à la royauté, à l'idée de royauté une charge symbolique positive. Ainsi dans le cas de l'enfant de ce dernier roman des *Rougon-Macquart*, la royauté mystique et messianique dont il est investi suffit à faire de lui le garant d'une histoire à venir à laquelle, supposera-t-on, la dégénérescence historique sera épargnée.

Rien d'étonnant dans ces conditions si un républicain de gauche comme Zola entonne au terme de son roman le grand hymne à l'avenir et qu'il recoure aux motifs messianiques les plus euphoriques. Seule la venue d'un enfant sauveur, rédempteur pourra donner à l'histoire un nouveau départ, en la désembourbant de son actuelle réalité. La référence évangélique est manifeste (même les rois mages sont présents, nous l'avons vu), nul doute que cet enfant à la fin du *Docteur Pascal* ne soit l'élu, chargé d'annoncer la bonne nouvelle. Cela n'empêche pas, au contraire, la référence religieuse d'être doublée en la circonstance d'une référence politique : cet enfant est lui-même un roi, et fils de roi. L'une et l'autre, référence religieuse et référence politique, sont prises dans une même conception mystique de la régénération. Le messianisme en la circonstance n'est pas seulement laïque, il est très précisément républicain, mais, et c'est là l'invention puissante de Zola dans ce roman, son républicanisme ne peut se formuler qu'en empruntant la voie de la royauté. Non pas la royauté qui est celle des légitimistes ou des orléanistes : il y a beau temps qu'elle n'a plus aucune dimension imaginaire ni non plus symbolique, mais une royauté indéfinie, indéterminée, comme celle qui fait l'objet d'une des *Illuminations* de Rimbaud[18], la royauté dans la représentation poétique, et certainement pas politique, que tout un chacun peut se faire d'elle : la royauté. Celle-ci pour autant n'est pas une entière idéalité détachée de toute relation à la réalité, elle prend son sens au contraire dans cette relation critique à la réalité, en montrant les insuffisances de celle-ci. Ses insuffisances sont d'ordre politique, qu'on se place aussi bien du point de vue de la royauté ordinaire, la royauté des royalistes, que du point de vue de la république. En cela la royauté mystique qui s'entr'aperçoit à la fin du *Docteur Pascal* est ce qu'on appelle en langage romantique une chimère, à savoir un espace phénoménologique où le réel et le possible, le réel et l'idéal, se rencontrent et s'éprouvent l'un à l'autre, et mettent au jour un nouvelle figure des choses. Les enjeux d'une semblable royauté dans le roman sont de rendre possible l'idée de ce que peut être une authentique république, non opportuniste, non affairiste, non gangrenée par la médiocrité des intérêts personnels. Cette république, qui n'existe pas historiquement et politiquement alors, a

18 Voir Rimbaud, « Royauté », *Illuminations*. – Même si la plus grande partie des pièces composant les *Illuminations*, dont « Royauté », a paru dans *La Vogue* en mai-juin 1886, il est peu probable que Zola ait eu connaissance du recueil de Rimbaud.

pour modèle une royauté elle-même qui n'existe pas non plus historiquement ni politiquement, et qui n'a dans la construction romanesque de Zola qu'une fonction poétique et philosophique. La royauté perd de la sorte sa substance mais non sa signification. Bien plutôt elle est au cœur d'un procès de sens, en elle se rassemblent les signes du politique, mais sans que de cela résulte un système.

## COUCHER DE SOLEIL

Imaginaire, la royauté en cette fin de XIX^e^ siècle l'est historiquement et politiquement, et elle le restera, mais, sans à peine jouer sur les mots, c'est l'imaginaire de la royauté qui irriguera jusqu'à nos jours une bonne partie des institutions républicaines, tant semble être prégnant et peut-être même contraignant en France le modèle royaliste immémorial. Astre politique mort, la royauté n'en finit pas d'envoyer sa lumière et les hommes de confondre sa nuit avec le jour :

> Un jour mystérieux dans le ciel taciturne,
> Qui blanchit l'horizon derrière les coteaux,
> Pareil au feu lointain d'une forge nocturne
> Qu'on voit sans encore en entendre les marteaux !
>
> Mais nous ne savons pas si cette aube lointaine
> Vous annonce le jour, le vrai soleil ardent ;
> Car, survenus dans l'ombre à cette heure incertaine,
> Ce qu'on croit l'orient est peut-être l'occident !
>
> C'est peut-être le soir qu'on prend pour une aurore !
> Peut-être ce soleil vers qui l'homme est penché,
> Ce soleil qu'on appelle à l'horizon qu'il dore,
> Ce soleil qu'on espère est un soleil couché[19] !

19 Hugo, *Les Chants du crépuscule*, « Prélude », C.F.L., t. V, p. 388.

# RÉFÉRENCES[1]

## ÉDITIONS

BALZAC, *La Comédie humaine*, éd. de Pierre-Georges Castex, Gallimard, « Bibliothèque de la Pléiade », 1976-1981, 12 vol.

BALZAC, *Béatrix*, in *La Comédie humaine*, t. II.

BALZAC, *L'Interdiction*, in *La Comédie humaine*, t. III.

BALZAC, *La Vieille Fille*, éd. de Pierre-Georges Castex, Classiques Garnier, 1957.

BALZAC, *Le Cabinet des Antiques*, éd. de Pierre-Georges Castex, Classiques Garnier, 1958.

BALZAC, « Le Départ », in *Œuvres diverses*, t. II.

BAUDELAIRE, *Œuvres complètes*, éd. de Claude Pichois, Gallimard, « Bibliothèque de la Pléiade », 1976-1976, 2 vol.

BAUDELAIRE, *Correspondance*, texte établi, présenté et annoté par Claude Pichois, avec la collaboration de Jean Ziegler, 2 vol., Gallimard, « Bibliothèque de la Pléiade », 1973.

BAUDELAIRE, « Edgar Poe, sa vie et ses œuvres », in *Œuvres complètes*, t. II.

BAUDELAIRE, « Pierre Dupont [I] », in *Œuvres complètes*, t. II.

BAUDELAIRE, « Théophile Gautier », in *Œuvres complètes*, t. II.

CHATEAUBRIAND, *Grands Écrits politiques*, éd. de Jean-Paul Clément, Imprimerie nationale, « Acteurs de l'Histoire », 1993, 2 vol.

CHATEAUBRIAND, *Mémoires de ma vie*, livre III, in *Mémoires d'outre-tombe*, t. I.

CHATEAUBRIAND, *Mémoires d'outre-tombe*, éd. de Jean-Claude Berchet, Garnier, 1989, 1992, 1998, 4 vol.

CHATEAUBRIAND, *Proposition relative au bannissement de Charles X et de sa famille* (1831), in *Grands Écrits politiques*, t. II.

CLAUDEL, *Théâtre*, éd. de Didier Alexandre et Michel Autrand, Gallimard, « Bibliothèque de la Pléiade », 2011, 2 vol.

CLAUDEL, *Mémoires improvisés*, Gallimard, 1954.

---

1 Paris comme lieu d'édition n'est pas indiqué.

CLAUDEL, *Tête d'Or*, éd. de Michel Lioure, Annales Littéraires de l'Université de Besançon, 1984.
DAUDET, *Les Rois en exil*, Dentu, 1879.
GAUTIER, *Voyage en Espagne*, suivi d'*España*, éd. de Patrick Berthier, Gallimard, « Folio », 1981.
GOBINEAU, *Les Pléiades*, in *Œuvres*, éd. de Jean Gaulmier, Gallimard, « Bibliothèque de la Pléiade », 1987, t. III.
HUGO, *Œuvres complètes*, éd. chronologique sous la direction de Jean Massin, Club français du livre [C.F.L.], 1969-1972, 18 vol.
HUGO, *Œuvres complètes*, éd. de Jacques Seebacher et de Guy Rosa, Robert Laffont, « Bouquins », 1985-1989, 15 vol.
HUGO, *Correspondance* Hugo-Schœlcher, édition établie par J. et Sh. Gaudon, Flohic Éditions, 1998.
HUGO, *Chansons des rues et des bois*, préface de Jacques Seebacher, Flammarion, « GF », 1966.
HUGO, *La Légende des Siècles*, éd. de P. Laforgue, GF-Flammarion, 2023.
HUGO, *Les Misérables*, éd. de P. Laforgue, GF-Flammarion, 2020.
LAMENNAIS, *Du passé et de l'avenir du peuple*, Garnier, 1858.
LAMENNAIS, *Le Livre du peuple*, Garnier, 1858.
LAMENNAIS, *Paroles d'un croyant*, Flammarion, « Nouvelle Bibliothèque romantique », éd. de Louis Le Guillou, 1973.
MICHELET, *Histoire de France*, Préface de 1869, in *Œuvres complètes*, éd. de Paul Viallaneix, Flammarion, t. IV, 1996.
MICHELET, *Histoire de la Révolution française*, éd. de Gérard Walter, Gallimard, « Folio », 2007 (1re éd., 1952), 4 vol.
MICHELET, *L'Insecte*, éd. d'Edward Kaplan, in *Œuvres complètes*, t. XVII, 1986.
MICHELET, *L'Oiseau*, éd. d'Edward Kaplan, in *Œuvres complètes*, t. XVII, 1986.
MICHELET, *Le Peuple*, éd. de Paul Viallaneix, Flammarion, « Champs », 1974.
NERVAL, *Œuvres complètes*, éd. de Jean Guillaume et de Claude Pichois, Gallimard, « Bibliothèque de la Pléiade », 1984-1993, 3 vol.
NERVAL, *Aurélia*, in *Œuvres complètes*, t. III.
NERVAL, *Les Faux Saulniers*, in *Œuvres complètes*, t. II.
NERVAL, *Les Filles du Feu*, in *Œuvres complètes*, t. III.
NERVAL, *Les Illuminés*, in *Œuvres complètes*, t. II.
RIMBAUD, *Illuminations*, in *Œuvres complètes*, éd. d'André Guyaux, Gallimard, « Bibliothèque de la Pléiade », 2009.
RIMBAUD, *Une saison en enfer*, in *Œuvres complètes*, éd. d'André Guyaux, Gallimard, « Bibliothèque de la Pléiade », 2009.
SAND, *Consuelo*, éd. de Damien Zanone, Robert Laffont, « Bouquins », 2004.
SAND, *Correspondance*, éd. de Georges Lubin, Garnier, 1971, t. VIII.

SAND, *La Petite Fadette*, éd. de Pierre Salomon et de Jean Mallion, Garnier, 1981.
SAND, *Le Péché de Monsieur Antoine*, éd. de Jean Courrier et de Jean-Hervé Donnard, Meylan, Les Éditions de l'Aurore, 1982.
SAND, *Œuvres autobiographiques*, éd. de Georges Lubin, Gallimard, « Bibliothèque de la Pléiade », 1971, 2 vol.
SAND, *Histoire de ma vie*, in *Œuvres autobiographiques*.
SAINTE-BEUVE, *Derniers Portraits littéraires*, Didier, 1852.
SARTRE, *Les Mots*, Gallimard, 1964.
STENDHAL, *Vie de Henry Brulard*, éd. de Fabienne Bercegol, Le Livre de poche, 2013.
ZOLA, *Le Docteur Pascal*, in *Œuvres complètes*, éd. d'Henri Mitterand, Cercle du livre précieux, 1966-1969, t. 6.
ZOLA, *Le Docteur Pascal*, éd. de Jean-Louis Cabanès, Le Livre de poche, 2004.

## CRITIQUE LITTÉRAIRE

ALBOUY, Pierre, « Une œuvre de Victor Hugo reconstituée », *RHLF*, juill-sept. 1960.
ALEXANDRE, Didier, « "La bombe *Tête d'Or*" », in *Voir « Tête d'Or »*, Dominique Millet-Gérard et José-Luis Diaz éds, Presses de l'Université-Paris-Sorbonne, 2006.
ANTOINE, Gérald, *Paul Claudel ou l'Enfer du génie*, Robert Laffont, 1988.
BARBÉRIS, Pierre, *Mythes balzaciens*, Armand Colin, 1972.
BORIE, Jean, *Zola et les mythes, ou de la nausée au salut*, Seuil, 1971.
BOWMAN, Frank Paul, *Le Christ romantique*, Genève, Droz, 1973.
BOWMAN, Frank Paul, « *Mémorables* d'*Aurélia* : signification et situation générique », *French Forum*, vol. II, n° 2, mai 1986.
BRISSON, Jean-Paul, *Virgile, son temps et le nôtre*, François Maspero, « Textes à l'appui », 1980.
BRISSON, Jean-Paul, *Rome et l'âge d'or*, La Découverte, « Textes à l'appui », 1992.
CARCOPINO, Jérôme, *Virgile et le mystère de la IV^e^ églogue*, L'Artisan du livre, 1943.
CELLIER, Léon, « Baudelaire et George Sand », *RHLF.*, avril-juin 1967.
CHAMARAT, Gabrielle, *Nerval ou l'incendie du théâtre*, José Corti, 1986.
CHAMARAT, Gabrielle, « *Sylvie*, "dernier feuillet" », in *Le Rêve et la vie*, SEDES, « Colloques », 1986.
CHAMARAT, Gabrielle, « Présence de l'histoire et de la politique dans la

polysémie du texte nervalien », communication au colloque *Nerval*, Paris, juin 2014 (actes à paraître).
CHAMBERS, Ross, *Mélancolie et opposition. Les débuts du modernisme en France*, José Corti, 1987.
DERRÉ, Jean-René, *Lamennais, ses amis et le mouvement des idées à l'époque romantique*, Klincksieck, 1962.
DEZALAY, Auguste, *L'Opéra des Rougon-Macquart. Essai de rythmologie romanesque*, Klincksieck, 1983.
DONNARD, Jean-Hervé, « La chronologie dans *Consuelo* », in *La Porporina. Entretiens sur « Consuelo »*.
DUBOIS, Jacques, *Pour Albertine. Proust et le sens du social*, Seuil, « Liber », 1997.
DUCHET, Claude, « La mise en texte du social », in *Balzac et La Peau de chagrin*, SEDES, 1979.
GAUDON, Sheila, « *Les Enfants* par Victor Hugo, documents inédits », Mélanges littéraires en hommage à A. Kies, Publications des facultés universitaires de Saint-Louis, Bruxelles, 1985.
GAULMIER, Jean, *Spectre de Gobineau*, Pauvert, 1965.
GUÉRIN, Jeanyves, « Entre totalitarisme et anarchisme : prolégomènes à une lecture politique de *Tête d'Or* », in *Lectures de Claudel. « Tête d'Or »*, Presses Universitaires de Rennes, 2005
HECQUET, Michèle, *Poétique de la parabole. Les romans socialistes de George Sand (1840-1845)*, Klincksieck, 1992.
JOURNET, René et ROBERT, Guy, *Contribution aux études sur Victor Hugo*, t. I, Les Belles-Lettres, Annales littéraires de l'Université de Besançon, 1979.
LABARTHE (Patrick), *Baudelaire et la tradition de l'allégorie*, Genève, Droz, 1999.
LAFORGUE, Pierre, *Gavroche. Étude sur « Les Misérables »*, SEDES, 1994 ; rééd. Cazaubon, Eurédit, 2014.
LAFORGUE, Pierre, *Hugo et « La Légende des Siècles ». De la publication des « Contemplations » à l'abandon de « La Fin de Satan » (avril 1856-avril 1860)*, Orléans, Paradigme, « Modernité 1650-1850 », 1997.
LAFORGUE, Pierre, *Romanticoco. Fantaisie, chimère et mélancolie (1830-1860)*, Presses universitaires de Vincennes, 2002.
LAFORGUE, Pierre, *Corambé. Identité et fiction de soi chez George Sand*, Klincksieck, « Bibliothèque du XIXe siècle », 2003.
LAFORGUE, Pierre, « Baudelaire, Hugo et la royauté du poète : le romantisme en 1860 », *RHLF*, n° 5, 1996.
LAFORGUE, Pierre, « Satan, ou la mélancolie de l'art à l'époque moderne », in *Ut pictura poesis. Baudelaire, la peinture et le romantisme*, Presses universitaires de Lyon, « Littératures et idéologies », 2000.
LAFORGUE, Pierre, « Sur la rhétorique du lyrisme en 1850. *Le Flacon* de Baudelaire », *Poétique*, n° 126, 2001.

LAFORGUE, Pierre, « Une traversée de l'œdipe », in *Œdipe à Lesbos. Baudelaire, la femme, la poésie*, Cazaubon, Eurédit, 2002.

LAFORGUE, Pierre, « *Le Cygne*, ou l'exil de l'histoire », in *Baudelaire dépolitiqué. Quatre études sur « Les Fleurs du Mal »*, Cazaubon, Eurédit, 2002.

LAFORGUE, Pierre, « *Le Vin des chiffonniers*, ou l'ivresse de la révolution », in *Baudelaire dépolitiqué. Quatre études sur « Les Fleurs du Mal »*.

LAFORGUE, Pierre, « Baudelaire révolutionnaire ? », in *Baudelaire dépolitiqué. Quatre études sur « Les Fleurs du Mal »*.

LAFORGUE, Pierre, « Bergeries sandiennes. Politique de l'idylle (1847-1848) », in *Fleurs et jardins dans l'œuvre de George Sand*, Presses Universitaires Blaise Pascal, Clermont-Ferrand, 2006.

LAFORGUE, Pierre, « Le communisme aux champs, ou Sand, Balzac et le roman des paysans (1844-1846) (enjeux politiques et poétiques) », *George Sand Studies*, 2006, vol. 25.

LAFORGUE, Pierre, « Le Prince et le bouffon ("Une mort héroïque") », in *Politiques de Baudelaire*, Cazaubon, Eurédit, 2014.

LAFORGUE, Pierre, « "Le peuple en vacances" ("Le Vieux Saltimbanque") », in *Politiques de Baudelaire*.

*La Porporina. Entretiens sur « Consuelo »*, Presses Universitaires de Grenoble, 1976.

*Lectures de « Consuelo », « La Comtesse de Rudolstadt »*, Michèle Hecquet et Christine Planté éd., Presses Universitaires de Lyon, 2004.

LE GUILLOU, Louis, *L'Évolution de la pensée religieuse de Lamennais*, Armand Colin, 1966.

LE GUILLOU, Louis, *Lamennais*, Desclée de Brouwer, « Les écrivains devant Dieu », 1969.

LE GUILLOU, Louis, « Lamennais vu par Chateaubriand », in *Bicentenaire de Chateaubriand*, Minard, 1969.

MILLET, Claude, « Questions sociales 1833-1834 », communication au Groupe Hugo, 20 octobre 2012 (consultable sur le site *groupugo.div.jussieu.fr/Groupugo/12-10-20millet.htm*).

MITTERAND, Henri, *Le Discours du roman*, PUF, « Écritures », 1980.

MOZET, Nicole, *La Ville de province dans l'œuvre de Balzac*, Genève, Slatkine Reprints, 1998 [1re éd., SEDES, 1983].

MOZET, Nicole, *George Sand, écrivain de romans*, Saint-Cyr-sur-Loire, Christian Pirot éditeur, 1997.

MOZET, Nicole, « Un discours détourné : Alençon ville-corps », *Balzac au pluriel*, PUF, « Écrivains », 1990.

MOZET, Nicole, « La genèse d'un roman-feuilleton : *La Vieille Fille* » in *Balzac au pluriel*, PUF, « Écrivains », 1990.

MOZET, Nicole, Introduction à *La Vieille Fille*, in *La Comédie humaine*, Gallimard, « Bibliothèque de la Pléiade », t. IV.

OEHLER, Dolf, *Le Spleen contre l'oubli. Juin 1848*, Payot, « Critique de la politique », 1996.

ORR, Linda, « Séjour dans les profondeurs », *L'Arc*, n° 52, 1973.

ORR, Linda, « L'éternel entracte : le temps de l'histoire naturelle », *RHLF*, sept-oct. 1974.

REY, Pierre-Louis, *L'Univers romanesque de Gobineau*, Gallimard, « Bibliothèque des Idées », 1981.

ROBIN, Régine, « Pour une sociopoétique de l'imaginaire social », in *La Politique du texte*, Presses universitaires de Lille, 1992.

SEEBACHER, Jacques, *Victor Hugo ou le calcul des profondeurs*, PUF, « Écrivains », 1993.

SEEBACHER, Jacques, « Michelet, l'histoire naturelle et la nature de l'histoire », in *Histoire littéraire de la France*, t. V, Éditions sociales, 1977.

SEEBACHER, Jacques, « Le tombeau de Gavroche, ou Magnitudo parvuli », in *Lire « Les Misérables »*, sous la direction de Guy Rosa et d'Annie Ubersfeld, José Corti, 1985.

STAROBINSKI, Jean, *Portrait de l'artiste en saltimbanque*, Flammarion, « Champs », 1983 [1re éd., 1970].

UBERSFELD (Annie), *Le Roi et le bouffon*, José Corti, 1974.

VIALLANEIX, Paul, *La Voie royale. Essai sur l'idée de peuple dans l'œuvre de Michelet*, Flammarion, 1971 [1re éd., Delagrave, 1959].

## HISTOIRE

AGULHON, Maurice, *La République au village*, Plon, 1970 ; rééd., Seuil, 1979.

AGULHON, Maurice, *Marianne au Combat. L'imagerie et la symbolique républicaines de 1789 à 1880*, Flammarion, « Bibliothèque d'ethnologie historique », 1979.

AGULHON, Maurice, *La République. L'élan fondateur et la grande blessure (1880-1932)*, Le Livre de poche, « Pluriel », 1990.

AGULHON, Maurice, « La "statuomanie" et l'histoire », in *Histoire vagabonde, I*, Gallimard, « Bibliothèque des Histoires », 1988.

FURET, François, *Terminer la Révolution. De Louis XVIII à Jules Ferry (1814-1880)*, Hachette, « Pluriel », 1988.

GEORGEL, Chantal, *1848. La République et l'art vivant*, Fayard / Édition de la Réunion des musées nationaux, 1998.

GIRARDET, Raoul, *Mythes et mythologies politiques*, Seuil, « Points », 1990 [1re éd., 1986].
GRIBAUDI, Maurizio, *Paris ville ouvrière. Une histoire occultée (1789-1848)*, La Découverte, 2014.
LEVILLAIN, Philippe, « Les droites en république » in *Histoire des droites*, sous la direction de Jean-François Sirinelli, Gallimard, « Tel », 2006 [1re éd., 1992], t. I, « Politique ».
LEWIS, Andrew. W., *Le Sang royal. La famille capétienne et l'État, France, xe-xive siècle*, trad. française de Jeannine Carlier, Gallimard, « Bibliothèque des Histoires », 1986.
POMIAN, Krzysztof, « Francs et Gaulois », in *Les Lieux de mémoire*, *Les France*, *Conflits et partages*, Gallimard, « Bibliothèque illustrée des Histoires », 1992.
RÉMOND, René, *La Droite en France. De la première Restauration à la Ve République*, AUBIER, 1968.

# INDEX DES PERSONNES

# INDEX DES ŒUVRES

# TABLE DES MATIÈRES

## COLLECTION
## « ÉTUDES ROMANTIQUES ET DIX-NEUVIÉMISTES »

La collection « Études romantiques et dix-neuviémistes » publie des travaux sur la littérature française du XIXe siècle : essais, thèses, monographies, ouvrages de synthèse et d'érudition. Elle accueille sans sectarisme des études de critique littéraire, d'histoire et de poétique, en privilégiant cependant celles qui associent l'élaboration conceptuelle à la mise en perspective historique, pour que la théorie et l'histoire ne soient plus des sœurs ennemies. La collection, qui a vocation à s'ouvrir à des contributions internationales et à des travaux innovants, notamment ceux des jeunes chercheurs, atteindra ses objectifs si le plaisir de la lecture s'allie à la rigueur et à l'ambition des ouvrages qu'elle propose au public.

Retrouvez tous les titres de la collection en scannant ce code QR :

Et pour recevoir nos dernières actualités, abonnez-vous ici :